# 二十世紀の法思想

# 二十世紀の法思想

中山竜一

*Iwanami*
*Textbooks*

岩波書店

# はじめに

　20世紀という時代は，幾多の戦争や革命が起こり，様々な制度改革やライフスタイルの実験が試みられた時代であった．そして，それにともなう意識変化と対応するように，数々の法思想が現れてはまた消えていった時代でもある．しかも，そうした状況はここ15年ほどのあいだにますます加速し，いまや法理論や法哲学を専門とする人間であっても，何をどうあつかえばいいのか途方にくれる有様である．20世紀もまさに終わろうとする現在という場所から，この時代に生まれた様々な法思想をできるだけ簡潔に，一つのパノラマのように描きだすことはできないだろうか．本書はまさしくそのような関心から生まれた．

　本書が20世紀法思想を俯瞰するための見晴らしのいいパノラマとなるように，筆者はいくつかの工夫をしてみることにした．まず第一の工夫は，20世紀法思想の流れを一つの物語のように描きだすということである．ただ，20世紀法思想の様々な動向をそのまま物語にしようとすれば，それは様々な人物が登場する複数の物語の単なる寄せ集めになってしまう．しかし，そこに一貫した一つのテーマを設定すれば，基本的には独立した個別のエピソードからなるものの，全体としては一つのまとまりをもったオムニバス形式の物語になるのではないか．こうした考えから筆者は，20世紀法思想を貫く一本の糸として「法の自立性」という主題を選ぶことにした．すなわち，20世紀法思想を彩る様々な理論動向のなかにあって，法的実践の独自性は経済・道徳・自然科学・常識といった他の様々な領域からどのような仕方で確保されてきたのか——こうしたことに焦点を合わせることによって，20世紀法思想が一つのまとまりとして見えてくるようになると考えたのである．

　しかし，「法の自立性」という観点だけでは，まだ十分に見晴らしのいい物語は見えてこない．20世紀法思想の流れをもっと面白いかたちで提示するた

めには，おそらく，もう一つの観点を付け加えなければならない．そして，このもう一つの観点が「言語論的転回(Linguistic Turn)」と呼ばれるものにほかならない．19世紀末から20世紀のなかばにかけて，「ことば」というものの位置づけが変化し，それによって世界像や学問観における一種の認識論的切断，あるいはパラダイム転換が生じることになった——「言語論的転回」は，こうした事態を捉えるためにつくられた一つの思想史上の作業概念である．20世紀法思想においても，他の諸学における場合と同じく，こうした知の地殻変動が横からの力として働くことによって，ある時点からその議論スタイルは決定的に変化するようになったのではないか．筆者はそう考えたのである．こうして，「法の自立性」といったいわば縦の連続性の観点に，「言語論的転回」といった横からの不連続性の観点が付け加えられる．本書がケルゼンの純粋法学，ハートの分析法理学，ドゥオーキンの解釈的アプローチ，そして，批判法学やシステム理論といったポストモダン法学に特に光を当てるのは，主にこうした理由からである．すなわち，「法の自立性」と「言語論的転回」という二つの観点を座標軸にとれば，こういった理論動向こそが，20世紀法理論の展開を最も劇的な形で示すものとして舞台の中央にせり上がってくるように思われたのである．こうして，本書はおおよそ次のような物語を描きだすことになる．

　まず第1章では，20世紀前半の法思想を席巻したケルゼンの『純粋法学』が，学問としての法の自立性を確立したという意味で20世紀法理論の出発点と捉えられ，それと同時に，「言語論的転回」以前の法理論が到達した限界点として検討される．次いで，第2章では，H. L. A. ハートの『法の概念』が取り上げられ，そこではじめて，ウィトゲンシュタインと日常言語学派の哲学の移植を通じて，法理論における「言語論的転回」が達成され，特にその「内的視点・外的視点」の定式化が後の法理論の共通の基盤となったということが論じられる．第3章では，ハートと同じパラダイムに立脚しつつもその批判的な乗り越えを目指した結果，現在の主流的地位を確立した法理論として，ドゥオーキンの解釈的アプローチが取り上げられる．ドゥオーキンは法の解釈的実践という側面に焦点を当てることによって，ハートの言う法律家の「内的視点」

をさらに徹底させ，そこから伝統的なコモン・ロー理論にも見合った自立的な法のモデルを提示したのである．しかし，第4章で見る英米の批判法学とドイツのシステム理論は，それとは別の方向を模索している．というのも，批判法学やシステム理論は，それぞれの仕方で法の言語的次元に注意を払いながらも，むしろ「距離を置いた」視点から，法的実践や法的思考の独自性や法の自立性の形成メカニズムに接近するからである．また，そこから導かれる断片化した法のイメージから，それらはしばしばポストモダン法学とも呼ばれている．おおよそこういった物語である．

　もちろん，20世紀に現れた法をめぐる様々な理論動向のすべてをこうした単純な物語に収めるといったことには，やはり若干の無理がともなう．どんなにがんばっても，大切な理論動向が抜け落ちてしまったり，脇の方に追いやられたりといったことが出てきてしまうからだ．歴史記述というものそれ自体につねに一定の態度決定がつきまとうとはいえ，本書は教科書という性格もあわせもつ以上，本論から抜け落ちた理論動向についても何らかの配慮をしておきたい．そこで，筆者はそれらをコラムという形で挿入することにした．こうして，ラートブルフ，再生自然法論，アメリカのリアリズム法学，戦後ドイツの法存在論，法学的ヘルメノイティク，法的議論の理論，ロールズをはじめとする現代正義論，マルクス主義法理論，フェミニズム法理論，等々のコラムが付け加えられることになった．これが二つ目の工夫である．

　さらに三つ目の工夫であるが，各エピソードの説明にあたっては法学や法理論における内在的な問題関心と結びつけるだけでなく，それらをできる限り各時代の政治的・社会的・文化的文脈に位置づけようと試みた．そうすることによって，多くの読者にとって何やら縁遠く，取っつきにくそうなものであるに違いない法理論や法哲学が，血と肉を持った人間の営みとして少しでも身近に感じられると思われたからである．

　こうしたいくつかの工夫の結果，本書は本論・補論・コラムのそれぞれが独立したエピソードをなし，それと同時に，各章の本論部分をつなげると一つの物語になるといった変則的な体裁をとることになった．したがって，読者はま

ず第1章，第2章といった具合に本論部分だけをつなげて読んで「20世紀法思想」の全体的なイメージをつかみ，それから補論やコラムに戻ってくれてもいいし，第1章，コラム1，第2章，コラム2といった具合に，最初から順を追って読んでもらってもいい．もちろん，各エピソードは独立した話となっているので，それらをバラバラにして必要な部分だけ読んでもらっても一向にかまわない．

　しかし，20世紀法思想の全体像を一つの物語として描きだすといった試みそれ自体に対して，そもそも批判がなされるかもしれない．たしかに，歴史の真の面白さは単純な物語や解釈の図式を超えた・偶・然・や・出・来・事との出会いにあり，そして，それは個々の具体的な事実と細部のみに宿る――おそらくこういった歴史の捉え方は間違いではない．だが，それと同時に，思想史の試みは，それがひとたび通史のようなものを目指した途端に，何らかの物語や図式に絡め取られる他ないということも，また事実である．だとすれば，筆者に可能なことは，できるだけ面白い物語――すなわち，その物語を通じてこれまでとは違う景色が見えるようになるといったような，そんな物語を意図的に目指すことでしかない．本書が描きだす物語に飽き足らない読者は，ここから別の物語をそれぞれ紡ぎだしていって欲しい．本書はあくまで一つの試みに過ぎず，異なる視点から描かれる別の20世紀法思想の物語も当然にあるはずだからである．そうした別の物語の手がかりとなるような事実や細部の種子は，これまでほとんど紹介されてこなかったようなものも含めて，いろいろな場所に撒き散らしておいたつもりである．

　最後に，教科書という本書の性格にそぐわないかもしれないが，この場を借りていくつかの謝辞を述べさせていただきたい．もし本書に見るべきところが何か一つでもあるとすれば，それは学部学生時代の講義やゼミで思想や歴史の面白さを教えて下さり，現在も法制史の研究会などでお世話になっている上山安敏先生，同じく学生時代からの指導教官として筆者の単純な視座と偏りがちな知識を矯正し，より広い視野のなかで自己の問題関心を追求するよう暖かく

導いて下さった田中成明先生に負うものである．この場所を借りて，両先生の学恩に心からお礼を申し上げさせていただきたい．また，19世紀から現代にいたるドイツ法思想にかんして筆者の初歩的な質問に快くお答えいただいたり，貴重な資料をご教示くださった西村稔，平野敏彦，西野基継，亀本洋，平井亮輔，高田篤，井上琢也，服部高宏の各先輩方にお礼を申し上げたい．さらに，参考にさせていただいた翻訳，著作，論文などについては脚注や巻末の読書案内に細かく指示しておいたが，こうした先行研究の蓄積がなければ，これほど広範な領域をカバーする教科書など到底望むべくもなかったであろう．また，『岩波講座 現代の法』でお世話になり，本書の執筆を勧めてくださった岩波書店編集部の佐藤司さん，そして，あまりに遅い原稿完成にじっと耐え，最後まで諦めずに励まし続けてくださった伊藤耕太郎さんに深い感謝の意を表させていただきたい．

2000年2月

著　者

# 目　次

はじめに

## 第1章　20世紀法理論の出発点 …………………………… 1
── ケルゼンの純粋法学 ──

1　純粋法学はなぜそう呼ばれるのか？　1
2　純粋法学の時代背景──政治的状況と知的文脈　3
3　イデオロギー批判としての純粋法学　10
4　法実証主義の再構築としての純粋法学　13
5　法の自立性をめぐって──純粋法学の限界(1)　17
6　規範と事実の峻別をめぐって──純粋法学の限界(2)　21

(コラム1)　ラートブルフと再生自然法論　26
── 戦後の大陸法理論(1) ──

## 第2章　法理論における言語論的転回 …………………… 31
── ハートの『法の概念』──

1　ハート理論の新しさ　32
2　日常言語の哲学者としてのハート　34
3　ウィトゲンシュタインの影響圏　39
4　内的視点と外的視点　43
5　二重のルール体系と承認のルール　46
6　司法裁量論とその綻び　48

## 補　論　ハート理論における「法と道徳」 …………… 53

1　ハート＝デヴリン論争　54
2　ハート＝フラー論争　57

（コラム 2）　リアリズム法学　63

　　（コラム 3）　「事物の本性」と第三の道　69
　　　　　　　　——戦後の大陸法理論(2)——

第3章　解釈的実践としての法……………………………………77
　　　　　　——ドゥオーキンの解釈的アプローチ——

　　1　ロナルド・ドゥオーキンとその知的背景　77

　　2　法ルールと法原理——ハート批判　81

　　3　権利テーゼ　84

　　4　解釈的アプローチ　87

　　5　「インテグリティとしての法」　89

　　6　批判的検討　96

　　（コラム 4）　ロールズ『正義論』とその影響　102

　　（コラム 5）　ヘルメノイティクと議論の理論　112
　　　　　　　　——戦後の大陸法理論(3)——

第4章　ポストモダン法学……………………………………127
　　　　　　——批判法学とシステム理論——

　　1　距離を置いた視点　127

　　2　批判法学運動の生成とその時代　135

　　3　ロベルト・アンガーのリベラリズム批判　143

　　4　ダンカン・ケネディと法の根本的矛盾　147

　　5　批判法学・脱構築・ポストモダン法学　150

　　6　ポストモダン法理論としてのシステム理論　160

補　論　脱構築と正義………………………………………169
　　　　　　——デリダ「法の力」——

　　（コラム 6）　マルクス主義と法理論　179

　　（コラム 7）　フェミニズムと法理論　195

第5章　むすび………………………………………………207

目　次　xiii

読書案内 …………………………………………………211
人名索引 …………………………………………………223

```
┌─────用語解説─────┐
│                              │
│   自然法      2              │
│   唯名論      5              │
│   新カント派      5          │
│   社会学的法学      10       │
│   法実証主義      11         │
│   言語論的転回      31       │
│   論理実証主義      41       │
│   リーガリズム      48       │
│   「法と経済学」      95     │
│   「実践哲学の復権」      116│
│   批判的人種理論      156    │
│   「法と文学」      156      │
│   新プラグマティズム      157│
│                              │
└──────────────┘
```

# 第1章
# 20世紀法理論の出発点
―― ケルゼンの純粋法学 ――

「純粋法学(Reine Rechtslehre)」は20世紀初頭にオーストリアの法学者，ハンス・ケルゼン(Hans Kelsen, 1881-1973)が提唱した包括的な法のモデルである．純粋法学は日本を含む世界各国の法学研究者たちに多大な影響をあたえたばかりか，今日もなお，法を総体として捉えようとする際には決して避けて通ることのできない理論としてわれわれの前に屹立している．本章では，ケルゼンの純粋法学を20世紀の法思想をふりかえるための出発点と位置づけ，その背景となる時代状況や知的基盤と結びつけながら，その意義と限界を検討していきたい．

## 1 純粋法学はなぜそう呼ばれるのか？

そもそも純粋法学は，いったいどのような点で「純粋」と呼ばれるのだろうか．ケルゼンは，1934年に出版された『純粋法学』第一版を，「純粋」という言葉の意味を説きおこすことから，始めている．

「純粋法学は実定法の理論である．実定法一般の理論であって，特定の法秩序の理論ではない．それは法の一般理論であって，特定の国家法や国際法における規範を解釈するものではない．

理論として純粋法学が目指しているのは，とりもなおさずその対象の認識である．この理論は，法とは何であり，どのように存在するかということに答えようとするものであって，法はいかにあるべきかという問いを求めるものでは

ない．純粋法学は法の科学であり，法政策学ではない．

　それが法の「純粋」な学と名づけられるのは，純粋法学が法の認識のみに注意を傾け，厳密には法とは呼べない一切のことがらを，その認識対象から排除しようと努めるからである．純粋法学の目的は，法律学を諸々の異質な要素から解放することである．これが純粋法学の方法論の根幹にあるものである．」[1]

　ここでケルゼンが従来のドイツ法学に混入していると見なした「異質な要素」には，おおよそ二つのものがあった．まず第一に，何が正しい法であるかといった価値判断，すなわち道徳や正義，様々な形態の自然法的思考[2]，政治的イデオロギーがそれである．そして第二に，社会学的観察や政策的，あるいは経済学的な考量といった法外在的な視点である．ケルゼンはこれらすべてを洗い流し，法理論から一切の不純物を放逐しようとした．というのも，それによって法理論が，法以外の何ものにも依拠しない自立した科学の地位にまで高められると考えたからである．いわば純粋法学は，制度の存在目的やその具体的内容については括弧に入れ，その形式的側面だけから法を論じる極端な形式主義，厳密なフォルマリズムの試みであったと言うことができる．

　しかし，このような厳密な形式主義を通じて法の学問的自立性を確保するためには，それ相応の代償を支払わなければならない．後々まで純粋法学には，現実の法実務と無縁の学者的法学観の見本であるとか，時の政治体制に対する抵抗の足場を何ら示し得ない体制迎合的な理論であるといった攻撃がついてまわることになるが，ケルゼンにしてみればこうした批判は，政策目標を考慮に

---

　1) ケルゼン『純粋法学』(横田喜三郎訳，岩波書店，1935年) ――訳文は文脈の都合上，若干変えさせていただいた．

　2)【用語解説】自然法――一般的には，都合が悪くなれば人為によって変更することもできる実定法とは違って，人間の本性や理性，神の意思，自然の摂理などに基づいた不変法則として，実定法を超えた場所からそれを根拠づけたり，個々の実定法が本当に正しいものか否かを判別する基準となるようなものととらえられている．アリストテレスやトマス・アクィナスの古典的自然法論，グロティウス，ホッブズ，ロックからプーフェンドルフやカントにいたる近代自然権思想や理性法論などが，そうしたものの代表とされる．また，儒教や道教といった東洋思想のなかにも類似の発想が認められる．

入れた法の制度構築や法の道徳的基礎づけといった問題をあえて「異質な要素」として排除するその「方法論の根幹」からして，当初から予想された批判であった．では，ケルゼンはなぜ，これほどの代償を支払ってまで法の純粋性に固執したのだろうか．そして，ケルゼンはそれによって，どのような危険から法学の自立性を守ろうとしたのだろうか．

その答えのヒントとなるものは，ケルゼンが生きた当時の時代状況，ならびに，彼の理論形成の土壌となった知的風土にあるように思われる．そこで，純粋法学の内容をさらに詳しく検討する前提として，ケルゼンの生い立ちとその時代を駆け足で見ておくことにしよう．

## 2　純粋法学の時代背景——政治的状況と知的文脈

ケルゼンの前半生は，政治的な意味でも，知的な意味においても，様々な刺激的エピソードで彩られている．複数の民族国家への解体＝分裂がもはや避けられないハプスブルク家のオーストリア＝ハンガリー二重帝国，両大戦間のいっときの凪のような1920年代における多様な政治勢力の拮抗と知的・文化的豊穣，そして，それに続く，なし崩し的なナチスの権力掌握とユダヤ人排斥——純粋法学にみなぎる一種独特の緊張感は，そうした時代の空気を色濃く反映している[3]．

ケルゼンはユダヤ系商人の長男として，当時はオーストリア＝ハンガリー二重帝国の一部であったプラハに生まれた．彼が三歳のときに実業家であった父親の都合でウィーンに居を移し，それ以降ケルゼンは，消え入る前のロウソクの炎のような輝きを見せる世紀末の帝都ウィーンでその前半生を送ることになる．少年期ならびに青年期のケルゼンがこの町から受け取った影響は，その純粋法学のなかにも様々な痕跡を残している．ケルゼンはギムナジウムに通いながら，ノルウェーの詩人クヌート・ハムスンの著作や，ショーペンハウアーや

---

[3]　以下の伝記的記述は，そのほとんどを次の書物に負う．ルドルフ・メタル『ハンス・ケルゼン』(井口大介・原秀男訳，成文堂，1971年).

カントの哲学書を読みふけった．また，彼は，新しい出し物があれば，その度にブルク劇場や国民劇場に足繁く通うといったような演劇青年でもあった．やがて彼はウィーン大学に進学し，昔も今も多くの学生たちがそうするように，「将来つぶしがきくから」といった理由で法学部を選ぶ．しかし，その授業内容にはあまり興味を持てなかったらしく，当時の彼の関心は以前にも増して哲学へと傾いていく．ケルゼンはこの頃，1903年の『性と性格』の出版によって論壇に一大センセーションを巻き起こすことになる早熟の思想家，オットー・ヴァイニンガー (Otto Weininger, 1880-1903) と交際を始めたり，研究テーマとしてダンテの国家論を選んだりしているが，そうしたエピソードの背後からは，大学で供給されるありきたりの法律知識に決して満足できない青年ケルゼンの心情を汲みとることもできるだろう．ちなみに，ヴァイニンガーは『性と性格』の一冊だけを残して23歳の若さで自らの命を絶ってしまうが，ケルゼンはこの夭折した友人のための追悼論文を，世紀転換期ウィーンの頽廃を痛罵した当時の代表的な社会批評家，カール・クラウスが主宰する雑誌『ファッケル（炬火）』に寄せている．

やがてケルゼンは『ダンテの国家論』(1905) によって法学博士号を取得し，その直後には奨学金を得て，当時ドイツで最も高名な国家学者イェリネック (Georg Jellinek, 1851-1911) ——ちなみにドイツでは伝統的に憲法学が国家学と呼ばれてきた——が教鞭をとるハイデルベルクで学んでいる．しかし，イェリネックとの関係はあまり友好的なものとはならず，そこで彼は純粋法学の原型ともいうべき大著『国法学の主要問題』(1911) の執筆に専心することになる．この頃のケルゼンの理論的バックボーンは，主として，この時代の読書界に広範な影響を及ぼしていたエルンスト・マッハ (Ernst Mach, 1838-1916) の感覚与件論であった．マッハは次のように主張した．世界は色・熱・音・時間といった感覚的な諸要素によって構成されており，したがって，そうしたまず感覚に訴えかけるものが，あらゆる知識の基盤であらねばならない．「物体」や「心」といったものは，こうした諸感覚の組み合わせのある側面を指して事後的につけられた一種の名前に過ぎないのである．一世を風靡したマッハのこうしたラ

ディカルな唯名論の足跡は，純粋法学のなかにも見てとることができる[4]．法律学から異物を放逐し，「国家」を「法規範の束」に還元しようとするケルゼンの試みは，「物体」や「心理」といった実在を「感覚の束」に分解してしまうマッハ主義的な企てを法学において遂行しようとするものであったとも言えるのである．

また，この大著の公表によって，ケルゼンは，マールブルク大学の新カント派哲学者ヘルマン・コーヘン(Hermann Cohen, 1842-1918)の認識論哲学との類似を指摘される[5]．そして，これがきっかけとなって彼はコーヘンのもとを実

---

4)　【用語解説】唯名論——思想史的に見れば，「唯名論」という表現は，12世紀キリスト教神学における「普遍論争」や14世紀のウィリアム・オッカムの「真に実在するのは個物のみであり，また個物のみが認識や学知の対象となる」といった思想にまで遡るとされる．そして，こうしたオッカムの考え方は，近代的な自然科学や個人主義的な世界観，ひいては権利概念の端緒となったと言われている．しかし，ここで筆者は「唯名論」という表現を，より一般的に，次のような意味で用いている．つまり，誰もがその実在性を疑わないような事柄も，実は個別的かつ具体的な要素の集合に過ぎず，そうした事柄は便宜や習慣によってひとまとめの名前で呼ばれているに過ぎないと考えるような，そうした思考のスタイルとして．たとえば，「人類という実在があるのではなく，実際に存在しているのは個々の個人であり，ただ便宜の上で，そうした個人の集合をひとまとめに人類と呼ぶに過ぎない」といった言明は，こうした意味における「唯名論」的なものの見方の一例である．

5)　【用語解説】新カント派——19世紀後半から20世紀前半にかけて，ドイツの大学を中心に一世を風靡した哲学学派．カントの認識論，批判主義にならって，自然主義や歴史主義などの潮流と対峙した．ちなみに，「新カント派」という名称はファイヒンガーの命名である．一口に新カント学派といっても様々な論者が様々な議論を行っているが，一般に，カント哲学を自然科学の基礎論と捉え，諸科学の批判的基礎づけを目指した「マールブルク学派」と，カントの人格主義に範を求め，文化，精神，価値，倫理をめぐる普遍的理念の体系化を目指した「西南ドイツ学派」に大別される．前者としては，ケルゼンにも影響をあたえたコーヘンを中心に，論理学のナトルプ，精神史や科学論のカッシーラーといった人々がその主立った面々である．後者としては，ハイデルベルク大学を拠点として，ヴィンデルバント，ラスク，リッケルトなどの名前があげられる．法哲学者としては，「マールブルク学派」では，ケルゼンの他にルドルフ・シュタムラーが，「西南ドイツ学派」では，ラスクやラートブルフらが活躍している．オイゲン・エールリッヒとならぶ法社会学の創始者の一人でもあるマックス・ウェーバーも，リッケルトの弟子として「西南ドイツ学派」の一人にしばしば数えあげられる．世紀末から20世紀初頭にかけて隆盛をきわめた新カント学派であったが，1920年頃にはその凋落がはじまり，1930年代に入ると学派としては消滅する．しかし，わが国の法哲学や実定法学においては，戦後も長らくのあいだ影響力を保ち続けたことは特筆に値する(コラム1も参照)．

際に訪れることにもなった．コーヘンの哲学こそ，純粋法学における「事実（である）」と「当為（べきである）」の厳格な区分に哲学的な基盤を提供するものにほかならず，これがその後のケルゼン思想の根幹となる．

　第一次世界大戦が勃発し，ケルゼンも一兵卒として召集される．ところがここでケルゼンは，縁あって当時の帝国陸軍大臣の片腕を務めることとなり，崩壊しつつある多民族帝国の法律問題にその手腕を振るうことになる．この経験は，おそらくケルゼンの法理論に多大な影響を及ぼしたはずである．というのも，当時のオーストリアのような複数の民族が共存する多文化社会にあっては，法の理論的研究は，各民族の多様な生活連関の記述に向かうか，不偏不党性を貫くために純粋な形式化へ向かうか，いずれかの方向を取る傾向にあるからだ．グムプロヴィッツ（Ludwig Gumplowitz, 1838-1909）やラッツェンホーファー（Gustav Ratzenhofer, 1842-1904）といった，一世代前のオーストリア国家法学者たちが民族間抗争に焦点を合わせた社会学的な国家概念を目指したのに対し，ケルゼンは法学の徹底した形式化と純化によって，いかなる民族的実体にも依拠しない規範的な国家像の構築を試みた．すでに見たように，ケルゼンが国家を法的規範の関係の束と捉え，いわば「国家なき国家学（Staatslehre ohne Staat）」を目指す理由には，マッハ主義哲学の法学における実現といった理論的な関心があった．しかし，それと同時に，このことが，いかなる特定民族の具体的生活連関や価値秩序からも等しく距離を取ろうとする多文化社会特有の政治的関心と内的に結びついていたという点も見落としてはならない．実際，ケルゼンは純粋法学がおかれた社会的文脈について，次のように語っている．「人種・言語・宗教および歴史を異にする数多くの集団から構成されたオーストリアの国家を見れば，国家の統一を，法律的に国家に属している人間の，なんらかの社会・心理学的あるいは社会・生物学的な関係の上に基礎づけようと試みる理論は，まったくの虚構であることがわかってきた」[6]．ユダヤ人というその出自のためにケルゼンがつねに民族的憎悪や迫害と隣り合わせで生きた

---

6）　前掲，メタル『ハンス・ケルゼン』，70-71頁．

ことを思えば，特定の生活連関や価値体系にコミットせず，そのどれからも一定の距離を置く純粋な国家理論を構築することは，単なる理論的な課題というだけにとどまらず，むしろ——逆説的な意味において——実践的な意義を持った課題，あるいはむしろ政治的＝実存的決断であったと言うべきかもしれない．

　第一次世界大戦終了後，ケルゼンは社会民主党内閣首相カール・レンナー (Karl Renner, 1870-1950)——彼は社会主義的法社会学の最初期の試みとして重要な『私法制度とその社会的機能』(1904，改訂版 1929) の著者でもある (コラム 6 参照)——の依頼を受け，第一次オーストリア共和国憲法を起草している．そのなかにケルゼンは世界最初の憲法裁判所の構想を盛り込んだが，それと同時に，自ら初代憲法裁判所の終身判事に選ばれている．だが，こうした多忙な日々にあっても，ケルゼンはウィーン・カフェ文化の自由な空気のなかで当代一流の知識人たちと交流を続け，そこから多くの刺激を受けている．とりわけ，彼が親しくつきあっているのは，社会民主党寄りのマルクス主義系知識人として，前記のレンナー，オットー・バウアー (Otto Bauer, 1881-1938)，そして，マックス・アドラー (Max Adler, 1873-1937)，自由主義寄りの知識人としては，オーストリア学派経済学の中心的人物であるフォン・ミーゼス (Ludwig von Mises, 1881-1973)——ちなみに，ケルゼンとミーゼスはギムナジウム時代の同級生である——や同じく現在もなお経済学者たちにインスピレーションをあたえ続けているヨーゼフ・シュンペーター (Joseph Schumpeter, 1883-1950) などといった，そうそうたる顔ぶれである．『一般国家学』(1925) や『デモクラシーの本質と価値』(1929) といったケルゼン最盛期の著作は，こうした豊かな知的交流のなかから生まれた．

　また，この頃の特筆すべきエピソードとしては，精神分析学の創始者ジグムント・フロイト (Sigmund Freud, 1856-1939) との交流がある[7]．ケルゼンはフロイトの招きでウィーン精神分析協会で講演を行い，それをもとに「国家の概念と社会心理学——とくにフロイトの集団心理学を顧慮して」と題する論文を，

---

7) 上山安敏『フロイトとユング』(岩波書店，1989 年) 第 5 章「国家の幻想——ケルゼンの国家論とフロイトの精神分析」を参照．

フロイト派機関誌『イマーゴ』に掲載する．同時期の『社会学的国家概念と法律学的国家概念』(1922)でも繰り返されている，そのフロイト批判の骨子は，「フロイトのいうリビドーやエディプス・コンプレックスの概念はいまなお実体概念を宿している．精神分析学はそれら一切の実体論的残滓を自らのなかから洗い流し，「精神なき心理学」，純粋心理学を目指さなければならない」といったものだった．ケルゼンはフロイトの精神分析学のなかに，「国家なき国家学」，すなわち，自らが目指す純粋法学の似姿を見ていたのである．またそれと同時に，心理学に実体的なものを導きいれることへの徹底した警戒を同じユダヤ人であるフロイトに説くケルゼンの姿のうちに，再び，特定の価値内容へのコミットメントを自らに禁じるケルゼンの政治的＝実存的決断を読みとることも可能であるだろう．

　ところで，ケルゼンは「国家」のフィクションとしての性格を強調するために，同じくウィーンの哲学者，ファイヒンガー(Hans Vaihinger, 1852-1933)の『アルス・オブ(かのように)の哲学』にもしばしば言及する．ファイヒンガーは，森鷗外の短編「かのように」のモチーフともなったこの著書において，哲学上の諸概念がいわばフィクションのような性格を持つと論じているが，こうしたフィクション論は，すでに言及したコーヘンやマッハと同様の認識を共有するものだった．あるいはむしろ，コーヘン，マッハ，あるいはスイスのアヴェナリウス(Richard Avenarius)，そして，後に論理実証主義を立ち上げることになるウィーン学団のシュリック(Moritz Schlick, 1882-1936)やカルナップ(Rudolf Carnap, 1891-1970)といった人々(ちなみに，彼らはエルンスト・マッハ協会の設立者でもある)の思想によって，この時代特有の一つの知的星座が形成されていたと言ったほうがいいかもしれない．そして，ケルゼンの純粋法学もまたこうした知的星座の一角を占めていたのである．

　だが，法学者，大学人，実務家としてのケルゼンの華々しい活躍にも翳りが見えはじめる．民族間結婚に関する憲法判断をめぐって，ケルゼンは保守派のカソリック勢力から激しい攻撃にさらされる．それは次第にユダヤ人排斥の性格を帯びはじめ，ケルゼンは憲法裁判所判事を解任されるばかりか，祖国オー

ストリアまで後にしなければならないまでに追いつめられる．1930年，ケルゼンはドイツのケルン大学から招聘を受け，とうとう祖国を去ることになる．すでに国家学の大家として有名であったケルゼンを，ケルン大学とケルン市は鄭重に迎え入れた．とりわけ，当時のケルン市長であり，第二次世界大戦終結後は西ドイツの初代首相として「奇跡の経済復興」を導くことになるコンラート・アデナウアーが，様々な形でケルゼンを支援する．こうして，1932年，早くもケルゼンはケルン大学法学部長という要職に就くことにもなる．しかし，ナチスの政権掌握がまたしてもケルゼンを窮地に陥れる．ベルリン大学から移籍してきた同じ国家学のカール・シュミット(Carl Schmitt, 1888-1985)を除き，法学部の全スタッフがケルゼンを守ろうとしたが，結局，政治の圧力には勝てず，1933年1月，ケルゼンは教授職を罷免されることになった．シュミットもはじめのうちは，ケルゼン理論に対して好意的であったと言われている．しかし，シュミットの憲法理論は基本的に，フランスの公法学者モーリス・オーリュー(Maurice Hauriou, 1856-1929)が唱えた制度理論にカソリック神学の歴史哲学を合体させた実体論的な国家理論であり，そもそもこうした考えが，国家を法規の集合へと還元するケルゼンの唯名論的な方向性と相容れるはずはなかった．また，民主主義の捉え方についても両者は決定的に対立している．ケルゼンが民主主義の根幹を議会制や多数決原理のうちに求め，それが自らの相対主義的世界観とも親和的であると考えるのに対し，シュミットはその『現代議会主義の精神史的地位』(1923)に示されているように，「議会制や多数決原理はむしろ自由主義と結びつくものであって，むしろ満場一致の喝采を通じて遂行される同等な者どうしによる現在の肯定，あるいは一般意思(ルソー)の確認こそ，真に民主主義に呼ぶに相応しい．よって，民主主義と独裁は矛盾しない」と主張する[8]．やがてシュミットは自ら進んでナチスの思想と運動に接近して

---

8) ケルゼン『一般国家学』(改訳版，清宮四郎訳，岩波書店，1971年)，および，同『デモクラシーの本質と価値』(改訳版，西島芳二訳，岩波文庫，1966年)．カール・シュミット『現代議会主義の精神史的地位』(服部平治・宮本盛太郎訳，社会思想社，1972年)．ケルゼンとシュミットの対比については，長尾龍一『ケルゼンの周辺』(木鐸社，1980年)，同『ケルゼン研究I』(信山社，1999年)，所収の諸論稿を参照のこと．

いくが，そもそも両者のあいだには，理論的な次元においても超えられない溝があったのである．

それ以降は流浪の生活が続く．まず，彼はジュネーブの国際研究所にしばらく籍を置き，次いで，ウィーン大学時代からの旧友であるチェコ＝スロヴァキア共和国初代大統領マサリク(Thomas G. Masaryk, 1850-1937)の人脈を通じて，生まれ故郷プラハのドイツ語大学に職を得る．だが，ナチス・ドイツのチェコ併合によって，迫害の恐怖はすぐさまそこにも及ぶこととなる．1940年，いまだ仕事のあてもないまま，ついにケルゼンは新大陸に旅立つ．客員教員としてハーヴァード大学で数年間を過ごした後，アメリカ社会学的法学[9]の中心的人物であり，また当時のアメリカには珍しくドイツ法学にも造詣が深かったロスコー・パウンド(Roscoe Paund, 1870-1964)の推薦によって，カリフォルニア大学バークレー校に彼はようやく定職を得る．そしてケルゼンは，しばしば学外講義や講演旅行に出かけたことを除けば，その余生のほとんどをこの西海岸の地で送ることとなった．ちなみに，ケルゼンの主著『純粋法学』第一版は1934年，こうした流浪の生活のただなかで出版された．

## 3　イデオロギー批判としての純粋法学

このようにケルゼンは多くの興味深いエピソードに彩られた，複雑な生涯を送っている．だからこそというべきだろうか，彼の『純粋法学』——とりわけ漂泊の生活のなかで完成を見たその第一版——は緊張感に満ちた，きわめて無駄のない文体で記されている．たしかに，ケルゼンは自己の構想に死ぬまで手

---

[9]　【用語解説】社会学的法学——20世紀初頭，連邦最高裁判事として活躍したホームズ判事(O. W. Holmes, 1841-1935)の経験主義的・プラグマティズム的側面を引き継いだ，20世紀前半におけるアメリカ法学の一潮流．パウンドは，連邦最高裁におけるホームズの後継者であるカードーゾ(B. Cardozo, 1870-1938)とならぶ社会学的法学の代表者である．彼はイェーリングをはじめとする大陸法学の着想に学びつつ，体系的ルールに則った演繹的推論から正しい判決が得られるとするような機械的法学観を厳しく批判している．また，裁判官の法創造機能や準立法的機能も含め，法は社会統制の手段であるとし，「社会工学」としての法という考えを提起した(コラム2も参照)．

を加え続けたので，時を追うごとにそこには様々な変更や修正がなされている[10]．しかし，ここでは，ケルゼンの根本的な企図をより明確にするという目的に適う範囲において，アメリカ亡命後に出された『法と国家の一般理論』や『純粋法学』第二版なども参照しながら，純粋法学の基本構想を解きほぐしてみたい．そして，その際にはまず，純粋法学には二つの側面があることを知る必要がある．第一の側面は破壊の側面，すなわち，それまでの法律学に対する徹底した神話破壊とイデオロギー批判の側面であり，そして第二の側面は構築の側面，すなわち，法実証主義の「規範」科学としての再構築という側面である[11]．

まず，第一の神話破壊的・イデオロギー批判的側面について．『純粋法学』は，一面では，ゲルバー，ラーバントらにはじまりイェリネックで一つの頂点を迎える19世紀ドイツ実証主義法学を受け継ぐものである[12]．しかし，ケルゼンの考えでは，そこには実定法まで自然科学の論理たる因果法則で説明しよ

---

10) 近年の研究を参考にすれば，ケルゼン理論の変遷はおおよそ次のような形で捉えられるように思われる．まず，第一期は『国法学の主要問題』を頂点とする，ドイツ実証主義法学の批判的継承の時期．第二期が，カント哲学や新カント派哲学の影響が最も色濃く現れている『純粋法学』第一版を中心とする時期．アメリカ亡命後に書かれた『法と国家の一般理論』を過渡期として挟み，現実主義的な法観察に歩み寄りを見せた1960年の『純粋法学』第二版を中心とする第三期．そして最後に，論理実証主義的な言語哲学の発展を受け，法論理学的なテーマに関心を寄せた最終期である．最終期に書かれた諸論稿は彼の死後，『規範の一般理論(*Allgemeine Theorie der Normen*)』(1979)としてまとめられた．Cf. Stanley L. Paulson, 'Four Phases in Hans Kelsen's Legal Theory? Reflection on a Periodization', *Oxford Journal of Legal Studies*, vol. 18, 1998.

11) 【用語解説】法実証主義──様々な意味で用いられるが，そのおおよその共通分母として，(1)真に法と呼べるのは実際に制定された実定法だけであるとする実定法一元論，(2)法と道徳，あるいは，「在る法」と「在るべき法」とは明確に区別されるとする「法と道徳」の峻別テーゼ，(3)法の妥当性の根拠や法と法でないものの判別基準を，何らかの超経験的な理念のうちにではなく，実定法内部に求めるような，法の妥当性(あるいは効力)の捉え方などがあげられる．その代表的な例として，19世紀から20世紀にいたるドイツ概念法学，ナポレオン法典以後のフランス注釈学派，コモン・ローの集積に抗して法の体系化を試みたジェレミー・ベンサムやジョン・オースティンの分析法理学などが思い浮かぶ(コラム1も参照)．

12) 当時のドイツ国家学の知識社会学的布置にかんしては，次を参照．上山安敏『憲法社会史』(日本評論社，1977年)．

うとする誤った科学主義(法政策学・法社会学),および,実定法を超えた何物かに依拠して実定法の妥当性を論じようとする道徳主義(自然法論)が,無批判に混入していた.科学主義にしても,道徳主義にしても,それらは,科学的客観性・自然・神・道徳・正義といった法外在的な権威によって現行法を正当化——あるいは逆に,断罪——するものにほかならず,その点では,実定法それ自体の認識とは程遠いといわなければならない.

　たとえば,19世紀公法実証主義の一つの到達点であり,また,若き日のケルゼンが一時期教えを受けたイェリネックの一般国家学は,「国家」という存在を実体化するオットー・ギールケ流の国家有機体説に対抗する形で,国家法人説と君主機関説を唱えるものであった(ちなみに,イェリネックのこうした考え方は,美濃部達吉の天皇機関説の典拠となっている).国家を実体とせず法的人格と見なし,君主主権と人民主権の政治的論争を避けて,機関化した国家に主権を委ねるという,そうした意味においては,すでにイェリネックらの実証主義法学はケルゼンが目指した方向に進みつつあったのである.しかし,ケルゼンはそこになお形而上学的な残滓があることを決して見逃さなかった.彼の目には,「国家は人格であり,法は国家の意思であり,国家はその機関を通じて行動する」といった19世紀ドイツ法学特有の言説は,「国家」や「法」といった概念の擬人的な用法に依存するものであり,その意味で実体的・神学的思考から脱却できていないと映ったのである.

　ケルゼンの考えでは,そもそも「国家」や「人」といった法の基本概念それ自体,本来は関係の束を指し示す名前に過ぎなかったものが,人間精神の奥底に根深く残るアニミズム的心性のために,次第に「擬人化」され,「実体化」されたもの以外の何ものでもない.実は,「国家」というものも,何らかの実体としてそこにあるというより,法的諸規範の体系がたまたま習慣的にそう呼ばれているに過ぎないのではないか.ファイヒンガーの「アルス・オプの哲学」やマッハの感覚与件論に依拠しつつ,ケルゼンが介入するのは,まさにこうした点である.「国家」はそれがあたかも実在するかのように論じられる一つの虚構にすぎず,憲法学はそれが科学たろうと欲するなら,一切の形而上学

的残滓や法外在的要素を排し,「国家なき国家学」とならねばならない．こうして，ケルゼンはまず，法学に対する根底的な——しかし，あくまでも内在的な——「イデオロギー批判」者，ウィリアム・オッカム以来の唯名論の伝統に連なる徹底した神話破壊者として現れるのである．

## 4　法実証主義の再構築としての純粋法学

　だが，こうした徹底した概念批判の試みに見られる破壊的側面は，純粋法学という試みの半面に過ぎず，準備作業と見るべきものでもある．あくまでもケルゼンの関心は法学を「科学」の名に値するまでに高めることであり，こうした「法の科学」は実定法，すなわち，いまここにある法それ自体の認識を目的とするものでなければならない．そして，そのためには一度解体した実証主義法学を新たな科学認識に見合った形で再構成することが必要となってくる．

　だが，「新たな科学認識」といってもマッハのいう感覚与件それ自体が純粋法学の基本単位になるわけではない．感覚与件が問題となるのはあくまでも自然の世界のことである．法は自然世界とは異なる規範の世界に属している．そして，自然科学が自然世界を「〜である (Sein)」という表現を核とする事実命題によって記述するのに対し，規範科学たる法律学は，「〜べきである (Sollen)」という形式の法命題 (Rechtsatz) を通じて，法規範の体系を記述するのである．「〜べきである」，すなわち当為というものを，事実とは別の水準にある認識の先験的カテゴリーと捉える新カント派哲学者コーヘンの影響が，ここに見られることはいうまでもない．こうしてケルゼンは，純粋法学の固有の研究対象を，実定法の基本単位である法規範に絞り込み，その一般的構成を二段階に分けて分析する．

　**法の静態的側面**　まず最初の段階として，いまここで妥当している規範としての法，あるいは，静止状態にある法が分析される．どのような手続で法が創設されたかという問題をとりあえず括弧に入れ，いまここで妥当する規範体系という側面から法を捉えれば，法は第一義的に「強制秩序」として現れる．

ケルゼンによれば，法規範とは人間の行為，とりわけ立法を通じて創設され，特定の違法行為と特定の執行されるべき「制裁」あるいはサンクションとを結合させることで一定の効果を生みだすような，一種の社会的技術にほかならない．それゆえ，法規範の科学的認識を目指す法律学の課題は，それを，「〜の違法行為がなされた場合には，法秩序が規定するところの〜の強制行為が執行されなければならない」というように，法の要件と効果とが帰属(Zurechnung)の関係で結びついた法命題として認識し，記述することとなる．

だが，この法規範はいったい誰に向けられたものなのだろうか．これに対するケルゼンの答えは，次のようなものであった．厳密な意味では，法規範は法服従者である一般市民に向けて発せられたものではなく，裁判官や法執行機関に向けられたものである．つまり，法規範とは，「もしある人物が行為Xをする場合には，裁判官Yは制裁Zを適用すべきである」といった形で，裁判官や法執行機関に向けられた当為命題(「〜べきである」形式の文)にほかならない．もっとも，現実には，一般市民について，法に「従う」とか「従わない」といった表現が用いられることも少なくはない．そこで，後にケルゼンは，次のような考え方を示すようになった．第一次的な法規範はあくまでも裁判官や法執行機関に向けられた制裁行使をめぐる法規範であって，一般市民の日常的言明に見られるような法遵守の義務の表明は，第一次規範があってはじめて可能となるような派生物に過ぎない．したがって，便宜のためそれを規範と呼ぶならば，第二次的規範と呼ぶのが相応しい[13]．

また，ここからは，道徳規範と法規範の性格の違いも説明される．道徳規範が「誰それはこれこれの行為をする(あるいは，しない)道徳的な義務を持つ」あるいは「誰それはこれこれの行為をする(あるいは，しない)よう道徳上拘束される」といった命題の形で，一個人の行為に向けられているのに対して，法規範は違法を行うかもしれない個人と制裁を執行する裁判官または法執行機関という複数の行為者に向けられている点で，より複雑な構造を有している．ま

---

13) ケルゼン『法と国家の一般理論』(尾吹善人訳，木鐸社，1991年)，121-124頁．

た，道徳規範が一定の固まった規範内容しか持てないのに対し，法規範ではその内容の変更が比較的容易になされうる．というのも，法規範においては，「〜ならば〜」といった仮言的な形式を用いて，要件部分と効果部分が緩やかに結合されているからである（もちろん，一度結合させられた要件と効果は，妥当な手続きを経ない限り変更されないという意味で，法規範には一定の固定性もあることも見落とすべきではない）．ある場所でケルゼンは次のように述べている．「法規範はいかなる内容をも持ちうる．その性質ゆえにある法的権利に対応する法的義務とされえない種類の人間の行為はないからである」[14]．このように，ケルゼンは法規範固有の内的法則性を，その表れたる法命題の性質から明らかにし，そこから権利，義務，法人格といった諸々の基本概念に入念な考察を加えるのである．

**法の動態的側面**　次いでケルゼンは，法規範の静態的側面をめぐる分析水準ではひとまず視野の外におかれていた「法がどのような手続きで創設され，適用されるか」という問題を取り上げ，法の妥当性それ自体にかんする考察に着手する．これに対するケルゼンの答えが，有名な「法秩序の段階構造」モデルと「根本規範」論である．

ある法規範が妥当性を有するのは，その上位にある別の法規範がそれに妥当性を付与するからであり，その上位の法規範もまた，さらに上位にある規範に妥当性を付与されている．このように，諸々の法規範は互いに無関係なものとしてバラバラに存在するのでなく，妥当性を付与し付与される関係で階層的に結びついている．だが，無限に続くかに見えるこうした妥当性の連鎖にもいつか終わりがなければならない．ケルゼンは，そうした妥当性付与の連鎖の終点に，全ての法規範の妥当性の淵源たる「根本規範（Grundnorm）」を想定する．次の引用は，『純粋法学』第二版(1960)における「根本規範」の説明である．

「すでに述べたように，他の規範の妥当根拠となるような規範は，これに対

---

[14]　前掲書，197頁．

してより高次の規範である．しかし，ある規範の妥当根拠の追求は，結果に対する原因の追求のように無限に続けることができるものではない．最終的かつ最高次のものとして想定されるような規範で終わらなければならない．この規範はあくまでも仮説的に想定された(vorausgesetzt)ものでなければならない．というのも，この規範は，さらに高次の規範にその権限の根拠を求めなければならないような何らかの権威によって制定される(gesetzt)ようなものではあり得ないからである．もはやこの規範の妥当性をさらに高次にある何らかの規範から導きだすこともできないし，もはやこの規範の妥当性の根拠を問うこともできない．最高次のところにあるものとして仮説的に想定されたこうした規範を，ここでは，根本規範という名前で呼ぶことにする．」[15]

また，ケルゼンは同じところで，次のような面白い例をあげて，「根本規範」の仮説的な性格をさらに詳しく説明している．

「ある父親が自分の子供に学校に行きなさいと命令する．子供が「どうして学校に行かないとだめなの」と答えれば，これに対する父親の返事は「お父さんがそう命令したんだし，子供というものは父親の命令に従わないといけないんだよ」というものだろう．子供が「どうしてお父さんの命令に従わないといけないの？」とさらにたずね続ければ，それに対する父親の答えは「それは神様が年長者の言うことを聴きなさいと命令したからで，神様の命令には従わないといけないんだよ」というものだろう．もし，その子供が「なぜ神様の命令に従わないといけないのか」とたずねる——すなわち，この規範の妥当性に疑問を投げかけるとしたら，それに対する答えは次のようなものとなる．こうした規範に対しては疑問を差し挟んではならない——すなわち，こうした規範の妥当性の根拠を追い求めることは不可能であり，人はただ，こうした規範を仮説的に想定することができるのみである．」[16]

---

15) Hans Kelsen, *Reine Rechtslehre*, 2 Aufl., Franz Deuticke, 1960, s. 197.
16) *Ibid.*, s. 199.

法規範はそれ自身の内在的な価値ゆえに妥当するのではない．すでに見たように，ケルゼンによれば法規範はいかなる内容でも有しうるのだから，「道徳的見地や政治的配慮からすれば不適切な内容だが，法規範としては妥当である」といったことも当然あり得る．法規範の妥当性は他の妥当な規範によって根拠づけられているというこの一点のみに依拠するのである．そして，その終点にある究極の法規範，すなわち「根本規範」が妥当でありさえすれば，妥当性付与の連鎖によって，その下にある全ての法規範，すなわち同一法体系のすべての法規範が妥当する結果となる．したがって，この「根本規範」こそが，すべての法規範の妥当性を究極的に保証するのである．純粋法学における法体系は，いわば「根本規範」という仮構の中心を頂点として，諸々の法規範が段階的に妥当性を付与しあうツリー状の構造体，文字通り概念のピラミッドであるということができる[17]．

## 5　法の自立性をめぐって──純粋法学の限界(1)

　こうした理論的な道具立てを用いて，ケルゼンは，法それ自体以外の何ものにも依拠しない純粋な法の像を提示しようとした．たしかに，一見すると，純

---

　17)　ケルゼンのほとんどの書物において，「根本規範」は，カント的な意味での思考の先験的な範疇として，法認識のための仮説という役割を演じるものであった．しかし，1963年にケルゼンは「根本規範」にかんするこうした見方を変更させている．つまり彼は「規範とは人間の意思(Wollen)によって創設されるものである」といった主張と一貫性を保つためには「根本規範」も人間の意思によって創設されたものとする必要があると考え，そこから根本規範は，妥当性付与の無限遡行をストップさせるために必要であるような，その内部に矛盾を抱え込んだフィクショナルな意思のフィクショナルな創設行為であると主張するようになるのである．こうしてケルゼンの「根本規範」は，文字通り，ファイヒンガーの「アルス・オプ哲学」の意味での「フィクション」となる．「根本規範」概念のこうした変化は，菅野喜八郎「ケルゼン管見──擬制としての根本規範」(長尾龍一他編『新ケルゼン研究』木鐸社，1981年，所収)，ならびに，Iain Stewart, 'Kelsen and Exegetical Tradition', in R. Tur and W. Twining, *Essays on Kelsen*, Clarendon Press, 1986, において詳細に検討，批判されている．

粋法学は首尾一貫した純粋な理論であるように見える．その意味では，ケルゼンは，政治や道徳といった他の実践領域に対する法の自立性の正当化に成功しているように思われる．

だが，気になる点が一つある．政治や道徳などに対する法の自立性といっても，それは法実践の自立性というよりも，むしろ法学の自立性ではないのかという点である．そして，このことは「純粋法学は結局，誰に向けられているのか」という問題と密接に関連する．たとえば，ケルゼンは，自分と法の制度的背景も哲学的背景も共有しないアメリカの聴衆を前にして，法規範に二つの異なる水準があることを明らかにした．

「ある共同体の法，すなわち，立法過程で法権威によって生みだされる素材を「もしこれこれの諸条件が充たされるなら，これこれのサンクションが伴うべきである」という趣旨の諸言明の形で表現することが法の科学の任務である．法の科学が，もって法を表現するこれらの諸言明は，立法権威によって創設される諸規範と混同されてはならない．これらの諸言明を規範と呼ばず，法的ルールと呼んだほうがよい．法創設権威によって創設される法規範は指示的であり，法の科学によって言い表される法のルールは記述的である．」[18]

また，同じ区別は別の場所でも反復される．

「規範的法律学が，それによって一つの法秩序内での諸規範の特殊な結合を記述するところの諸言明は，それ自体諸規範ではない．ただ法創設権威だけが諸規範を発しうる．法理論家がそれによって諸規範を表すところのさまざまな「べきである－言明」はただ記述的意味合いのみを持つ．それらは，いわば，諸規範の「べきである」を記述的に再現するものである．」[19]

---

18) 『法と国家の一般理論』101頁．
19) 同書，267頁．文脈の都合上，表現を少し変えさせていただいた．

つまり，ケルゼンは，法理論が純粋な認識＝記述の試みであろうと欲する限り，法創設機関が創設する実践としての法規範と記述された法規範の二つのレベルを厳密に区別し，純粋法学はその後者のみを取り扱わなければならないと論じているのである．もっとも，ケルゼンがこうした区別を行う背景には，次のような政治的・実践的な意味合いがある．

「法律学の対象である諸法規範と，法律学の諸言明をはっきりと区別することは至って重要である．伝統的な用語法はその二つを混同し，法と法の科学を同一視する危険な傾向を示している．人はたんにある法学説に言及して，しばしば「法」という語を口にする．われわれのこの用語法の特徴には，政治的な背景がないではない．それは，法律学の，法の源泉として認められたいという要求と関係がある．この要求は，自然法学説の特徴であるが，法実証主義の諸原則とは調和しない．」[20]

たしかに，こうした意図からすれば，純粋法学の使命を法規範の認識と記述のみに限定するケルゼンの態度には，単なる学問的禁欲という以上に，学問としての法学にその正当な権能を超えた越権を禁じるという点で，カントの批判哲学にきわめて似通った逆説的に実践的な態度が存在している．しかし，それと同時に，次のような疑念もまたわきあがってくる．このような当為命題（「～べきである」文）の記述からは，学者の純理論的な興味としての法律学の自立性は出てくるかもしれないが，法実務の位置づけも含めて，社会的実践としての法それ自体にかんする知見は何も出てこないのではないか．すなわち，純粋法学がその正当化に心を砕く法の自立性とは，あくまでも学問としての法律学の自立性に過ぎず，法実践それ自体の自立性ではないのではなかろうか．だとすれば，ケルゼンの試みは本質的に学者的な法理論というべきであって，社会的実践としての法に対する一般市民や法実務家の関心とはあまりに距離が離れ

---

[20] 同上．

ているといわざるを得ない.

たしかに,現行の法実践から距離を置くことは,法学を学知として成立させるためには重要なことである.そうすることによってはじめて,個人の政治信条と現にある法制度を区別して捉えることが可能となるのだから.ケルゼンが『純粋法学』第二版に残した次の有名な言葉も,そうした脈絡のなかにある.

「アナーキストであっても,法学者としてであれば,実定法を是認することなしに,それを妥当な法の体系として記述することができる.実際,資本主義の法秩序を義務,授権,権利,権限が構成する諸規範の体系として記述する多くの教科書が,政治的にはこうした法秩序を不当なものと考える法学者たちによって書かれている.」[21]

だが同時に,純粋法学の場合は,それ独自の距離の置き方のために,次のような帰結をもたらしてしまうのではなかろうか.つまり,法実務家や一般市民が現行の法実践のあり方を批判したり,あるいは逆に,それを正当化したり,擁護したりする必要に迫られるような場合には,ケルゼンのような立場から何か有益なアドバイスが導かれるといったことはまったく期待できない.というのも,純粋法学はあくまでも先験的な当為命題の記述のみにかかわり,事実の世界に属する現実とは切り離されているのだから.すでに述べたように,ケルゼンにおいては事実にかんする言明と当為にかんする命題が完全に分断され,両者を媒介する可能性が完全に閉じられている以上,法理論と実践をつなぐものは何も見いだすことはできないのである.

このように,純粋法学は自然法論や様々な政治的イデオロギーを放逐することによって,学問としての法学の自立性をたしかに確保している.だが,それは,社会的実践としての法の自立性については何も語らない.それゆえ,それを正当化しようとする人々にとっても,それを批判しようとする人々にとって

---

21) Hans Kelsen, *Reine Rechtslehre*, 2 Aufl., s. 224-225.

も，ほとんど何の手がかりも与えてくれるようには思えない．

## 6 規範と事実の峻別をめぐって──純粋法学の限界(2)

　このほかにも，ケルゼンの純粋法学に対しては，様々な分野，陣営から，数多くの批判が投げかけられてきた．たとえば，「イデオロギー批判といってもケルゼン自身，自由主義や議会制民主主義のイデオロギーにどっぷり浸かっているではないか」といった左右両陣営からの攻撃，「法を強制秩序の側面だけから捉えるのは一面的過ぎる」といった法の核心を強制と合意のどちらに見るかという問題をめぐる異論，「妥当性の連鎖の最後に持ち出される根本規範は，結局，憲法の設立なり何なりといった歴史的事実を参照せざるを得ず，純粋法学は最後の最後でその純粋性を喪失してしまうのではないか」といった，主として歴史主義者や自然法論者によってなされた，純粋法学の純粋性にかんする論難などである．たしかに，こういった批判の当否を一つ一つ確かめていくことはそれなりに興味深いことである．しかし，ここでは遠回りをして，純粋法学の背景にある認識論的枠組について考えることから始めたい．というのも，そうした遠回りをすることによって，こうした一連の批判に共通する問題意識を，いっそう鮮明に浮かび上がらせることができるように思われるからである．

　まず，伝記的なスケッチでも述べたように，ケルゼンの純粋法学は，彼が生きた時代の様々な思想から多くの刺激を受けている．法体系を自然物と異なる壮大な虚構の体系と見なすその態度には，ファイヒンガーの「アルス・オプの哲学」の影響を見て取ることができるし，当時の論壇を席巻したマッハ主義は，実体概念から関数＝関係概念への移行という「新しい実証主義」を法律学においても遂行しようというケルゼンの学問的決意に，そのまま現れている．また，フロイトとの交流のエピソードは，ケルゼンがその唯名論的な神話破壊の方向性において「精神なき心理学」たるべき精神分析が自らの「国家なき国家学」と類縁関係にあると見なしていたことを窺わせる．そして，マールブルクの新カント派哲学者コーヘンの著作を読み，さらにそのもとで学ぶという経験によ

って，19世紀実証主義法学から非法的な要素を放逐するというケルゼン本来の「純粋」性へのパトスに対して，「事実（である）」のカテゴリーと「当為（べきである）」のカテゴリーの峻別という方法論的な基盤が与えられた．このように，ケルゼンの純粋法学からは，19世紀末から20世紀初頭にかけての時代精神，時代の空気を形づくった様々な思想の痕跡を読みとることができる．

　しかし，少し離れた場所から眺めてみれば，ファイヒンガーにしても，マッハにしても，コーヘンにしても，実は，一つの大きな認識論的枠組に属していたのではないかと思われるのである．この認識論的枠組は，およそ次の三つの構成要素から成り立っている．すなわち，(a) 第一に，自然的事実の世界と人間の意思の世界との分離，(b) 第二に，事実の世界や意思の世界を写しとる透明な媒体として言語というものがあり，学問や科学の目的は，この言語を用いてそうした事実や意思の写像，あるいは表象を産み出すことにあるという観念，(c) 第三に，学問的・科学的な営みを通じて，事実または規範の世界と言語によるその像との究極的な一致を目指して漸進的に知識が進歩してゆくという観念．この三つである．たしかに，デカルト主義に見られるように，主体の意思から出発して事実の世界に接近する立場を取るか，事実の世界から接近し，そこから人間の意思の世界に接近する——あるいは，意思の問題に理性的な説明を与えることは不可能であるとして，それを学問の世界から放逐する——経験論的な態度を取るかによって若干の違いはあるとはいえ，これらが同じ認識論的星座を形づくっていることに変わりはないように思われる．

　そして，ケルゼンの純粋法学においては，その純粋性への執着ゆえに，こうした認識論的枠組への帰属をきわめてはっきりと見て取ることができる．事実的連関の記述と規範的連関の記述の明確な峻別といい，法理論の課題を法規範の認識や記述に還元する点といい，そこには，この認識論的枠組から一歩も外に出まいとする強固な意志すら感じとれる．だが，逆に，純粋法学は，そうした認識論にあまりに厳格であろうとするあまり，法的実践に対する無力，とりわけ，法を具体的事例に適用する際に何の指針も示し得ないという批判を招きよせてしまっているようにも思われる．先ほど簡単に触れた，イデオロギー批

判自体のイデオロギー性の指摘にしても,「強制秩序としての法」という法理解に対する異議にしても,純粋な仮説とされる根本規範が実は歴史的な事実を参照せざるを得ないといった指摘にしても,純粋法学に向けられた批判の多くは,ある意味で,この点を突くものだったのではなかろうか.こうした一連の批判の背景には,いわば共通する核心のようなものがある.すなわち「法は,自然界にある剝き出しの事実でないにしても,それを事実とまったく関連を持たない純粋な規範へと還元できるのか」といった疑念である.たしかに,ケルゼンは,規範科学としての純粋法学と明確に区別した上で,民主主義や議会制をめぐる社会学的な研究も行っている.しかし,そこでケルゼンが法を事実として捉えようとするとき,その「事実」なるものはあたかも純粋法学のコインの裏側にあるような自然的事実としてのそれでしかない.『法と国家の一般理論』のなかで,ケルゼンはアメリカの社会学的法学にふれながら,次のように述べている.

「規範的法律学がそれによって法を記述するところの諸言明は,法社会学がそれによってその対象を記述するところの諸言明とはちがう.前者は「べきである－言明」であり,後者は自然科学と同じタイプの「である－言明」である.……ジョゼフ・W. ビンガムは言った.「もし,われわれが法を,他のいかなる科学の研究分野とも同種の研究分野と見るべきだとすれば,われわれはそれを,何が法であるかを決定すべくさまざまな典拠を研究することに従事する法学教師・法学生・法学研究者・あるいは弁護士の立場から見なければならない.これらの人々は直接に政府の機構の一部として行動しているのではない.彼等の研究は,法の分野を形づくる外部的現象の一部ではない.彼等はその分野を外から,したがって完全に客観的な,そしてもっとも惑わされることの少ない視野を与える立場から研究しているのである」.これこそ,まさしく規範的法律学の立脚点である.規範的法律学もまた,法に「外から」接近する.そして,「完全に客観的な」法の見方を獲得しようとする.しかし,法学理論は,法共同体の諸機関によって創設され,適用される法の諸規則の特殊な意味,これら

の諸規則がその行動を規律するところの諸個人に向けられる意味を捉えようと努めるのである．この意味は「べきである」によって表現される．ビンガムやその他の社会学的法律学の代表者達は，法が「外的見地から」もっぱら自然法則と同じ性格を持つ諸規則によって記述されると信じている．これは間違いである．規範的法律学は，その諸言明は「べきである−命題」であるけれども，法を外的見地から記述するのである．」[22]

　ここでケルゼンは，突き放した場所から法を記述することの必要性という点では，社会学的法学に賛意を示しながらも，純粋法学のような「規範的法律学 (normative jurisprudence)」は，法を自然的事実のように捉える社会学的アプローチとは違って，法を「〜べきである文」からなる規範命題として記述しなければならないと主張している．しかし，ここで問題なのは，ケルゼンの頭のなかには，法を自然的事実のように事実命題――つまり「〜である」形式の文――として捉えるか，法を当為命題――つまり「〜べきである」形式の文――で表される規範として捉えるかといった二者択一しかないということである．このほかに第三の選択肢があるかもしれないといった迷いなど，ケルゼンは一度として見せなかった．まるで，ケルゼンが依拠する認識論的枠組のなかにあっては，一切は事実の世界に属するか意思の世界に属するかのいずれかであって，その中間にある，言語を通じて制度的に構成された社会的事実の世界などといったものは，思考の可能性の外側にしかなかったということであろうか[23]．

　これまで述べてきたことを要約すれば，次のようになる．ケルゼンの純粋法

---

22)　『法と国家の一般理論』267-268頁．
23)　筆者は，現行の法実践から一定の距離を置くことが法理論の立脚点であるというケルゼンの主張に賛同するものであるが，距離を置いた視点からなされた法規範の記述がすべて当為命題の記述という問題に還元されるという点に疑問を感じる．そして，おそらくこの疑問は，次章以降で検討する認識論的枠組の転換と関連しているように思われる．第4章第1節「距離を置いた視点」も参照．

学は，19世紀法学の総括であると同時に，政治や道徳と法の関係に厳密な境界線を引き，その学問としての自立性を確立した．その意味で，それを20世紀法理論の出発点であると見ることができる．また，純粋法学のなかには，今もわれわれの思考を刺激してやまない様々な着想がある．しかし，だからこそいっそう，純粋法学は，彼が生きた時代の認識論的限界をも同時に浮かび上がらせることになる．事実と規範の峻別に対する過剰なこだわりから帰結する理論的な袋小路，および，抽象理論としての完成度とそれに反比例するかのような実践に対する無力．あたかもそれは，若き日のケルゼンの友人であり，またケルゼンと同じユダヤ人として，西洋近代に過剰なまでに同化しようとした結果，分裂的な生を引き受けなければならなかったヴァイニンガーが迎えた結末とあまりに似ているように思われる．

　ウィーン世紀末，第一次世界大戦，1920年代の政治的混乱と文化的高揚，30年代のナチス台頭といった具合に，20世紀前半の激動期をくぐりぬけたこの老法学者は，1973年，91歳で亡くなった．死にいたるまでケルゼンは純粋法学の構想に手を加え続けたが，それは，事実性と規範性という分け隔てられた二つの世界のあいだに何とか通路を見いだそうとする，決して報われることのない試みであったようにも思われる．カウンター・カルチャーの嵐が吹き荒れ，学生反乱の余波も冷めやらないバークレーの地で(第4章参照)，ケルゼンが『純粋法学』の構想と最後まで格闘し続けていたことを思うとき，きわめて複雑な感覚にとらわれるのである．

## コラム1
# ラートブルフと再生自然法論
―― 戦後の大陸法理論(1) ――

　ケルゼンの純粋法学もそうだが，そもそも法実証主義にあっては現実に存在する法，すなわち制定法や判例だけが法であると見なされ，道徳的な理念や価値といったものは法とは無関係であるとされる．もちろん，ほとんどの刑法典に窃盗や殺人を禁じる規定が含まれていたり，契約や不法行為といった民事上の諸制度が約束や弁償といった日常の道徳感覚とつながっているといったような，法と道徳のあいだの重複部分までもが否定されるわけではない．しかし，法と道徳は，その内容の点でも，人々を拘束する仕組みの点でも，本質的に異なるものであるとされる．法実証主義の立場をとれば，いかに非道徳的で邪悪な内容を含んでいようと一定の妥当な手続きを踏んで制定されたものであれば，それが法であることに間違いはないと見なされる(11頁の【用語解説】法実証主義も参照)．しかし，ナチス・ドイツがもたらしたあまりに陰惨な経験は，こうした考えが本当に正しいのかという問いを戦後法思想に突きつけた．

　19世紀このかた，ドイツ法学を支配していたのはつねに法実証主義であった．本章で検討したケルゼンは言うにおよばず，彼の師であった国家学のイェリネック，ケルゼン同様にマールブルクの新カント派哲学の影響下にあるR. シュタムラー(Rudolf Stammler, 1856-1938)，同じ新カント派でも西南ドイツ学派(ヴィンデルバントやリッケルト)に感化されたE. ラスク(Emil Lask, 1875-1915)，同じく「価値自由」の立場を出発点に独力で法社会学を築き上げたマックス・ウェーバー(Max Weber, 1864-1920)等々，世紀転換期から20世紀前半にかけてのドイツ法思想の中心的な担い手は，そのほとんどが法実証主義の信奉者たちであった(5頁の【用語解説】新カント派も参照)．だが，そうしたなかにあって，グスタフ・ラートブルフ(Gustav Radbruch, 1878-1949)が歩んだ道のりは，

ひときわ印象的である．というのも，ラートブルフは第二次世界大戦終了後，ナチズムへの真摯な反省からその強固な法実証主義を修正し，一種の自然法論とも受け取れるような主張を展開しはじめるからである．

当初，ラートブルフは他のドイツ圏の法実証主義者たちと同様，新カント派哲学に立脚しながら，事実（「～である」）と当為（「～べきである」）を峻別する方法二元論の立場をとっていた．事実にかんする知識をいかに多く蓄えたとしても，そこから，当為の問題にかんする相反する主張，相反する価値観・世界観をめぐる最終的決着を引き出すことはできない．法律学のような学問が当為の世界についてできることは，せいぜい，(1) 制度目標とその達成手段の連関，(2) 価値判断と世界観のつながり，(3) 価値判断をめぐる推論構造の説明と分類といったことにとどまり，あるべき制度や道徳をめぐる価値判断自体がそこから引き出されるようなことは決してあり得ない[1]．それゆえ，どのような価値を選択するかという問題にかんしては，各人が自らの意思と責任において「決断」するほかにない．このようにラートブルフの法実証主義は，価値をめぐる相対主義と内的に結びついている．そして，ラートブルフは――ケルゼンと同様に――こうした「価値相対主義」を，多様な政治的＝道徳的立場を許容する「寛容」の原理，民主主義の社会哲学として積極的に擁護したのである（コラム4参照）．

しかし，彼のこうした寛容と民主主義の擁護が，ゲルマン民族の優越性を主張する，雑多な哲学と疑似科学の混合物，ナチス思想やその政策と相容れるはずはなかった．ラートブルフは殺害や国外追放こそ免れたものの，ハイデルベルク大学教授の任を解かれ，12年もの長きにわたり一種の国内亡命を余儀なくされることになる．

第二次世界大戦が終わり，連合軍がドイツ国内に進駐するとともに，各地の裁判所では，戦時中のナチス党員，協力者，公務員たちが関与した様々な戦争犯罪に対する裁判がはじまった．しかし，ほとんどの被告たちの主張は「自分

---

[1] ラートブルフ『法哲学』（田中耕太郎訳，東京大学出版会，1961年）

はあくまでも法律に遵って職務を遂行しただけだ」というものであった．つまり，裁判所は「ナチスが制定した法律がいかに邪悪なものであったにせよ，それが法律であったことには変わりはない以上，他の選択肢はなかった」という抗弁に直面したのである．そして，こうした状況は，かつてソクラテスが都市国家アテナイの判決を遵守して毒杯を仰いだことに端を発するいわゆる「悪法問題」——すなわち，「悪法も法か」という問いを再び現実のものとしたのである．

ドイツ中の裁判所がこうした難問に直面していた1946年，ラートブルフは「制定法の形をとった不法と制定法を超えた法(Gesetzliches Unrecht und übergesetzliches Recht)」という象徴的なタイトルの論文を『南ドイツ法律家新聞』に掲載する．ラートブルフはそこで，かつての法実証主義への信念を覆すかのように，法哲学を「安楽死」へと導いた責任の一端が法実証主義にあったと明言する．

「本当のところ，法実証主義は「法律は法律だ」という確信によって，恣意的かつ犯罪的な内容をもつ法律に対して抵抗する力を，ドイツの法律家階層から奪ってきた．そのうえしかも，法実証主義は，自らの力で法律の妥当性を基礎づけることは全くできない．法律の妥当性は法律が自己貫徹力を有することによってすでに実証済みであると，法実証主義は信じて疑わない．しかし，必然はおそらく力によって基礎づけられるとしても，当為や妥当性を力に基づかせることはできない．後者はむしろ法律に内在する価値によってのみ基礎づけられるのである．」[2]

続けてラートブルフは，そうした法内在的価値として，戦前から彼が主張していた法の三つの理念，すなわち，法的安定性，合目的性，正義の相互連関について述べる．しかし，これまでと違い，実定法規遵守という法的安定性の要

---

2) ラートブルフ『実定法と自然法』(小林直樹訳，東京大学出版会，1961年)，259頁．

請と正義の要請とが衝突する場合をめぐって，次のような発言をする．

「……正義の追求がいささかもなされない場合，正義の核心をなす平等が，実定法の規定にさいして意識的に否認されたような場合には，そうした法律は，おそらく単に「悪法」であるにとどまらず，むしろ法たる本質をおよそ欠いているのである．なぜなら，実定法も含めて，法を定義づけるとすれば，その意義からみて正義に奉仕するように定められた秩序であり制度であるというほかないからである．」

ラートブルフは，法実証主義から自然法論へと根本的に転向したのか，あるいは，かつての強固な法実証主義を部分的に修正しただけにすぎないのか──これについては様々な見解があり，彼が亡くなってあまりに長い月日が流れた今となっては，もはや決定的な答えを求めることも不可能である．ただ，彼の「制定法の形をとった不法と制定法を超えた法」という表現が，戦後における自然法論のルネッサンスを活気づけたことは否定できないだろう．ドイツのH. ロンメン (Heinrich Rommen, 1897-1967)，オーストリアのJ. メスナー (Johanes Messner, 1891-1984) やA. フェアドロース (Alfred Verdross, 1890-1980)，フランスのJ. マリタン (Jacques Maritan, 1882-1973)，ベルギーのJ. ダバン (Jean Daban, 1889-1971)，イギリスのA. P. ダントレーブ (A. P. D'Entrève, 1902-1985) といった多くの人々が，それぞれのやり方で自然法の再生に力を尽くし，法哲学や法理論の根幹に「人間の尊厳」や「人権」の概念が置かれることとなったのである．

また，こうした流れからは，フランスのミシェル・ヴィレー (Michel Villey, 1914-1988) の仕事のような，法思想史の根本的な読み直し作業も生まれている．ヴィレーの仕事がとりわけ重要なのは，それによって，近代的な意味での「権利」概念はギリシャ・ローマの古典古代には存在せず，ウィリアム・オッカムの唯名論にみられるようなポリス的世界像の解体，および，原子状に孤立した個人という人間観とともにそれは誕生したという理解が少しずつ広まっていく

からである．

　しかし，このような再生自然法をめぐる一連の動きも，1950年代終わりから60年代はじめ頃にはその最盛期を終える．その理由としては，遡及法の問題をはじめとする再生自然法自身の理論的弱点も指摘されているが，ナチス犯罪に対する司法的な責任追及作業に終わりが見えはじめたことや，「人間の尊厳」や「人権」の理念が各国成文法や国際条約のなかに実定化されていったことなど，むしろ現実の変化という要因のほうが大きかったように思われる．いずれにせよ，「法実証主義と自然法論のどちらをとるか」といった二者択一的な問題の立て方は，これ以降，急速に姿を消していく．そして，自然法論と法実証主義はお互いに歩み寄りを見せはじめ，やがて両者の「融合」現象が指摘されるようになる．こうして，法理論をめぐる議論の焦点は，法規範と道徳規範の内的構造やその拘束力の異同，法や道徳をめぐる実践的推論の仕組み，実質的な正義原理と法におけるその実現方法の模索といった，より具体的で実践的な次元へと移行していったのである(コラム3参照)．

## 第2章
# 法理論における言語論的転回
—— ハートの『法の概念』——

　第二次世界大戦終了後もドイツ語圏の法哲学は，ケルゼンやラートブルフを中心として，一定の影響力を保ち続けた．しかし，そこにかつてと同じ輝きを見いだすことは難しい．というのも，法哲学・法理論の議論の焦点は，次第にイギリスやアメリカへと移っていったからである．だが，こうした変化を，戦後国際政治におけるアメリカの覇権やアメリカ流のライフスタイルの世界的な浸透といった理由に求めるのは，こと法哲学・法理論について見る限り，おそらく間違いである．英米の法理論は，やがて他の先進諸国も等しく直面することになる現代特有の新たな法現象にいち早く反応し，しかも，新しい理論的・哲学的手法でそれにアプローチした．こうしたことこそが，アングロサクソン圏の法理論が法文化の異なるドイツや日本にここまで浸透した理由にほかならない．英米の法哲学・法理論は，ドイツやフランスといった他の法文化圏に先がけて，いち早く，「言語論的転回(Linguistic Turn)」という一種のパラダイム転換を経験している[1]．つまり，英米の法哲学・法理論は，哲学一般の流

---

1) 【用語解説】言語論的転回——最近しばしば耳にするようになったこの思想史上の作業概念は，19世紀終わり頃から20世紀にかけて，それまで「意識」や「観念」の透明な媒体として捉えられてきた「ことば」というものが，それ自体の権利をもって考察の対象として浮上し，その結果，哲学のスタイルが従来の「意識」や「観念」の反省から「言語」の分析へと移行した事態を指している．この表現を最初に用いたのはウィーン学団の哲学者G.ベルクマンらしいが，それを一挙に普及させたのは現代アメリカの哲学者リチャード・ローティ(Richard Rorty, 1931–)が編んだアンソロジーであった．ローティが取りあげたのは，論理実証主義から後期ウィトゲンシュタインや日常言語学派にいたる，主としてアングロサクソン圏で活躍した哲学者たちであるが，同様の動きはシュライエルマッハーからガダマーにいたるドイツの解釈学哲学や，ソシュールの構造言語学に端を発する現代フランスの構造

れとほぼ時を同じくして，ケルゼンが依拠した例の認識論的枠組から脱却し，新たな認識論的基盤へと移行したのである．そして，そこで中心的役割を担ったのが，1961年出版の『法の概念(The Concept of Law)』を中心とするH. L. A. ハート(Herbert Lionel Adolphus Hart, 1907-1992)の一連の仕事である[2]．本章では，ハートの法理論をその哲学的背景から解きほぐし，その思想史的意義と法学に対する貢献を明らかにしていきたい．

## 1 ハート理論の新しさ

ハートがその後の法理論にあたえた影響の意味を十分に汲み取るためには，その思想史上の位置づけを知っておく必要がある．そこで提示される，法の段階構造論に似たルール体系像や，その毅然とした法実証主義的態度のせいで，ハート理論をケルゼンの純粋法学と単純に引き比べて論じるような解説書も，かつてはなくはなかった．しかし，両者のよってたつ理論的・哲学的基盤，あるいはその認識論的枠組はあまりにも異なっている．

ハート理論を際立たせているのは，まず何よりも，その言語哲学的側面である．1953年のオックスフォード大学法理学教授就任講義「法理学における定義と理論(Definition and Theory in Jurisprudence)」で，ハートは次のよう

---

主義やポスト構造主義についても見ることができる．さらに，思想的により広い視座をとれば，言語というものに対するこのような関心のあり方は，ヤーコプ・グリムやフランツ・ボップの印欧語研究，ヴィルヘルム・フォン・フンボルトの言語哲学といった19世紀ドイツ・ロマン主義の思想にまで遡るとも言われている．ともあれ，これから見るように，言語に対するこのような関心が20世紀法思想において明瞭な形で現れ，その議論スタイルを根本から変える最初のきっかけをあたえたのが，後期ウィトゲンシュタインと日常言語学派の哲学であったということ，これだけは間違いないようにおもわれる．Cf. Richard Rorty, *The Linguistic Turn: Recent Essays in Philosophical Method*, The University of Chicago Press, 1967. またイアン・ハッキング『言語はなぜ哲学の問題になるのか』(伊藤邦武訳，勁草書房，1989年), R. J. バーンスタイン『科学・解釈学・実践 I, II』(丸山高司・木岡信夫・品川哲彦・水谷雅彦訳，岩波書店，1990年)なども参照．

2) H. L. A. ハート『法の概念』(矢崎光圀監訳，みすず書房，1976年)──以下の引用箇所では，文脈の都合上，訳文を変更させていただいている．

に述べている³⁾．法の言葉は文章全体のコンテクストに照らして理解されなければならない．というのも，法の言葉は一定のコンテクストの中に置かれてはじめて特徴的な役割を果たすことができるからである．また，法の言葉は，それが何らかの実体を表象しているかのように，個別的に切り離して定義できるものではない．法の言葉は，法体系が統一的な形で存在すること，および，そうした体系の中で一定のルールが妥当することを前提に使用されるのである．さらに法的言明は異なるコンテクストでは異なる意味を持つ．同じ言葉でも，裁判官が法廷で用いる場合と，法廷外の様々な状況で用いる場合では，その機能は全く異なってくる．

　これらは一見，何の変哲もない当たり前のことを言っているようにも見える．しかし，実はそうではない．ハートは，19世紀の法理学者ジョン・オースティンなどのイギリスの伝統的分析法理学や，第1章で検討を加えたケルゼンの純粋法学が依拠していた，例の認識論的枠組とはまったく異なる地平に立って，このような発言をしているのである．これを大雑把に説明すると次のようになるだろう．

　ケルゼンのところですでに見たように，それまでの認識論的枠組は，(a) 自然的事実の世界と人間の意思の世界との分離，(b) 事実の世界や意思の世界を写しとる透明な媒体として言語，および，これら事実や意思の写像，あるいは，表象としての知識，(c) 科学や学問といった営みは究極的には事実とその表象との対応や一致を目指すものであるとする，普遍的真理への漸進的進歩の観念，この三つを特徴としていた．そして，この点では，法理学者オースティンの「法＝(自然的事実としての)命令」説(そして，その基盤となるヒューム以来の経験論的な「事実」把握)も，ケルゼン流の「法＝(人間の意思世界に属するものとしての)当為」説も，共通の認識論的基盤に依拠していたのである．しかし，それらに対し，ハートの主張はここから大きく逸脱している．法の言葉は，そもそも，自然的事実を表象するものでも人間の意思に介入する規

---

3) H. L. A. ハート『法学・哲学論集』(矢崎光圀・松浦好治他訳，みすず書房，1990年)，所収．

範を定立するものでもなく，法体系内部において「法的事実」を構成し，社会的コンテクストの中で「意味」を担うものである．それゆえ，法的概念を研究しようとするためには，それらを「～とは何か」といった形で「定義」することは適切ではなく，法体系全体，および，それが使用されるコンテクストと関連させて，それが「いかなる役割を演じているか」と問いかけるべきである．いわば，それら諸概念がもたらす効果こそが問題なのである．また，法理論が取り組むべき課題は，法に関する普遍的真理への漸進的接近というよりも，ある法的概念が「いかに使用され，何を遂行しているか」をそのつどそのつど解明するという点にある．このように，「法理学における定義と理論」におけるハートの主張は，法を「自然的事実」とも「当為」とも異なる，第三の領域に属するものと捉え，その研究可能性を論じようとするものである．ここには，従来の認識論的枠組とは切断された，別の認識論的枠組が顔を出していると考えるべきではなかろうか．

## 2　日常言語の哲学者としてのハート

では，『法の概念』や，晩年の『法学・哲学論集』の序文においても繰り返されるこうしたハートの基本的立場，そして，従来の哲学的基盤からの意識的な脱却は，どのようにしてもたらされたのだろうか．そこで重要となってくるのが，ハート自身の法学者としての関心に加え，当時，オックスフォードで「新たな哲学」の流れを生みだしつつあり，やがて「日常言語学派」と呼ばれることになる一連の哲学者たちとの交流である．なかでも，ハート理論に決定的な影響をあたえたのが，ギルバート・ライル(Gilbert Ryle, 1900–1976)とJ. L. オースティン(J. L. Austin, 1911–1960)だった．そこでまず，ハートの知的な影響関係を，簡単な伝記的事実とともに，探っていくことにしてみたい．

ハートは1907年にユダヤ系の家庭に生まれ，1929年に優秀な成績でオックスフォード大学を卒業，1932年に弁護士資格を取得している．それからしばらくのあいだは，母校からの哲学教師としての就職の誘いも断って，弁護士と

しての仕事に専念している．しかし，ライルとの交流は彼をふたたび哲学の世界へと連れ戻す．ライルはスチュアート・ハンプシャー(Stuart Hampshire)とともに，第二次世界大戦中の軍防諜部におけるハートの同僚であった[4]．そして，そのとき彼等が交わした議論が，後にオックスフォード学派，あるいは「日常言語の哲学」と呼ばれるようになる，戦後イギリス哲学の一大潮流へと発展していったのである．ライルは，その中心的人物として，主著『心の概念』の中で次のように述べている．

　デカルト以来，哲学の中心課題とされてきた「心＝精神はいかに外界を認識するか」とか「心＝精神がいかに身体をコントロールするか」といった問いは，実は，そもそも問題の立て方それ自体間違っている．そうした問いにあっては，人間の身体を一種の機械のように捉えて，その上で，それを動かす「機械のなかの幽霊」を追い求めるように，「精神＝心」が論じられる．しかし，そうした問いの立て方は，「心＝精神」と「外的事物」を別々の実体として措定することから生ずるカテゴリー的誤謬と言うべきものにほかならない．むしろ，「心＝精神」あるいは「意図」「意思」といった言葉がどんな仕方で用いられ，

---

[4] 当時のハートの職場は，スパイ物にもときどき登場する防諜組織 MI 5 であったが，ここでハートはドイツ側のスパイをイギリス側のスパイとしてドイツに送り返す二重スパイ工作，および，"Ultra" と呼ばれるドイツ軍機密情報の評価とその決定に関わっていた．第二次世界大戦中ドイツ軍は，10京(10の17乗)ものアルファベット換字表の組み合わせを産出する，ほとんど解読不可能とまでいわれた電動式暗号機械「エニグマ」を用いてイギリス軍を苦しめていたが，外務省暗号研究所の特命を受けたケンブリッジの数学者アラン・チューリング(Alan Turing, 1912-1954)がその解読機械の開発についに成功する．チューリングは，無限の記憶テープと演算部分からなるいわゆる「チューリング・マシン」を構想し，それによって人間の思考プロセスを歴史上はじめてモデル化した．チューリング・マシンは現在のデジタル・コンピュータの基本原理となったのであるが，このエニグマ暗号の解読機は，ある意味でチューリング・マシンの実用版であったと言うことができる．"Ultra" とは，この暗号解読機による解読情報を示すコード・ネームであり，ハート，ライル，ハンプシャーたちは，MI 5 において "Ultra" 情報関連要員として動員されていたのである．"Ultra" 情報は，ドイツ軍がエニグマのコード表配列を変えることによってしばしば滞ったが，それによって生じた空白は哲学談義に熱中する時間を三人にあたえ，結果的にそれが，後の日常言語の哲学を生みだすのである．Jenifer Hart, *Ask Me No More*, Halban, 1998, pp. 108-110. および，ロイ・ポーター編『大科学者たちの肖像』(市場泰男訳，朝日新聞社，1989年)も参照．

どのような働きをしているかを観察すべきである．「うれしい」とか「悲しい」といった表現についても，「よろこび」とか「悲しみ」とかいった一定の精神状態が精神のなかに実体として存在すると考えて，その本質を追い求めるより，そうした表現がいかなる条件のもとで真理と見なされるようになるのかといった問いの立て方をするべきである．そうすれば，「心＝精神」概念の定義などという，一見解決不能に思えた問題それ自体が氷解するはずである．概念を実体化し，その「定義」を求めるよりも，日常的に取り交わされる表現の中で，そうした表現が真実と見なされる条件を分析するべきであるという，こうしたライルの考えは，ハートが「法」の定義について述べた考えとほぼ重なっている．なぜなら，ハートが語ったのは，法的諸概念や，ひいては法それ自体を何らかの実体と考えて，その「定義」をもとめるよりも，そうした概念の役割や効果の検討こそが法理学の役割であるということだったからである．

　しかし，ハート理論における影響からすれば，オックスフォード大学においてハートの同僚となるJ. L. オースティンの哲学のほうが重要かもしれない．40年代の終わり頃からオースティンは自室で"Saturday Morning Meetings"というサロン的な研究会を主催していた．この研究会には，ハンプシャー，グライス(Paul Grice)，ヴァイスマン(Friedrich Waismann)，アームソン(J. O. Urmson)，ウーズレイ(A. D. Woozley)，ヘア(R. M. Hare)，ストローソン(P. F. Strawson)，ジェフリーおよびメアリー・ウォーノック夫妻(Geoffrey and Mary Warnock)，フット(F. Foot)，ポール(G. A. Paul)，オノレ(A. M. Honoré)といった，英米哲学のその後の流れを考える上できわめて重要な人々が参加しており，ハートもまたその常連であった．そこでは，アリストテレスの『ニコマコス倫理学』，フレーゲの『算術の基礎』，そしてウィトゲンシュタインの『哲学探究』といった様々な書物が取りあげられたが，オースティン自身は他者の思想に触発されて思考するというよりも，ことがらの細部を自分の手でつぶさに分析していくタイプの哲学者だった．

　オースティンの仕事はまず感覚与件(センス＝データ)論の批判からはじまった[5]．感覚与件論，すなわち，「意識に与えられる感覚の束こそが，一切の思

考の出発点となる」といった考え方は,バークリー,ヒュームからラッセル(Bertrand Russell, 1872-1970),論理実証主義者のエイヤー(A. J. Ayer, 1910-1989)にいたる,イギリス経験論に認識論的基盤を提供してきたものである.しかし,オースティンは,独立した自然的事実の世界とかその認知とかいったことはもはや支持できないと考える.そこから,オースティンの関心は言葉それ自体の詳細な分析へと向かうことになる.オースティンはまず,ライルと同様に,ある表現が真理となる条件に着目する.「真理」や「現実」をめぐる伝統的な哲学的難問は,これまでのように「真理」や「現実」といった名詞の背後に何らかの実体を求めるのではなく,むしろ「現実に」とか「真に」といった形容詞的な用法の把握を通じて解明されるべきである.「真理」という言葉の意味は,抽象的な思弁によってではなく,具体的な言明における「～は真である」と「～は偽である」との境界を探ることから明らかになっていくものだからである.だが,オースティンは,こうした研究を進めるうちに,「真」でも「偽」でもない言明を発見する.それは,人や物の命名や裁判における判決のように,言葉を発することそれ自体ですでに何かを行っているような言明,すなわち,何かを「遂行」しているような種類の言明である.オースティンは当初,こうした言明を「遂行的(performative)」発話と呼び,「事実確認的(constative)」発話と区別した.しかし,やがて彼は,あらゆる発話が何らかの行為を遂行していると考えるようになり,それらに「言語行為(speech act)」という名称を与える.そして,この言語行為の研究には,社会的ルールや慣習の解明が密接にかかわってこざるを得ない.というのも,単なる分節音にすぎない言葉によって行為が遂行されるのは,発話自体の「力」もさることながら,ルールや慣習といった社会的文脈が意味の背景として存在するためだからである[6].

こうしてオースティンは言語行為の類型の研究から,最も典型的な社会的ル

---

5) J. L. オースティン『知覚の言語——センスとセンシビリア』(丹治信春・守屋唱進訳,勁草書房,1984年).

6) J. L. オースティン『言語と行為』(坂本百大訳,大修館書店,1978年).

ールともいうべき法の問題に関心を寄せはじめる．オースティンはハートと共同でセミナーを開講しているが，論文として公表されたそれぞれの成果は，まるで双子のようによく似ている．まず，オースティンのアリストテレス協会理事長就任講演ともなった「弁明の申立て」は，法律研究の重要性を哲学の側から論じたものであった[7]．そこでオースティンは「意図」や「意思」といった概念の解明には，旧来の抽象的な思弁よりも，行為が「意図せずに」行われたとか「故意なしに」行われたといったことが弁明の条件となるような，法的実践とその制度的コンテクストの具体的研究の方がむしろ有意義であると論じている．オースティンは「言葉を使っていかに物事を行うか」という彼の関心を追求するのに最も相応しい対象を，法的実践のなかに見いだしたのである．これに対し，1949 年発表のハートのデビュー論文「責任と権利の帰属」は，オースティンらの分析手法の有効性を法学の側から論じたものである[8]．「責任」や「権利」といった法的概念は何かを「記述(describe)」するものではなく，法的コンテクストや制度的な背景を前提に一定の人物や集団に「帰属(ascribe)」せしめられるものであり，いわば，発話において遂行的に働くものである．また，責任や権利を帰属させる言語行為は確固たる基盤としての「ルール」に依存すること，例外的条件が存在するときには「阻却＝取消し可能」であることなどをその特徴としている．もっとも，こうした例外条件のリストは決して完結したものではなく，生活形式の変化を見越してつねに「開かれた状態」にある．ハートは後にこの論文を撤回しているが，ここに示された新たな分析の手法は，やがて形を変えながら主著『法の概念』へと結晶していく．

---

7) J. L. オースティン『オースティン哲学論文集』(坂本百大監訳，勁草書房，1991 年)，所収.

8) H. L. A. Hart, 'Ascription of Responsibility and Rights', *Proceedings of the Aristotelian Society 1948–1949*.

## 3　ウィトゲンシュタインの影響圏

　しかし,『法の概念』の内容に入る前に, ハート理論のなかに最も決定的な足跡を残した思想家として, ウィトゲンシュタイン(Ludwig Wittgenstein, 1889-1951)の思想, とりわけその後期哲学について触れておかなければならない. というのも, 言語の遂行的側面や社会的コンテクストとの関係を強調するような日常言語学派の発想それ自体のうちに,「言葉もまた行為である」とか「言語ゲームの多様性を規定するのは生活形式である」といったウィトゲンシュタインの考えの影響を, 直接的に(ライル), あるいは, 間接的に(オースティン)見ることが可能であるからだ. そればかりか, 後で詳しく見るように, ハート理論の核心にある「内的視点・外的視点」の区分それ自体が, ウィトゲンシュタインの言語ゲーム論をハート流のやり方で翻訳したものにほかならないのである.

　ハイデガーとともに, しばしば 20 世紀最大の思想家と称されるルートヴィヒ・ウィトゲンシュタインは, ウィーンの成功したユダヤ系実業家の家庭に生まれ, 青年期以降は, その生涯の大部分をイギリスで送った. 彼の哲学は, 20 世紀思想の流れを理解するうえで決定的に重要であり, しかも, 彼が送った一生はちょっとした小説よりもずっと劇的である(読書案内を参照). しかし, ここでは, そうした点には深入りせず, 彼の哲学が後の世代, とりわけハートの時代のイギリス分析哲学にあたえた影響に関連する限りにおいて, 彼の思想の要点をおおまかに紹介しておこう.

　まず, ウィトゲンシュタインは, 一生のうちにまったく異なる二つの哲学を創ったとしばしば言われる. 最初のそれ——いわゆる前期哲学——は, 彼が第一次世界大戦中にオーストリア軍兵士として従軍中に, 塹壕のなかでその草稿を練ったといわれる『論理哲学論考』(1918 完成, 1921 出版)に結晶している. 大雑把に言えば, それは次のようなものであった. 人間の思考は, 語の組み合わせからなる文(＝命題)によって表現される. そして文は, 世界で生じる事態に

対して一対一の写像のような関係にある．すなわち，言語によって構成される思考は外界の写像なのである．また，この言語というものは，人間が思考し語ることができる事柄の条件，あるいは，その限界ともなる．倫理や宗教といったものは，真剣に考えれば，言葉では語り得ないものなのであり，それについては「示す(zeigen)」ことができるのみである．それゆえ，「語り得ないものについて人は沈黙しなければならない」．このような一種禁欲的な響きさえ帯びた言葉で締めくくられる『論考』は，一切の哲学への最終的解答であり，これを通じて，哲学の営みそれ自体を決定的に終わらせることができる――若きウィトゲンシュタインはこのように考えたのである．

　しかし，やがて彼は，哲学的問題の最終解決がなされたという自らの考えを破棄してしまう．そして，彼の死後，1956年に出版された『哲学探究』においては，まったく別の哲学が語られることになる（これが後に「後期ウィトゲンシュタイン哲学」と呼ばれるようになったものである）．言葉は必ずしも現実世界の事物や出来事を一義的な仕方で写し取るものではない．言葉と物，そして，言葉と出来事との関係はもっと複雑で，多様性をはらんだものである．なぜなら，言葉のやりとりは一種のゲームのようなものであって，言葉の用法や意味はそのなかで決まってくるからである．しかも，こうしたゲームはただ一種類しかないという訳ではない．サッカーとラグビーがそうであるように，複数のゲームがいわば「家族的類似」によってつながっているのである．ウィトゲンシュタインは，こうした言語と実践のあり方を「言語ゲーム」と名づける．そして，そうした「言語ゲーム」は最終的には，諸々の「生活形式」によって規定されている．

　こうした後期哲学の視座からすると，かつて『論考』で述べられた言語観それ自体が，様々な言語ゲームのうちの一つに過ぎないということになる．しかし，ウィトゲンシュタインは，その「前期」においても，「後期」においても，次のような哲学観を持ち続けている．哲学という営みは，つねに，「ハエとり壺に落ちたハエに出口を示してやる」営みであった．すなわち，哲学それ自体は言葉の誤った用法によって生じる一種の病気であり，だからこそ，言葉の糸

を解きほぐすことによってそれを再び快方へと向かわせる治療的な営みとして，あらためて「哲学」の営みが必要となる．言語批判と密接に結びついた，こうしたウィトゲンシュタイン独特の「治療学的」哲学観に着目すれば，その前期哲学も後期哲学も終始一貫していると見なさなければならない．

ところで，こうしたウィトゲンシュタインの独特の思想は，様々な人々に様々な形で圧倒的な影響を及ぼしている9)．まず，その前期哲学は，前章のケルゼンのところでも名前があがったシュリックやカルナップらウィーン学団の論理実証主義者たち，そして，イギリスにおける論理実証主義の紹介者，A. J. エイヤーなどに影響をあたえた10)．カルナップをはじめとするウィーン学団のメンバーの多くは，後に――ケルゼンと同様に――アメリカに渡り，現在のアメリカ分析哲学に強い影響を残している．その意味で，「前期」ウィトゲンシュタインの影響も決して小さく見積もることはできない(あるいは，分析哲学全般の趨勢から見れば，むしろ現在ではこちらの方が有力であると言えるかも

---

9) Cf. P. M. S. Hacker, *Wittgenstein's Place in Twentieth-Century Analytic Philosophy*, Blackwell, 1996.

10) 【用語解説】論理実証主義――フレーゲやラッセルの新しい論理学に触発されて，第一次世界大戦後のウィーンに形成された科学哲学の学派．「ウィーン学団」とも呼ばれる．形式言語による厳密な記述によって形而上学的な無意味な言明を一切排した科学的な世界観の構築を目指した．その主なメンバーは，ノイラート，カルナップ，シュリック，ヴァイスマン，ファイグルなどであり，エイヤーはイギリスにおけるそのスポークスマンであった．『論理哲学論考』もまた彼らのインスピレーションの源の一つとなり，実際にウィトゲンシュタインも，彼らの前で何度か話をしている．もっとも，ウィトゲンシュタインは，新たな科学哲学の構築という彼らの試みに対しては冷淡であった．1929年にケンブリッジの教員や学生を前に語られた次のような言葉を読めば，『論考』の精神と論理実証主義者たちのあいだには無限の距離が横たわっているということを感じずにはいられない．「私の全傾向，そして私の信ずるところでは，およそ倫理とか宗教について書き，あるいは語ろうとした人々が有していたその傾向は，言語の限界にさからって進むということでした．われわれの獄舎の壁にさからって走るということは，まったく絶対的に望みのないことです．倫理学は，それが人生の究極的意味，絶対的善，絶対的価値について何かを語ろうとする欲求から生ずるものである限り，科学ではあり得ません．それが語ることは，いかなる意味においても，われわれの知識を増やすものでもありません．しかしそれは，人間の心に潜む一つの傾向の記録であり，私個人としてはこの傾向に深く敬意を払わざるを得ませんし，また，どんなことがあっても私はそれを嘲笑したりはしないでしょう．」(ウィトゲンシュタイン「倫理学講話」(黒崎宏訳『ウィトゲンシュタイン全集5』大修館書店，1976年，所収)

しれない)．

　しかし，本書の関心からすれば，やはり後期哲学が及ぼした影響のほうが重要となってくる．ウィトゲンシュタインはケンブリッジで少人数の学生や同僚を相手に教鞭をとっていたが，その死にいたるまで『論考』以外の書物を一切出版しなかった．だが，それにもかかわらず，オックスフォードの学生や若手教師たちは，断片的にではあるが，すでにウィトゲンシュタインの新しい哲学にかんする情報を手に入れている．そうしたなかで中心的な役割を果たすのが，ウィトゲンシュタインと実際に何度か面会した先ほどのライル，かつてウィーン学団の一員であったが，後にイギリスに渡り，「前期」から「後期」への過渡期にあったウィトゲンシュタイン思想をオックスフォードに伝えたヴァイスマン，そして，ケンブリッジで実際にウィトゲンシュタインの教えを受け，やがて教師や学生としてオックスフォードに移籍するアンスコム (G. E. M. Anscombe)，トゥールミン (St. Toulmin)，ポール (G. A. Paul) といった面々である．また，ケンブリッジにおけるウィトゲンシュタインの講座をフォン・ウリクト (von Wright) を挟んで受け継ぐことになるジョン・ウィズダム (John Wisdom) も，ウィトゲンシュタインに触発されたいくつかの重要論文を著しており，その意味で間接的にではあるが，ウィトゲンシュタイン思想をオックスフォードに伝えたと言うことができる (ちなみに，J. L. オースティンにおけるウィトゲンシュタインの影響は，このウィズダムを中継してのごく間接的なものであったらしい)．

　このような，ケンブリッジとオックスフォードをつなぐイギリス独自の知の流通経路のなかで，ハートはウィトゲンシュタインの思想を一種の知的衝撃として受けとめている．ハートはかなり早い時期に，謄写版の形で一部の学生や教員のあいだで密かに回し読まれていたウィトゲンシュタインの『青色本 (The Blue Book)』を，前出の友人ポールから借りて読んでいるし，ウィトゲンシュタイン本人と一時期深くかかわったヴァイスマンと親密に交わり，そこから多くのことを学んでいる (後にハートはヴァイスマンの著書を読んだ当時の感想として，「目から鱗が落ちるような思いだった」と語っている)．また，

彼は，1956年刊行の『哲学探究』を読んだときの衝撃を「これはわれわれの聖書だと思った」と回想している．付け加えれば，『法の概念』における引用からもわかるように，ウィズダムの仕事も，ハートのウィトゲンシュタイン理解に少なからぬ影響をあたえている．

しかし，ウィトゲンシュタインの知的衝撃を最も明確に表しているのは，ハートがこれを新たな概念道具の形にかえて，自らの法理論のなかに移植しているという事実にほかならない．『法の概念』で中心的な役割を果たす理論的な革新の一つ，「社会的ルールとしての法」，ならびに，「内的視点・外的視点」という考えは，筆者の見るところでは，ウィトゲンシュタインが『青色本』で示した「基準 (criterion)」の観念をハートが独自のやり方で法理論へと移しかえたもの以外の何ものでもない．

## 4 内的視点と外的視点

「社会的ルールとして法」という法の捉え方は，まず，法を社会生活にかかわる様々なルール群の一つとして把握しようとするものである．つまり，法的ルールは社会的ルールの一つとして，道徳的ルール，礼儀作法のルール，会話のルールといった多様なルール群と同じ集合に属するものとされるのである（ウィトゲンシュタイン風にいえば，これらのルール群は一種の「家族」をなしている）．

だが，ハートが「社会的ルールとしての法」という捉え方を導入する背景には，19世紀のイギリス分析法理学者ジョン・オースティンのいうような「法＝主権者命令」説やアメリカの社会学的法学に代表されるような，単純な記述主義的・行動主義的ルール概念を批判するという意図も同時に存在する．ハートは次のように説明している．「ルールにかかわる場合には，自分自身はルールを受け入れない単なる観察者にすぎない場合と，行動の指針としてルールを受容し使用する集団のメンバーである場合がある．」前者は規則的な反復行動を一種の「習慣」のように観察する場合，すなわち，記述主義的・行動主義的

にルールを捉える場合であるのに対し，後者はそうしたルールを「社会的ルール」として捉える場合であると言うことができる．そして，ハートは，前者のようにルールを捉える視点を「外的視点」，そして後者を「内的視点」と名づける．つまり，社会的ルールは，集団の外側からその存在が「観察」されるだけでなく，「社会的事実」として「内的視点」から「理解」され，判断の「規準(standard)」として「使用」されるものなのである．

たとえば，車のない社会からやってきた観察者は，われわれが赤信号で立ち止まるのを見ても，雨雲が夕立の「しるし(sign)」であるのと同じ意味で，信号は人々の行動の自然的な「しるし」であるとしか思わないだろう．このような観察者は「外的視点」から，われわれの行動を観察し，記述しているのである．だが，われわれ自身にとって赤信号は，従うべき行為の「規準」であり，「止まる」という判断に対して「十分な理由」を提供するものである．また，それと同時に，他者の逸脱行為を批判したり，自分の行為を正当化するための「規準」ともなるものである．そのようなとき，われわれは「内的視点」にたって，それらの「規準」を使用しているのである[11]．

また，別の例をあげれば，チェスのプレーヤーは同じ種類の駒を一定の決まった仕方で動かすが，これは外部からそのように観察されるだけでなく，プレーヤー本人が自分の行動に「批判的で反省的な態度」で臨み，それをゲームの参加者全員が従うべき「規準」と見なしているということも意味している．いうまでもなく，前者の場合は「外的視点」からチェスを観察しているのであり，後者の場合は「内的視点」にたってチェスというゲームに参加しているのである[12]．

これまでほとんど指摘されたことはないが，ハートがここで用いる「規準(standard)」や「しるし(sign)」という表現は，ウィトゲンシュタインの「基準(criterion)」と「徴候(symptom)」のほぼ正確なパラフレーズと見てほぼ間違いないと筆者は考えている．すなわち，これをウィトゲンシュタイン

---

11) 『法の概念』98-100 頁.
12) 『法の概念』62-64 頁.

的な表現に書き直せば，ハートは，共有された「言語ゲーム」「生活形式」の内側で「基準」が言明の真理条件・正当化条件として使用されている様子を捉えるような視座を「内的視点」と呼び，一方，「言語ゲーム」も「生活形式」も共有せずに人々の言明や行動を何かの「徴候」であるかのように記述するような視座を「外的視点」と呼んでいるのである．ハートが法における内的視点の重要性を強調するのは，法的実践を真に理解するためには，明示的・黙示的な「基準」が共有されていなければならないということを強調するためである．これは言い換えれば，「言語ゲーム」や「生活形式」の共有こそが，社会的実践として法を理解するための前提条件であるということに等しい．ウィトゲンシュタインは，生活様式の共有が言語の理解において決定的に重要であることを例えて，「仮にライオンが言葉を話したとしても，われわれはそれを理解できないだろう」と語った．つまり，動物学者や言語学者の努力によってライオン語の音韻構造や語彙などが完璧に解明されるようなことになったとしても，われわれはライオンと言語ゲームや生活様式を共有しない以上，その意味するところは不可解な謎のまま残るであろうということである．ハートならこれを法的実践へと翻訳して，法の言語と実践のあり方を共有することなしに法的ルールの理解は不可能であると言うのではないだろうか．

　こうしてハートは，ウィトゲンシュタインの後期哲学を自らの法理論の中心部へと移植し，それによって20世紀法理論に「言語論的転回」をもたらした．ハート以降，法理論は，事実の世界と意思の世界の分離とか，それらを写し取る透明な媒体としての言語とか，外的世界の真なる記述への漸進的接近といったことが問題となるような認識論的枠組から脱却し，まったく別の次元へとその基盤を移した．こうして，ハート以降の法理論にあって法は，自然的事実とも意思世界に属する当為とも異なるような，「社会的事実」という第三の世界に属するものと捉えられるようになる．つまり，法はいまや言語によって制度的に構築された社会的実践として捉えられるようになったのである．筆者は，この点こそがハート理論の最大の功績であったと思っている．だが，ハートの法理論には別の落とし穴があった．それは，究極の承認のルールの観念，なら

びに,様々な陣営から多くの批判を浴びたその司法裁量論である.

## 5 二重のルール体系と承認のルール

　法学者たちの間で『法の概念』を一躍有名にしたのは,「内的視点・外的視点」の区別もさることながら,法を「ルール体系」として捉えるその独自のやり方にあった.ハートは法体系を,「一次的ルール」と「二次的ルール」からなる二重の自己参照的な体系として提示する.

　まず,一次的ルールは,一定の行為の禁止,違法行為に対する刑罰規定,納税の義務づけといった,個々人の行動にかんするルールの集まりである.これらは直接的に,個々の市民に向けられており,彼等に様々な「義務」や「責務」を付加する行為規範であり,その意味で,義務付加的なルール群であるということができる.

　これに対し,二次的ルールは,こうした一次的ルールとちがって,個々の市民に対して直接的に,一定の義務や責務を付与するものではない.それはむしろ,一次的ルール自体の裁定・変更・承認にかかわるものである.すなわち,一定の一次的ルールに反する犯罪や不正行為に裁定を下し,被害者を救済する権限を持った人が実際にいなければ,一次的ルールは絵に描いた餅である.そこで,「裁決のルール」によって,特定の人物や公機関に,判決を下したり法を執行する権限が付与されることになる.また,責務の一次的ルールも裁決にかんする二次的ルールも時として変更することが求められる.実際にはそうした変更は,立法によって行われることもあれば,司法的判断や慣習的変化による場合もある.しかし,それらはすべて特定の人々や機関に向けられた「変更のルール」によって規制されている.また,より下位の水準でいえば,個人が結婚・遺言・契約・信託といった様々な方法で自己や他者の法的地位を変更するような場合についても,こうした変更のルールが関与していると言うことができる.一次的ルールが義務付加的であったのに対し,裁決のルールと変更のルールは,一定の人々や機関に権限を付与するという意味で,権限付与的なル

・・ール群といえる．

　そして，二次的ルールの最後のグループとして「承認のルール」が存在する．承認のルールは，特定のルールが法的ルールであるか否かを識別し，その妥当性の有無を確定する重要なルール群である．承認のルールは，いわば「何が法であり，法でないか」を最終的に決定する「究極の」ルールであり，法の妥当性の最終的な源泉であるという意味で，承認のルールはハート理論において，かつてのオースティン理論における「主権者」や，ケルゼン理論における「根本規範」と同様の位置を占めている．そして，承認のルールは他のルールと違って「裁判所，公機関官吏，私人が特定の基準を参照しながら法を特定する際の，複雑ではあるが通常は調和のとれた実践としてのみ存在する」[13]．いわば「その存在は事実の問題である」[14]．というのも，この承認のルールこそが他の諸々のルールが妥当であるか否かを決定するのであるから，この承認のルールの妥当性について識別する基準がその外部に存在すると考えることは不可能であり，したがって，承認のルールは「妥当でも無効でもありえず，こうした仕方で用いられるのが適当であるとして単純に受容されている」というよりほかにないからである[15]．

　しかし，問題は，この法体系の頂点に存在するルールが基本的に裁判官を中心とする「公機関（officials）」だけにしか理解されないという点である．一般の人々はそれを理解することはできないし，またその必要もないとされる．「一般市民の大部分は法の構造についても，妥当性の基準に関しても，一般的考えを全く持っていない」のである．しかし，ハートはそれでよいと考える．というのも，「体系の妥当性テストによって妥当であると認められた法が大部分の人々によって遵守される限り，現在の法体系がこれからも存続するのに十分」であり，「ここで肝要なのは，体系の妥当性基準を含む承認のルールを，統一された共通のやり方で公的機関が受け入れていること」だからである．つ

---

[13] 『法の概念』120頁．
[14] 同所．
[15] 『法の概念』118頁．

まり,「一般市民」は「公機関が遂行することの結果を黙認」することで法の受け入れを表明していると見なされるのである．このように,究極の承認のルールについては,誰もが「内的視点」に立てるという訳ではなく,法学的訓練を受けた専門家や公機関の官吏だけがそうすることができるとされるのである[16]．この点において,ハートの承認のルールの観念は,明らかに,法律家中心的な法の理解,あるいは,一種のリーガリズムを示すものである[17]．

## 6 司法裁量論とその綻び

次に,司法裁量論を見てみよう．ハートによれば,ほとんどの事案では,個々の法的ルールの「意味」はルール体系を通じて標準的範型として辞書的に規定されているので,その適用範囲や運用条件の確定にそれほど困難は伴わない．これら単純な事案では,法的ルールの「意味」の「確実な核心部(core of certainty)」を参照すればよい．しかし,一部の事案では「特殊事実的状況」に直面して「言語で定式化された一般的ルール」が不確定的な状況に置かれる

---

[16] ちなみにハートは,どんな法的ルールについても一般市民は「内的視点」を取ることができず,その結果,公機関の言いなりとなるほかないといった世界の存在可能性についても言及している．そこに描かれた世界は,法の名の下に召還されながら,それがどんな法であるかについては決して知ることのできないといったカフカの小説のような世界である．「極端な場合,法言語の特徴的な規範的用法(「これは妥当なルールである」といったような)をともなう内的視点は,公機関官吏の世界だけに限定されるといったこともあるかもしれない．このさらに複雑な体系では,公機関官吏だけが,法的妥当性にかんする体系の基準を受容したり,用いたりできるといったことになるかもしれない．こうしたなかにあって,社会は惨めにも羊の群れのようなものであるだろう．そして,やがて羊たちは屠殺場で最後をむかえることになるのである．だが,そんな社会はあり得ないと考えたり,それを法体系という名で呼ぶことを拒んだりする理由はどこにもない．」(『法の概念』127頁)

[17] 【用語解説】リーガリズム──アメリカの政治哲学者J. N. シュクラー(Judith N. Shklar)によれば,「リーガリズム」とは,価値判断をめぐる多様な問題をルール遵守の問題に還元するような一つの思考や行動のスタイル,あるいは,そうした社会的エートス,職業的イデオロギーを指すものである(J. N. シュクラー『リーガリズム』田中成明訳,岩波書店,1981年).もっとも,本書において筆者は「リーガリズム」という表現を,法学者や法実務家が日々の営みを通じて知らず知らずのうちに抱くにいたる職業的な世界観であるとか法律家中心主義的な哲学といったような意味で,より厳格でない仕方で用いている．

ことがある．ハートは，こうした難事案は，言語の「曖昧な周縁」あるいは「疑わしい半影部分(penumbra of doubt)」にかかわるものであり，そこでは一義的な意味が存在しないと考える．たとえば，公園の入り口にある立て看板に「車は入ってはいけません」と書かれている場合，そこにある車とは，自動車だけを指すものなのか，自転車やベビーカー，果てはローラースケートやスケートボードなども含まれるのか．このような類の不明確さは，法の文言が自然言語で書かれた「開かれた構造(open texture)」を持つ以上，避けようがない[18]．したがって，「このような事案では，明らかに，ルールを決定する権威的機関が裁量を行使しなければならない．また，様々な事案によって提起される問題を……あたかも唯一の正しい答えがあるかのように取り扱う可能性は存在しない」のである[19]．

　ハートはこうした司法裁量論によって，二つの極端な裁判理解——すなわち，制定法や過去の判例に含まれる法的ルールからすべての判決を導きだすことが可能であるとする形式主義も，現実の判決においては法的ルールは決定的な役割を果たしていないとするルール懐疑主義——具体的にはアメリカのリアリズム法学(コラム2参照)，とりわけルウェリンが標的とされている——も回避し，その中道をいく穏健な法的推論の理論がもたらされると考えたのである．しかし，ハートのこうした考え方は，言語哲学的な観点からしても，また，その法的実践への帰結からしても，大きな問題をはらむものである．

　まず，言語哲学的な観点からこうした考えの問題点を指摘すれば，まず，言語の「開かれた構造」の観念と，意味の「核心」と「周縁(＝半影部分)」の比喩との混乱がある．「開かれた構造」は本来，ウィトゲンシュタインの「前期」から「後期」への移行期にあたる頃の考えをヴァイスマンが彼独自の表現で定式化しなおしたものであり，本来は「将来起きるかもしれないあらゆる事態を予測することなど人間の条件として不可能である以上，それら全てを考慮した概念の境界画定などあり得ない」ということを意味するものであった．しかし，

---

18) 『法の概念』133, 137-139頁．
19) 『法の概念』143頁．

それに対し，意味の「核心」と「周縁」の方は，「言葉と事物は通常，一対一的な仕方で対応する」といった考えを前提に，そこからの逸脱の度合いを問うものである．つまり，ハートは「開かれた構造」と「曖昧さ (vagueness)」の観念を混同しているのであるが，それによって彼は自らの理論のなかに，新しい認識論の立脚する言語観と旧来の認識論的基盤に依拠する言語観を奇妙な仕方で混在させることになってしまっている．ほぼ同じ時期にケンブリッジの法学者グランヴィル・ウィリアムズ (Glanville Williams, 1911-) が「法と言語」という論文を著して，法的言語の中心的意味と周縁的意味といったハートと同様の見解を示しているが，そこで参照される哲学がエイヤーの論理実証主義やオグデン＝リチャーズの言語論であったことを思えば，ハートの「核心」と「周縁」の比喩は必ずしも後期ウィトゲンシュタインや日常言語学派に触発された彼の他の言語哲学と一貫したものでないことは明らかであろう．

だが，これについては過渡期の理論にありがちな概念の混乱といえば，それまでのことかもしれない．法学者にとってハートの司法裁量論の最大の問題は，むしろ，それが入念に仕上げられた法的ルールの体系に綻びを作ってしまうという点にある．たとえば，ハートは裁判官が不確定な領域において行う裁量がルール創設的な働きをすることを認め，次のように述べている．

「実際，法の開かれた構造が意味するのは，次のことである．つまり，裁判所や公機関が諸々の状況を配慮しつつ，事案ごとに異なる競合する諸利害のバランスをうまく取りながら発展させるべき多くの点が残されていなければならないような，そうした行為領域が存在している．しかしながら，法の生命の大部分は，可変的な規準の適用と違い，公機関官吏と私人の両者を，事案ごとに新たな判断を要求することのない確定的なルールによって導く点にある．社会生活をめぐるこの顕著な事実は(成文法であれ，判例によって伝えられたものであれ)何らかのルールの適用可能性について不確定性が生じる場合でも，真実であることにはやはりかわりはない．こういったルールの周辺部や先例理論が開いたままにしている領域においては，行政機関が主として可変的規準を明

確にする際に行使するルール創設機能を，裁判所が行使する．先例拘束性の原理がしっかり根付いた法体系では，裁判所の機能は，行政機関が授権されたルール創設権限を行使する場合とたいへん似通ってくる．イングランドでは，こうした事実が形式的言辞によって，しばしば曖昧にされている．というのも，裁判所は，この創造的な機能についてはそれがどんなものであろうと否定するし，制定法解釈の適切な課題は「立法者意思」の追求であり，判例利用の適切な課題はすでに存在する法の追求であると主張するからである．」[20]

　既存の法的ルールだけであらゆる問題が解決できるわけではなく，時として裁判官は制定法解釈や判例の参照という名目の背後で，準＝立法的な作業を行うこともある——このように明言することは，ハートの誠実さの表れというべきかもしれない．だが，それによってハートは，法体系は時として法外在的な政策的配慮に依拠せねばならず，自らの自立性や自己完結性を必ずしもつねに維持できるわけではないと認めてしまうことにもなるのである．ハートの司法裁量論が多くの議論を呼び，論争の焦点となった最大の理由には，このように法の自立性の問題が横たわっている．

　本章で述べたことを要約すると，おおよそ次のようになる．ハートは自らの法理論のなかに，日常言語学派や後期ウィトゲンシュタインの哲学を独自の仕方で移植し，それによって，20世紀の法思想に「言語論的転回」をもたらした．法哲学や法理論が今日，他の諸学と共通の基盤にたって議論できるのも，そうしたハートの貢献があったからである．しかし，彼の法理論には両義的なところがある．まず第一に，承認のルールの観念において明らかとなったように，そこには「法の妥当性の最終的根拠は法律家や公機関官吏にしか手の届かないものである」とする一種の法律家中心の社会像，広い意味でのリーガリズムが見られる．そして第二に，その司法裁量論は裁判官の政策的な考量や準＝

---

20)　『法の概念』147頁.

立法的な機能を認めることによって，法的実践の自立性や自己完結性に綻びを招いてしまう——こうした決定的な問題点をハート理論は抱え込んでいるのである．次章から取りあげるハート以降の法理論は，「言語論的転回」によってもたらされた新たな認識論的基盤に立脚し，とりわけ「内的視点」と「外的視点」の区別をさらに研ぎ澄まし，洗練させながらも，ハート理論のつまずきの石となったこうした問題点をめぐって，さらなる展開を見せていくことになる．

補　論
# ハート理論における「法と道徳」

　本論部分の焦点は法理論にあるため，これまでほとんど言及しなかったが，ハートが 20 世紀思想に残した足跡は，道徳哲学や政治哲学の分野にも及んでいる．ハートは法実証主義者として，自らの法理論に特定の道徳観や政治的イデオロギーが混入しないよう注意を払っているが，他方ではこれとは別に，道徳哲学や政治哲学の土俵でもしばしば発言を行っている．この点においてもハートは，ベンサムやオースティン以来のイギリス分析法理学の伝統にしたがっているのである．というのも，ベンサム的伝統においては，現存する法の解明を課題とする「説明的法理学 (expository jurisprudence)」と「法はいかにあるべきか」について論じる「批判的法律学 (censorial jurisprudence)」とが区別され，それぞれ異なる水準にあるものとして議論されるからである．ハートもまた，『法の概念』に見られる実証主義的な概念分析と政治＝道徳的な議論をはっきりと区別した上で，後者にかんしては自由主義の擁護者として振る舞っている．ベンサムにおいて「最大幸福」の原理が現行法の新たな立法の指針と見なされていたように，ハートにおいては功利主義に立脚した自由主義の理念が，現行法を批判し，新たな改革案を示すための指針となっていたのである．弟子の一人である N. マコーミックが言うように，こうした側面におけるハートは，まさしく「法の道徳的批判者」でもあった．

　こうした側面に光を当てるのが，1950 年代末から 60 年代終わりにかけてのほぼ同時期に行われた二つの論争である．まず第一のそれは，法による道徳の強制の可否をめぐってデヴリン判事 (Lord P. Devlin) とハートの間でたたかわされたものであり，そして第二のそれは，法理論における「法と道徳」の位置づけをめぐって，ハーヴァード・ロー・スクール法理学教授ロン・フラー

(Lon L. Fuller, 1902-1978)とハートの間でたたかわされたものである．

## 1　ハート＝デヴリン論争

　ハートが守ろうとした政治＝道徳哲学はそもそもどんなものであったのだろうか．だが，少なくとも彼の法理論に焦点を合わせる限り，これはなかなか見えてこない．波瀾万丈の人生を送ったケルゼンにくらべ，良くも悪くも平和な時代に生きたハートに何か強固な道徳的＝政治的コミットメントを求めるほうがむしろ間違いではなかろうか——こんな疑念さえ浮かんでくるほどである．たとえば，ある評者は次のように述べる．

　「ハートの『法の概念』には，ほとんど戦後イギリスの片田舎の匂いすら感じられる．クリケット，チェス，社会への順応……大多数の国民が自分たちが平和な時代にいると考えていた．すでに久しい以前から階級間の争いは政党政治や組合活動による正当かつルールに則った紛争へと制度化されているし，その全貌をあらわにしつつあった福祉国家も，国民全員に年金，教育，医療サービスを提供することができると請け負ってくれている．国民は完全雇用が達成された未来の姿と，核家族とイギリスのさらなる勝利をほとんど疑うことなく，社会制度を信頼し，公務員たちが行使する裁量に信をおいた．社会学の主たる仕事は，まるで巨大な進歩機械のごとき社会の全体のなかで各々の部品がどこに相応しいかを分析し，あらゆる事柄の正確な機能を確かめることであるように思われた．……もちろん問題もあった．社会学者たちには，どうして全員がこれほどよく順応しているのか不思議だった．どうして全員がルールにしたがっているように見えるのだろう．ルールに拘束された行動をこれほどまで自然に感じさせる社会化のプロセスとはいったい何なのか．しかし，ハートがこうしたことに心を砕くことは，ほとんどなかったに違いない．単純にハートは，

---

1) W. Morrison, *Jurisprudence: From the Greeks to Post-modern*, Cavendish, 1997, p. 354n.

ルール遵守の行動は当たり前であると思っていた.あるいは,より正確に言えば,社会化の諸慣行がうまくいくのは当然のことだと思っていたのである.」[1]

たしかに,『法の概念』が出版された1961年前後のイギリスの人々は,東西両陣営のイデオロギー対立のさなかにあっても,現実には比較的平穏な時代を生きていた.国家による基幹産業のコントロール,税制度や社会保険による富の再分配,公的な教育や医療サービスの提供による機会の平等の実現——こうした一連の福祉国家的コンセンサスが定着するのもこの時代であり,また,国民全体がさらなる余暇と大量消費を享受しはじめるのもこの時代であった.ただ,それと同時に次のような事態が進行していたということも見落とすべきではない.つまり,当時の若者を中心として新たなライフスタイルが様々な形で試されたということ,そして,それにともなって新たな道徳観が徐々に浸透し始めたということ,いわば,静かではあるが根底的でもある大きな変革が進行しつつあったのである.

法制度においては,この変革はやがて,様々な法的規制の見直しを求める動きとなって現れる.ポルノグラフィ,人工妊娠中絶,同性愛などに対する刑事処罰の撤廃,殺人罪に対する死刑の廃止,離婚の半刑罰的意味合いの解消,等々.とりわけ,そうした一連の動きのなかできわめて大きな反響を呼んだのが,「同性愛および売春にかんする委員会」が3年間の調査の後,1957年にイギリス下院に提出した報告書,いわゆる『ウォルフェンデン報告』であった[2].報告書の内容はおおよそ次のようなものだった.同性愛や売春といった行為は,それが成人間の同意にもとづき,公衆に不快感を与えないよう秘かに行われる限り,もはや犯罪と見なすべきではない.なぜなら社会には「私的な道徳／不道徳」というものが存在しており,同性愛や売春はそういった行為の一種であるが,これについては他者を不快にすることがない限り各人の自己決定に委ねられるべきだからである.報告のこうした内容は,基本的に,19世紀の功利

---

2) 矢崎光圀『法実証主義:現代におけるその意味と機能』(日本評論社,1963年),参照.

主義哲学者ジョン・スチュアート・ミルが提唱した「危害原理(harm principle)」——すなわち,「法によって処罰することができるのは,他人に危害をあたえるような行為だけに限られる」という自由主義的な原則に沿ったものであった.

しかし,デヴリン判事はこの「報告」に対し,さっそく次のような危惧を表明する.「公共道徳」は社会の成員を結びつける紐帯であり,誰もそれを遵守せず,悪徳が野放しとなるような事態となれば,社会は崩壊の危機に直面することになる.『ウォルフェンデン報告』は「不道徳とは何か」の判断は結局は個人道徳の問題であるとして,その合理的判断が不可能であると断定しているが,それは間違いである.「何が不道徳か」にかんしては,19世紀このかたコモン・ローが民事・刑事責任の判断基準としてきた「道理をわきまえた人(reasonable man)ならどう判断するか」という規準によって確定することができるからである.それゆえ,公共道徳維持のために,不道徳それ自体を取り締まることは可能であるし,またそれは法の責務である.

法的道徳主義(legal moralism)に立脚したこのようなデヴリンの主張に対し,ハートは自由主義の立場から『ウォルフェンデン報告』を擁護する.社会的紐帯と道徳にかんするデヴリンの主張はあくまでも不確かな想定の域を超えてはおらず,特定の道徳を人々に強制する論拠としては全く不十分である.こうした道徳の強制は,多数者が道徳的であると信じるものを意見を異にする少数者に押しつけるといった,多数者の専制に結びつきかねない.不道徳にかんして法が処罰できるのは,実際に他者の生命・身体・自由・財産に危害を及ぼす個別的な行為だけであって,不道徳一般をそうできると考えるのは根本的に間違っている.デヴリンに対するハートの反論は,このように「危害原理」に基づくものである.しかし,ハートはさらにこれを補足=修正するものとしてのパターナリズムの意義についても言及している.すなわち,現代の複雑な社会にあっては「自分の本当の利益が何か」ということを各人自らが認識できない場合もしばしば見受けられる以上,そうした場合には,各人をその人本人から守るため一定の法的強制を行わなければならない——ハートはこのように主

張するのである(ハートはその一例として麻薬など薬物販売の禁止をあげている).

このようにハートは、ミルの「危害原理」を基本的に受け継ぎつつも、そこに法的パターナリズムを接合し、ウォルフェンデン報告の哲学的な正当化を行った。そして、それによって明らかになったのは、自由主義に対するハートの強いコミットメントである。このようにハート＝デヴリン論争は、「法の道徳的批判者」としてのハートが立脚する政治＝道徳哲学をあらためて浮き彫りにしたのである。

## 2　ハート＝フラー論争

これに対し、ハートとフラーとの論争は、同じく「法と道徳」の関係にかかわるといっても、より抽象度の高いレベルでたたかわされた論争であり、しかも両者の議論は最後まで平行線をたどるため、その思想史的意義を簡潔にまとめることは難しい。しかし、両者の論争は、ある意味で、その後の法理論が進むことになる二つの方向を予感させるものであり、そうした意味でも、少し詳しく追ってみるだけの価値がある。

まず、両者の論争は、ナチス支配と法実証主義の関係をめぐるラートブルフの見解をめぐって、1958年のハーヴァード・ロー・レヴュー誌上で始まった。論争の口火を切ったのはハートの論文「実証主義、および、法と道徳の分離」であり、そこではおおよそ次のようなことが述べられた。

「法と道徳」、または、「在る法」と「在るべき法」の峻別という法実証主義の根本テーゼは、第二次世界大戦後の自然法論の復活によって劣勢に立たされている。しかし、ベンサムやオースティンの段階では、このテーゼがそもそも自由主義や法改革の情熱と密接に結びついていたことを想起すべきである。彼らが信奉した法命令説がすでに維持できないということ、リアリズム法学によって従来の法実証主義が抱え込んでいた概念法学的傾向が完膚無きまでに批判

されつくしたこと，それが暗黙のうちに倫理学上の不可知論を含んでいたこと——これらとはまったく無関係に，法と道徳を分離するという考えはいまでも擁護可能なテーゼである．第二次世界大戦後，自然法論に転向したラートブルフは「在る法」と「在るべき法」を峻別し，「法律は法律だ」とする法実証主義がナチス支配の道を開いたと論じた．しかし，法と道徳の性急な混同が法の神秘化をもたらしてしまうとすれば，そちらの方がむしろ危険であると言わなければならない．「不正な法は法ではない」といった言い方をするより，むしろ，「これは確かに法であるが，道徳的にあまりに不正なものであり，それゆえ，それにしたがうことも適用することも不可能である」という理由で邪悪な法を批判するべきなのである．というのも，そうした仕方のほうが，一定の道徳的立場からの実定法批判の余地を残すという点で，より誠実だからである．
たしかに，ほとんどの法制度は，人間の生存目的，能力の限界や資源の希少性といった諸々の生の事実から導かれる基本的ルール，あるいは「等しきものは等しく」といった形式的道徳原理のような，「自然法の最小限の内容 (minimum content of natural law)」を含んでいる．しかし，抑圧的な法制度でさえこうした内容の諸規定を持つ以上，これによってナチスが行ったような邪悪を阻止できると期待するなど到底無理な話である．

　ハートの主張の核心は，法と道徳，在る法と在るべき法の明確な分離こそが，現行法を批判するための足場を確保するものにほかならないという一点である．この足場を現行法の外部に確保することによって，ようやく人は一定の道徳的立場，あるいは，一定の在るべき法のイメージに立って，現行法の批判ができるのである．法と道徳，在る法と在るべき法を安易に混同することは，現行法を突き放した場所から批判する足場それ自体が失われてしまい，現行法の改善の可能性をむしろ閉じてしまう．
　このようなハートの主張に対し，フラーは同じ年の論文「実証主義，および，法の内在道徳——ハート教授への返答」，および，1964年出版の主著『法の道徳性 (The Morality of Law)』において，様々な角度からハート批判を展開

する．そして，そこで最も重要な役割を演じるのが「法の内在道徳(internal morality of law)」の観念であった．そこでのフラーの議論を要約すると，次のようになるだろう．

　法と道徳の関係は，法の外部，あるいは，その上位にあって，実定法を一定の方向に導く外在的な道徳，つまり，「高次の法」としての自然法だけではなく，いやしくも法と呼ばれるものが必ず含んでいなければならない道徳的要素，すなわち「法の内在道徳」の両面から把握されねばならない．具体的には，誰にも分け隔てなく適用されること(一般性)，公布を通じて広く人々に知らしめられること(公布)，効果を有するのは公布後のみであって，それ以前に遡って適用されてはならないこと(将来効)，誰にも理解できる明瞭な表現で書かれていること(明瞭性)，相互間で論理的に矛盾のないこと(論理的首尾一貫性)，遵守不可能なことを要求していないこと(遵守可能性)，むやみに変更されないこと(恒常性)，公権力の行動と合致していること——法の内在道徳は，これら法の根本的諸要請を指している．ハートはナチスの法も法であることに変わりはないと主張するが，ナチス法は，遡及法令や秘密法令を頻繁に活用し，都合が悪ければ自ら制定した法も平気で無視した点で，こうした法の基本的要請，「法の内在道徳」を決定的に欠いている．ナチス体制成立にいたるまで，75年間もの長きにわたりドイツ法学を支配した法実証主義は，法の道徳目的の探求をそもそも学問になじむものではないと排除し，「法の内在道徳」にまったく顧慮を払わなかった．たとえどんな内容であっても上からの命令であれば即座にしたがってしまうような法律家ばかりになってしまったのは，その当然の帰結である．そうした意味で，ナチズム支配の遠因を法実証主義に求めるラートブルフの見解は正しかったし，少なくとも法と道徳の緊張関係についてよく理解していた．

　フラーは『法の道徳性』において，こうした考えをさらに発展させる．「法の内在道徳」はあくまでも人間の生存と社会生活に最小限必要な「義務の道徳

(morality of duty)」と言うべきものであって,「より立派で完成された人間へと近づくべし」といった「熱望の道徳(morality of aspiration)」ではない.また,法内在道徳という考え方は一種の自然法論ではあるが,「高次の法」として制定法の実体的内容を外側から規定するような「実体的自然法」とは異なっており,むしろ,立法過程や法ルールの個別的適用において,法がその本来あるべき姿から逸脱しないよう指針を提供する「手続的自然法」である.それゆえ,法の内在的道徳は,法が法であるための条件を示すものにほかならず,その意味で,それを「合法性の原理(principle of legality)」と呼ぶこともできる.ここで言う「合法性」の核心は,確立されたルールと原理にしたがって決定を下すこと,そして,過去の決定との純一性を保つという点にある.このように「合法性」ということは単なるルール遵守のみならず,法が一定の道徳的内容を含んでおり,さらには,それが首尾一貫した,原理づけられた形で制度化されてきたということも意味するのである.そして,このことはコモン・ローの歴史からも明らかである.

このようなフラーの立場の根本にあるのは「法は人間の行動をルールの支配に服さしめようとする目標追求的な企て(purposeful enterprise)である」といった法理解である.だからこそフラーは,法哲学や法理論の存在意義は日々の立法作業や判決過程に心を砕く法律家たちに一定の指針を提供することであるべきだと考えるのである.そして,彼のハート批判の核心もここにある.ハートの分析法理学は法の形式面に拘泥するあまり,法実務家に対していかなる実践的指針もあたえないし,それどころか,法律家たちが職業上の良心をかけて法をよりよいものにしようとしていることさえ擁護することができない——フラーの目にはこのように映るのである.

後日,ハートは,『法の道徳性』の書評を行い,「フラーのいう法の内在道徳は,結局,目的達成のための効率性にかかわる問題であって,言いかえれば,優れた職人技(craftsmanship)と同じである.よって,それを道徳という名で呼ぶ必要はない.法に限らず毒殺といった犯罪行為にも「毒殺の職人技」があるだろうが,それを「毒殺の道徳」と呼んだりするだろうか」と再批判を行っ

た．しかし，フラーからすれば，こうした批判はまたしても，法をルール体系と同一視し，法理論の課題を分析作業に矮小化するハートの狭い法理解を示すもの以外の何ものでもなかった．ハートは法と道徳が別個に存在し得ると考えているようだが，そもそもそれが間違っている．なぜなら，「道徳の諸原理は社会的真空や万人の万人に対する闘争のなかでは機能できない．善き生を送るためには，善き心がけ以上の何かが必要なのである．……善き生を送るためには，人々の相互行為の確固とした基本的枠組によって支援されていることが必要であり，そして，それを提供できるのは——少なくとも近代社会にあっては——健全な法制度だけなのである．」[3]

こうして，10年もの長きに渡って続けられたハート＝フラー論争は，最後まで平行線をたどったまま終わりを迎える．法と道徳の分離こそが現行法の批判や改革へと結びつくと考えるハートが，その「法の道徳的批判者」としての姿勢を最後まで崩さなかったのに対し，フラーの方はコモン・ロー的伝統と「法の支配(the Rule of Law)」原理を現代的に再定式化し，「法の内在道徳」への忠誠こそが法実践への指針であるとして，その「リーガリズムの道徳的擁護者」としての立場を貫きとおした．そもそもハートがベンサムやオースティン以来の法実証主義の伝統を引き継いでいるのに対し，フラーは，アメリカ法学の文脈から見れば，1950年代から60年代はじめをその最盛期とする，いわゆるプロセス学派(Process Jurisprudence)に近い法理学者である．プロセス学派はハーヴァード大学を一つの拠点として，かつてアメリカ法を支配した演繹論理的な形式主義法学や，法的判断を裁判官の直感や政治的信条に還元してしまうリアリズム法学に抗して，法的決定の特質を法制度に内在する「理性的なもの」との関連において捉えようとする立場であり，主流的な法理論としてアメリカ法理学のその後に大きな影響を残している[4]．そのことを思えば，本

---

3) Fuller, *The Morality of Law*, Revised Edition, 1969, p. 205.
4) Cf. Neil Duxbury, *Patterns of American Jurisprudence*, Oxford University Press, 1995, chap. 4; *id*., 'Post-realism and legal process', in Dennis Patterson (ed.), *A Companion to Philosophy of Law and Legal Theory*, Blackwell, 1996.

来的に思想史的背景を異にするハートとフラーの議論がなかなかかみ合わない理由もわかるような気がする．しかし，それにもかかわらず，両者の論争は，「法と道徳」をめぐるその後の議論の焦点を変えたという意味において，20世紀法思想の流れを理解する上で決定的に重要な位置にあるという点を押さえておく必要がある．

ハートも実定法に含まれる「自然法の最小限の内容」について語っているように，実定法と道徳原理がしばしば重なることを承認する点では，両者の距離は実はそれほど遠くない——一見すると，そのように感じられるかもしれない．しかし，そうした実定法内部の「道徳的なもの」にどのような役割を与え，どの程度の重要性を与えるかという点で両者は決定的に袂を分かっている．すなわち，法制度固有の道徳性といったものを「法の支配」の不可欠な要素と捉えるフラーと，法制度が偶然含む道徳的内容を過度に強調することは法の中立性や独立性を破綻させると考えるハートでは「法の自立性」の捉え方が根本的に違うのである．そして，このことが，法理論＝法哲学の役割にかんする両者の考え方にも反映される．すなわち，一方のフラーが「法的実践＝法実務の道徳的意味を見いだし，それを通じて法の自立性を強化するという点にこそ，法理論の存在意義はある」と考えるのに対し，ハートは「法の自立性を維持するためには，あくまでも法と政治＝道徳的価値とを独立に把握することが必要なのであって，法理論の存在意義はこうした冷静な把握にこそある」と考えているのではないだろうか．

ともあれ，論争それ自体の決着はつかなかったにせよ，論争の過程を通じて次のことが徐々に明らかにされていった．つまり，「法と道徳」をめぐる理論的な問題は，「自然法論をとるか法実証主義をとるか」といった二者択一に尽きてしまう訳では決してなく，むしろ「法の自立性というものをどう把握するか，そして，法という営み全体における法理論や法哲学の役割とは何か」という問いへとつながっている．こうした点に人々の関心を向けたことこそが，20世紀法思想に対するハート＝フラー論争の最大の貢献であったのではなかろうか．

## コラム2
## リアリズム法学

　リアリズム法学は，1920年代終わり頃から1940年代にかけて，アメリカ法学界を席巻した一つの知的運動である．この運動は，それまでのアメリカ法学の主流であった形式主義的・機械的法学観を痛烈に批判し，裁判過程の現実の姿を明るみに出そうとするものであった．しかし，そこには何らかの綱領や政治哲学があったという訳ではない．K. ルウェリン，J. フランク，F. コーエン，T. アーノルド，L. グリーン，H. オリファントらを筆頭に，数多くの法学者，裁判官，弁護士がこの運動に参加した．しかし，彼らが共有していたのは，法実践をありのままの姿で捉えようとする情熱，あるいは，法実践に対する一つの姿勢だけであり，こうした意味でもそれは，あくまでも運動と呼ばれるにとどまるべきものであった[1]．

　もっとも，リアリズム法学の射程がどこまで達するかということを考える際には，その共通する特徴を括りだすことも，全く無駄ではない．リアリストたちは，法解釈においては当該事案の政治的文脈を明示的に参照する必要があると主張した．すなわち，彼らの考えでは，法はあくまでも政策実現のための道具であり，したがって，法的判断においては，人間行動の因果関係や法的決定が及ぼすであろう帰結についても考慮しなければならないのである．このようにリアリストたちは，いわゆる行動主義的な人間理解，判決における帰結主義

---

[1]　今日では，リアリズム法学は「運動」ですらなく，せいぜい時代の空気，あるいは「ムード」にすぎなかったと見る評者もいる．たしかに，いわゆるリアリストたちが自らそのような名前を名乗ることはまれであったことや，後の批判法学（Critical Legal Studies）と異なり，リアリズムの名を冠した学会が開かれることもメーリング・リストが作成されることもなかったことを考えれば，このような評価は当たっている．Neil Duxbury, *Patterns of American Jurisprudence*, chap. 2.

的な考慮,法の道具主義的な見方を共有している.そして,さらにその基盤には,知識の真理性の規準を「実際に役立つか否か」におく,アメリカ独特のプラグラマティズム哲学がある.だが,最も重要なことは,このような法理解が従来の法学観に対する徹底した批判になっていたという点である.つまり,リアリストたちは,法学教育や法実務を支配している形式主義的・機械的法学観によって,裁判官・検事・弁護士たちが実際に行うこれら現実的な配慮が隠蔽されてしまっていると考えたのである.リアリストたちの目からすれば,法律家たちが操る形式的な法概念や専門的な法技術は,現実の政策的配慮を一般の人々の視界から見えなくする煙幕にほかならない.

たとえば,F. コーエン(Felix Cohen)の論文「超越論的ナンセンスと機能的アプローチ」(1935)は,リアリズム法学のそうした特徴を鮮やかに示している[2].まず,コーエンは労働組合の不法行為責任が問われた一つの判例を取りあげ,そこで裁判官が用いた法的推論を分析する.この事案では「社会的・経済的目的から見て,当事者のうちの誰に責任を割り振るのが適当か」ということが実際には問題となっているはずなのに,裁判官たちによってなされた議論は「労働組合は法人格を持ちうるか」ということから一歩も出るものではなかった.コーエンは,こうした法律家特有の議論様式によって,法的思考の独自性の名の下に,現実の社会的・政治的判断過程が隠蔽されていると主張する.さらに彼は「所有権」「契約」「適正手続」「悪意」といった一連の法概念もまた,同じ役割をしていると述べている.コーエンはいわば,本来なら現実をすくい上げるための方便に過ぎなかったはずの法の概念が一人歩きし,それ自体で価値があるかのように見なされるといった事態——マルクス主義者ならこれを「物象化」という言葉で呼ぶだろう——を批判しているのである.

コーエンのような主張は一般の人々にも理解しやすいストレートなものであるが,裁判官や法律家たちの耳にこうした批判がどこまでとどくかということとなると,そのあまりの素朴さゆえに少し疑問が残る.しかし,社会的・政治

---

2) Felix Cohen, 'Trancendental Nonsense and the Functional Approach', *Columbia Law Review*, vol. 35, 1935, pp. 809–849.

的・経済的文脈における経験的かつ実際的な配慮から独立した法的推論は不毛であるという，リアリズム法学に共通する考えは，そもそも，19世紀末から20世紀初頭にかけて活躍した哲人裁判官，オリバー・W. ホームズ(Oliver Wendell Holmes, 1841-1935)の次のような言葉を端緒とするものでもあった．「法の生命は論理でなく経験であった」．「判決の真の理由は政策や社会的利益の考慮であり，解決が，単に論理とか何人も争わない法の一般命題によって達成できると考えるのは，ばかげた考えである」．ホームズのこうした考えはリアリズム法学のみならず，合州国最高裁における彼の後任者，B. カードーゾ(Benjamin Cardozo, 1870-1938)やハーヴァード・ロー・スクールのR. パウンド(Roscoe Paund, 1870-1964)などの，「書かれた法(law in book)」に対する「動いている法(law in action)」の優位を説く「社会学的法学(Sociological Jurisprudence)」の主張にも大きな足跡を残している．だが，とりわけリアリズム法学者たちは，裁判官の判決予測こそが法理論の重要な役割であるとするホームズの考え方，すなわち「法予測説」を真剣に受けとめる．この法予測説はホームズが1897年にボストンで行った講演における「裁判所が実際にするであろうことの予測，まさにそれだけが私が法と呼ぶところのものである」という言葉に端を発する．つまり，道徳的な問題には一切関心がなく，法が自分にどんな結果をもたらすかということだけを知りたいといったような，現実主義的な「悪人(bad man)」の視点こそが法理論にとって適切な出発点となるとホームズは言いたかったのである．こうした考えを引き継ぎ，法のリアルな姿を描きだそうとする点で，リアリストたちはホームズの嫡子であったと言える．しかし，判決予測における社会的・政治的・経済的文脈の意義をどのように評価し，従来の法教義学的な推論様式の意義をどこまで認めるかという点で，彼らのあいだには少なからぬ相違が存在する．

　まず，イェール，コロンビア，シカゴの各大学で商法を教えたカール・ルウェリン(Karl Llewellyn, 1892-1962)は，控訴裁判所における裁判官の判決行動を詳細に分析することによって，判決において決定的な役割を果たしているのが必ずしも法的ルールでなく，裁判官には大きな裁量の余地が残されているとい

うことを明らかにした．その際の彼の方法は次のようなものだった——まず一般に受容された法ルールや法原理を取りあげ，それらの文言を，これによってもたらされた判決と照らし合わせる．もし，法ルールや法原理が意味する以上のことが実際の判決で言われているとすれば，そこには何か別の要素が加わっているに違いない．しかし，ルウェリンは，こうした事実によって判決予測が完全な不確定性にさらされるとは考えなかった．というのも，裁判官たちの判決の背後には，法学教育，推論様式，判決スタイルといった共通の制度が存在するからである．実際，ルウェリンはこのような法の制度的基盤への関心に導かれ，人類学者ホーベル(E. A. Hoebel)と共同で，アメリカ先住民シャイアン族の伝統的判決様式をめぐる先駆的研究を残している．そして彼は，法学方法論や法教義学も一定の制度を背景に実際の仕事のなかで生まれる職人技(craftsmanship)の産物に他ならず，法学方法論や法教義学が法的判断の様式を決定する訳ではないと主張した．

このようなルウェリンの考えは，判決における法的ルールの決定的役割に疑義を差し挟むものであり，その意味で「ルール懐疑主義(rule-skepticism)」と呼ばれている．しかし，ルウェリンは，判決予測における法的ルールや教義学的思考の存在意義を全否定し，法が完全な不確定性にさらされていると論じようとした訳ではない．むしろ彼は，伝統的な教義学に典型的に見られる「法の自立性」が偏狭なものとならないためにも，それを現実の経験研究で補完する必要があると論じているのである．

しかし，こういった比較的穏健な立場とならんで，リアリストのなかにはさらにラディカルな方向へと進む者たちもいた．たとえば，弁護士や判事としての活躍の後，イェール大学で事実認定講座を担当したジェローム・フランク(Jerome Frank, 1889–1957)は，フロイトの精神分析の影響の下で書かれた『法と現代精神』において，判決の予測などまったくの幻想であると論じている．というのも，判決を決定するのは裁判官の政治的信条や虫の居所といったもの，あるいは最終的には，一種の「勘(hunch)」と言うべきだからである．判決文が論理的に構成されているように見えたとしても，それは事後的な合理化の所

産に過ぎない．つまり判決は，事実と法的ルールの関数というよりも，裁判官個人のパーソナリティと彼に加わる刺激の関数なのである．後の『裁かれる裁判所』ではこうした極端なルール懐疑主義はさらに一歩進み，事実認定の客観性が問われることになった．すなわち，事実審における事実認定のプロセスにおいて決定的な役割を果たすのは，裁判官や陪審の心証や偏見といった非合理的なファクターであり，それがますます法の不確定性を増大させると言うのである．フランクはこれを自ら「事実懐疑主義(fact-skepticism)」と呼んでいる．現実には，こうしたラディカルな見解がその後のアメリカ法学の主流となることはなかったが，フランクその人はニュー・ディール期の政府要職を歴任した後，1941年には第二巡回区判事というアメリカ司法制度の枢要的職務にまで任じられている(ちなみに，この人事については当時，異教徒がローマ＝カソリック司教に任命されるようなものだと評する人もいた)．

　ところで，法の政策的側面を強調するリアリズム法学は，1929年の大恐慌への処方箋としてフランクリン・ルーズベルトが提唱した「ニュー・ディール」政策の法学における表れであるといった見解がしばしば聞かれる．実際，数多くのリアリストがルーズベルト政権のスタッフとして働いているし，先ほどのフランクも，「実験的法律学は」「偉大な実験者フランクリン・ルーズベルトの忠実なしもべ」であると語っている．たしかに，リアリズム法学者たちが共有していた法による社会改革への情熱が，ニュー・ディール的なリベラル＝デモクラシーの理念と親和性を持っていたことは否定できないだろう．しかし，だからといって，リアリズム法学の核心を改革主義的なリベラル＝デモクラシーの理念のうちに捉えるのは短絡的に過ぎる．というのも50年代から60年代にかけての行動主義的な裁判過程研究，70年代の「法と社会(Law and Society)」運動や「法と経済学(Law and Economics)」，80年代の批判法学(Critical Legal Studies)といった具合に，リアリズム法学の影響はニュー・ディール期を越えて，後のアメリカ法学の様々な潮流にまで及んでおり(第4章参照)，しかも，そのほとんどが，必ずしもニュー・ディール支持者でなかったルウェリン的な視座に多くを負っているからである．だとすれば，リアリズム法学が

残した遺産のうち，その最良の部分は，あくまでも，法的実践を社会的・政治的・経済的文脈との関連で捉えるという視座のうちにある．このように，リアリズム法学が20世紀法理論にもたらした最大の貢献は，硬直した「法の自立性」の見方に風穴をあける一つのやり方を示した点にあったのではなかろうか[3].

---

3) ここで取りあげたのはあくまでもアメリカのリアリズム法学だが，リアリズムと呼ばれる法理論の潮流には，もう一つスカンディナビアのそれがあることを忘れてはならない．スウェーデンのA. ヘーガーシュトレーム (Axel Hägerström, 1868-1939)，同じくK. オリヴェクローナ (Karl Olivecrona, 1897-1980)，デンマークのA. ロス (Alf Ross, 1899-1979) といった人々がその代表的な論客であり，むしろイギリスなどでは地理的・文化的な近さもあって，アメリカのリアリズム法学よりもこちらの方が影響力を持っていたほどである．これら北欧のリアリストたちは，アメリカのリアリストたちと同様に，法概念や法的ルールに対する懐疑主義を共有するが，両者はそうした懐疑の根拠の点でかなり異なっている．一言でいえば，北欧のリアリストは法を心理的事実に還元することによって，その実在性を否定するのである．まず，ヘーガーシュトレームは，法はかつて未開人が信じていた超自然的で呪術的な「力」の残滓に他ならず，「権利」や「義務」という言葉が拘束力を持つのは，かつてそれと結びついていた畏れや拘束の感情をあたかも「心の習慣」のように喚起するからに過ぎないと主張している．また，オリヴェクローナはこうした一種の「共同幻想論」を洗練させ，法の文言が目や耳を通じて反復されることによって内面化され，やがて人は威嚇や強制なしでも法に遵うようになるといった心理メカニズムによって，法の拘束力を説明している．さらに，ロスは基本的にはこうした考え方にもとづきながらも，それをさらに実効的なものとするために論理実証主義の哲学をブレンドし，事実と言明の一致という検証可能性規準を導入する．スカンディナビア・リアリズムの理論的射程にかんしては，佐藤節子教授の一連の仕事が最も詳しく，かつ明解である．佐藤節子『権利義務・法の拘束力』(成文堂，1997年).

## コラム3
## 「事物の本性」と第三の道
—— 戦後の大陸法理論(2) ——

　コラム1で述べたように，戦後ドイツにおける法実証主義の問い直しは，ナチズム支配下における法の無力に対する反省をきっかけに始まった．そこから再生自然法論の隆盛が起り，それが沈静化した後には，やがて自然法論と法実証主義との歩み寄りも観察されるようになる．だが，法実証主義の乗り越えという問題関心は方法二元論の克服という形で，早くも1920年代頃には現れはじめていた[1]．しかも，その際にこうした問題関心に先鞭をつけたのは，ケルゼンとならんで方法二元論の主張者と見なされてきたG.ラートブルフその人であった[2]．

　ラートブルフはすでに早くから事実と価値の二元論の超克を模索しており，

---

1) 自然法論と法実証主義の架橋という問題関心それ自体は，マールブルク学派に属する新カント派法哲学者，シュタムラーが『正法論(*Die Lehre von richitigen Rechte*)』(1902) のなかで提起した「可変的な内容を持つ自然法論」といった考え方に，すでに見ることができる．

2) 細かい指示は省略するが，このコラムは以下にあげる著書や論文に依拠している．N. ボッビオ他『事物の本性論』(原秀男・栗田陸男訳，成文堂，1978年)．F. ハフト『正義の女神の秤から』(平田公夫訳，木鐸社，1995年)．大橋智之輔「最近の『事物の本性』論について」(法学志林，63巻，2=3号，1961年)．田中成明「「正法」問題の新局面」(ジュリスト増刊「理論法学の課題」，有斐閣，1971年)．同「ハンス・ヴェルツェルの人格主義的法哲学——現代ドイツ法思想研究ノート」(法学論叢，88巻1・2・3号，1970年)．中村直美「事物の本性概念「否認論」について——ドライヤー説の検討」(日本法哲学会編『法哲学年報1975 法と倫理』，有斐閣，1976年)．西野基継「法存在論序説——ウェルナー・マイホーファーを手がかりに」(法学論叢104巻3号，105巻4号，1979年)．三島淑臣「〈自然法論〉と法実証主義の彼方——アルトゥール・カウフマン」(大橋智之輔・田中成明・深田三徳編『現代の法思想』，有斐閣，1985年，所収)．南利明「「世界‐内‐存在」の分析に定位した法存在論の構想——ウェルナー・マイホーファー」(前掲書，所収)．永尾孝雄「アルトゥール・カウフマン法哲学の成立と構造」(日本法哲学会編『法哲学年報1991 現代所有論』，有斐閣，1992年)．竹下賢『法実証主義の功罪』(ナカニシヤ出版，1995年)．

その足取りは次のようないくつかの段階をたどっている．まず，第一段階としては，学問＝科学の三分類がある——すなわち，ラートブルフは，事実にかかわる「自然科学」，人間の精神が生みだす価値を評価し，その批判的乗り越えを目指す「精神科学」，そして，自ら価値を創造する訳ではないが価値の実現に何らかの形で関与する「文化科学」の三グループを設定し，法をこの三つ目の領域に帰属させた．それによってラートブルフは，事実と価値のどちらに属するとも単純には決めがたい，法規範の微妙な位置づけを説明しようとしたのである．続いて第二段階では，「理念の素材被規定性」という考え方が現れる(1923年の論文「法理念と法素材」)．たとえば，彫刻家が彫像をつくる場合には，素材が大理石かブロンズかということによって，完成した彫像において現実化される理念自体も大きな影響を被ることになるが，それと同様に法においても，いかなる法素材を選択するかということが法理念の実現に対して重大な帰結をもたらすことになる．こうしてラートブルフは法素材(＝事実)と法理念(＝価値)の媒介を図るのだが，これを逆転させれば，法素材の側も法理念によって規定されていると見ることもできる．こうして彼は「素材の理念被規定性」についても考察を加えはじめ，やがてそれを，法素材という事実的なものを理念を通じて階層的に整序したものとしての「法類型論」へと発展させていく(1938年「法思考における分類概念と整序概念」)．

だが，こうしたラートブルフの理論遍歴のなかでも，戦後ドイツ法哲学を決定的に方向づけたのは，その最後に現れた「事物の本性(Natur der Sache)」の概念だろう(1941年「法的思考形式としての事物の本性」)．この「事物の本性」という言葉は，古代ローマ法やモンテスキューの『法の精神』にも見られる伝統的な語法であるが，また，それと同時に，"Es liegt in der Natur der Sache, daß...." とか "Es folgt aus der Natur der Sache, daß...." といった「……はことがらの性格からして当然である」という意味の表現に見られるように，ドイツ語の日常会話や判決文においていまも普通に使われる言いまわしでもある．ところがラートブルフはわが国の「条理」に当たるこの表現を，人の頭のなかにある抽象的な観念というよりも，生活諸関係それ自身の性質から

おのずと生じてくる「客観的な意味」であると説く．すなわち，彼は，「事物の本性」は人間精神の産物でも自然的事実でもない第三の何物かとして，法規（＝規範）と判決（＝事実）の橋渡しをすると考えたのである．

　もっとも，ラートブルフ理論においては，こうした「事実の本性」概念の活躍の場は，法的ルールが尽きるところ，すなわち「法の欠缺」の場合に限定されていたことも事実である．換言すれば，ラートブルフは，制定法が存在する場合と法の欠缺の場合を区分するような——つまり，事案には素直に「法律」に従えばよいケースと「事物の本性」を考慮しなければならないケースの二種類があるといった，新たな二元論を導入してしまうのである．ところが，戦後ドイツの法哲学は，ラートブルフの「事実の本性」論を引き継ぎながらも，こうした二元論を解消させていくような方向へと進む．つまり，「事物の本性」は，「法の欠缺」のケースだけで問題となるような判断規準でなく，あらゆる法規範，あらゆる法的判断に解決の糸口をあたえるものであると考えられるようになるのである．こうして，「事物の本性」の概念は，戦後ドイツ法哲学が法実証主義と自然法論の膠着状況から脱却するための突破口となっていく．

　たとえば，著名な法制史学者であり，同時に再生自然法論の論客でもあったヘルムート・コーイング（Helmut Coing, 1912–）はその著書『法哲学綱要』(1950)のなかで，「事物の本性」概念を媒介として自然法の歴史化を試みる．多くの場合，自然法は，何らかの倫理的価値と結びついた法理念が一定の階層秩序を形づくったものであると把握されるが，コーイングはこれに，社会生活のなかで繰り返し現れる「事実の法則性(Sachgesetzlichkeit)」というもう一つの特徴を付け加える．つまり，自然法は単に倫理的内実と結びついた法理念のピラミッドというよりも，人間本性や生活諸関係の具体的な現れとしての「事物の本性」と結びいた，歴史的で客観的な実在なのである．翻って，実定法について見てみると，それは，こうした「事物の本性」が法理念によって整序され，「具体的秩序」として現れたものにほかならない．その意味で「事物の本性」は実定法の基体でもある．このように，コーイングは，「事物の本性」の概念を媒介に，法の価値的・理念的側面とその事実的・歴史的側面を結びつけるの

である．もっとも，コーイングのこうした試みに対しては，その理論的な首尾一貫性をめぐって「マックス・シェーラーやニコライ・ハルトマンの実質的価値哲学とケルゼン流の規範の階層構造説を結びつけただけではないか」といった批判も加えられている．しかし，その一方で，コーイングの「歴史的・客観的価値秩序」の法哲学が，自然法論と法実証主義との調停を目指す一連の試みの端緒となったということも広く承認されているように思われる．

「事物の本性」概念を突破口とする自然法論と法実証主義の調停の試みは，コーイングによる自然法の歴史化・経験化の他にも様々な形をとって行われた．そのなかでもとりわけ重要なのが，ハンス・ヴェルツェル(Hans Welzel, 1904-1977)，ウェルナー・マイホーファー(Werner Meihofer, 1918-)，アルトゥール・カウフマン(Arthur Kaufmann, 1923-)らの試みである．

まず，刑法学者として目的的行為論を提唱したことでも有名なヴェルツェルは，具体的な人間の在り方への配慮を失い，単なるルール適用にまで堕落したかつての法実証主義を批判し，つねに他者への責任を負う存在としての「人格」(die verantwortliche Person)の絶対性に配慮した「正義に適った法」の追求が重要であると強調する．それと同時にヴェルツェルは，大陸法学を戦後しばらく支配した自然法論に対しても，それが各人の行為や価値判断を制約する「事物論理構造(sachlogische Struktur)」として社会的現実に内在化されている点を指摘し[3]，それを特定の宗教や世界観による拘束から解放しようと試みる．こうした両面作戦を通じてヴェルツェルは，自然法論が主張するような超越的当為の存在を認めつつも，それはあくまでも実際の人間的配慮に基づく「いま・ここ」での解釈を通じて追求されなければならないと主張している．

ところで，カントやマックス・ウェーバーの人格や責任の捉え方をしばしば参照するヴェルツェルに対し，マイホーファーの「具体的自然法論」は，ハイ

---

[3] ちなみに，彼の目的的行為論もこの「事物論理構造」，すなわち，一種の「事物の本性」論と関連している．ヴェルツェルによれば，この事物論理構造こそが，自然的な因果関係とは異なった行為の目的性を規定しており，行為責任の追求可能性もそこから生じることになる．

デガー哲学に触発されながら法を「世界 – 内 – 存在」の一つと見なし，法的なるもの一般の存在構造の解明を試みる一種独特な法存在論となっている（ハイデガー哲学についてはコラム5も参照）．マイホーファーによれば，『存在と時間』におけるハイデガーは人間の「自己」実存に関心を集中するあまり，法をその他の人間の「社会的現存在」としての側面と一緒くたに，人間の「本来的」存在様態からの頽落としての「ひと(das Mann)」の世界へと追いやってしまっている．しかし，他者と「ともに在る(Mit-sein)」という存在様態は，堕落した「非本来的」な在り方というよりも，むしろ人間の根源的経験と言わなければならず，法もまたそうした経験の一つにほかならない．他者とともに在るということは，売り手，買い手，家主，借り主，裁判官，被告，父親，市民，隣人といった形で具体的な「〜としての存在(Als-sein)」として在ることであり，こういった「としての存在」相互の複合的な関係によって，売買，賃貸借，窃盗，詐欺といった「文化事態」が形づくられる．一定の「事物法則的構造」，すなわち，「事物の本性」が問題となってくるのも，まさにこうした連関においてである．というのも，人間存在が本来的に「としての存在」であるならば，諸々の人間存在の関係はお互いの間での「指示」と「応答」，お互いのお互いに対する「適在性」と「意義」，相互間の「期待」と「利益」，お互いに対する「要請」と「義務」といった一連の「事物法則的構造」，つまり「事物の本性」を含意せざるを得ないからである．法実証主義の主張に反して，人は実定法の当為命題に従って生きている訳ではなく，事実的なものと規範的なものが分離する以前の日常生活にあって「事物の本性」から生じる当為法則に従って存在している——マイホーファーはこのように考えるのである．

　それに対し，カウフマンは師ラートブルフの「制定法を超える法」を批判的に継承しつつ，アリストテレスやトマス・アクィナスの哲学に立脚した独自の法存在論を創りあげている．まず，カウフマンは，ナチスの法がそうであったように実定法には「不法な法律体系」に堕してしまう危険があることを認めながらも，「法の歴史性」を真剣に捉えるならば，再生自然法論者たちの議論に単純に与することもできないと考える．そこでまず，カウフマンはトマス・ア

クィナスの自然法論に立ち返る．というのも，後のスコラ学者たちによる歪曲から離れて読んでみれば，トマスの『神学大全』における自然法（Naturrecht）の概念は，永遠不変の自然法則（Naturgesetz）と区別される形で，時代や共同体とともに変化する歴史的かつ可変的なものとして描きだされているからである．こうしてカウフマンは，「本質（Essenz）」と「実在（Existenz）」，「可能態」と「現実態」といったトマス哲学の根本概念を活用しつつ，法をこうした二極の狭間に存在するものとして位置づける．すなわち，一方で再生自然法論は法の「本質」やその「あり得べき姿」だけを強調し，他方で法実証主義は「実在」する法やその「現実の姿」ばかりを強調するが，法の真の存在様式は超時間的な普遍的価値を志向する「自然法性」と，歴史や現行司法制度に拘束された「実定性」の狭間においてのみ把握することができるのである．そこからカウフマンは，「事物の本性」についても，法の理念（＝自然法性）と生活関係（＝実定性），当為（＝自然法性）と存在（＝実定性）が出会う「トポス＝場所」，あるいは，それらを裁判や立法において結合させる「触媒」といった役割を与えている．

　このように，コーイング，ヴェルツェル，マイホーファー，カウフマンといった戦後ドイツの法哲学者たちはそれぞれ異なる哲学や思想に依拠しながらも，「事物の本性」概念を足がかりに，法実証主義でも自然法論でもない「第三の道」の可能性を模索した．たしかに，最終的には事実と価値との和解をもたらすはずの「事物の本性」が開く地平は，イギリスのハートらが全く異なる哲学的背景からたどり着いた第三の領域，「社会的事実」の世界に似ていなくもない（第2章第4節，および第4章第1節を参照）．しかし，今日の目で振り返るとき，戦後ドイツのこうした一連の試みにはまだ何かが欠けているように感じられてならない．というのも，こうした論者たちの多くは「事物の本性」を論じるにあたって，それを現実の法的実践のなかで具体的に分析するというよりも，直覚的な観想や観念的な反省だけに頼ってその特質を明らかにしようとしているからである．やがて「事物の本性」概念に対しては，ラルフ・ドライヤー（Ralf Dreier, 1931-）のような次の世代の法哲学者がその多義性に徹底的な批判

を加え，法学用語としてはこれを破棄するよう求めることになるのだが，それも当然の成り行きであったように思われる．「事物の本性」への着目によって開かれた可能性を真に現実のものとするためには，それを具体的に解明していくための分析の手段を手に入れなければならない．1960年代終わり頃になるとドイツ法思想の焦点はそれまでの存在論的議論から法の言語的側面に着目する一連の方法的議論――具体的には「法学的ヘルメノイティク」や「法的議論の理論」――へと移り変わって行くが，その理由の一端をこうした脈絡のうちに捉えることも可能なのではなかろうか(コラム5を参照)．

# 第3章
# 解釈的実践としての法
―― ドゥオーキンの解釈的アプローチ ――

　ハート理論の批判者は，前章補論で取りあげたフラーだけではない．たとえば，アメリカのある法社会学者は「ハートの言語分析の手法は，法学を一種の語義学や言葉遊びにまで堕落させてしまう」と早くから批判しているし，ドイツやフランスといった大陸法圏の研究者のなかにも，「ハート理論は基本的にアングロサクソンの理論であって，法文化の異なるドイツ法やフランス法にはあまり当てはまらない」といった否定的な評価をする人々がいる．しかし，今日の目で振り返れば，ハート理論に対する最も痛烈な攻撃となったのは，ハートの後継者でもあるロナルド・ドゥオーキンによる批判であった．というのも，そこでは，「法と道徳」の分離テーゼやその司法裁量論のみならず，「社会的ルールとしての法」といったハート理論の根幹それ自体が問いただされているからである．そして，ドゥオーキンはこうしたハート批判から出発して，法の営みの全体を解釈的実践として捉えなおす，独自の法理論を築きあげることになる．

　本章では，いまや現代法理論における一つの焦点とも言えるドゥオーキンの法理論を取りあげ，それを批判的な角度から検討していきたい．

## 1　ロナルド・ドゥオーキンとその知的背景

　ロナルド・ドゥオーキン(Ronald Dworkin, 1931-)はマサチューセッツ州ウースター出身のアメリカの法哲学者である．当初は哲学に関心を持ち，オックスフォード大学モードリン・カレッジに学ぶものの，自分が本当にやりたいこと

が法律であることに気づき，ハーヴァード・ロー・スクールに進学する．ハーヴァード卒業後の2年間を現代アメリカの伝説的名判事，ラーニッド・ハンド(Learned Hand, 1872-1961)のもとでロー・クラークとして働き，続く4年間をニューヨークの法律事務所で弁護士として活躍する[1]．1962年には早くもイェール・ロー・スクール教授に任命され，法哲学者としてのその華々しい経歴がはじまる．1969年，ハートの後任としてオックスフォード大学法理学講座を担当することとなり，その後はイギリスを一つの拠点として精力的な研究・執筆活動を繰り広げる．『権利論(Taking Rights Seriously)』(1977)，『原理の問題(A Matter of Principle)』(1985)，『法の帝国(Law's Empire)』(1986)，『ライフス・ドミニオン(Life's Dominion)』(1993)，『自由の法(Freedom's Law)』(1996)といった一連の著書，および，しばしば新聞や雑誌に掲載された法的・政治的時評がここで生まれた．また，ドゥオーキンは，70年代半ばからはニューヨーク大学でも教鞭をとっているため毎年秋学期にはアメリカへ帰るほか，集中講義・講演・国際会議などで一年を通じて世界を飛びまわり，まるでデヴィッド・ロッジのキャンパス小説『小さな世界(Small World)』の登場人物のように，いかにも現代のスター教授といった多忙な日々を送っている．1997年には古巣のオックスフォードを去り，かつてジョン・オースティンが初代法理学講座教授を務めたことで有名なロンドン大学ユニヴァーシティ・カレッジへと移籍し，いまも精力的に研究・執筆活動を行っている．

ところで，彼の知的背景としては，言語哲学的に洗練されたハート流の分析手法はもちろんのこと，法の内在的道徳を唱えるフラーの法理論，および，『正義論』の出版で時代の流れを大きく変えたジョン・ロールズ(John Rawls)の権利基底的な政治=道徳哲学の影響がしばしば指摘されている(コラム4参照)．後に詳しく見るように，法実証主義者であるケルゼンやハートがつねに法と道徳，あるいは，政治イデオロギーを明確に区別し，後者を法理論から放

---

[1] ハンド判事にかんするドゥオーキンの評価と興味深いエピソードは，エッセイ「ラーニッド・ハンド」として次の論文集に収められている．ドゥオーキン『自由の法』(石山文彦訳，木鐸社，1999年)，参照．

逐しようと努めたのに対し，ドゥオーキンはむしろ逆に，政治＝道徳哲学を法制度内在的に位置づけようと試みる．その際にドゥオーキンが法制度ととりわけ親和性を持つものとして重視するのが，「法の支配」の観念と権利基底的なリベラリズムである．こうした法理解の背景には，明らかに，フラーの法の内在道徳という考えや，ロールズの権利基底的な政治＝道徳哲学の影響がうかがえる．

次に，彼の解釈理論にかんしては，アメリカの論理学者クワイン(W. V. O. Quine, 1908-2000)の影響もしばしば指摘されている．たしかに，クワインの全体論(ホーリズム)的な意味理論——すなわち，命題の意味は，経験的事実と一対一に対応するような形で他の諸命題と独立に決まるのではなく，他の諸命題との全体的連関のなかではじめて定まってくるという考え——と，法的判断における過去の判例や法原理との整合性をとりわけ重視するドゥオーキンの法解釈理論のあいだには，重なり合う部分が少なくない．また，平等と効用にかんするドゥオーキンの見解についてはバーナード・ウィリアムズ(Bernard Williams)のそれとの関連が指摘されているし，さらに細かく見ていけば，ニューヨーク大学で共同ゼミを行っていたネーゲル(Thomas Nagel)，オックスフォードで定期的に開かれていた研究会の参加者であるパーフィット(Derek Parfit)，ラズ(Joseph Raz)，フィニス(John Finnis)，コーエン(Gerry Cohen)，セン(Amartya Sen, 1933-)などとのあいだで交わされた理論的対話も，ドゥオーキンの法理論に少なからぬ足跡を残していると考えられる．さらには，アメリカ人法学者として法理論における「ルールと原理」の区別をはじめて明確に論じたとされるリアリズム法学者ジョン・ディキンソン(John Dickinson)や[2]，アメリカのロー・スクールで広く用いられ，「プロセス学派」(第2章補論参照)という名称のもとにもなったヘンリー・ハートとアルバート・サックス(Henry Hart and Albert Sacks)の『法過程(Legal Process)』(1958)——この教科書は公には一度も出版されず，謄写版が流通するのみであった——の影響に

---

[2] ディキンソンについては，次の書物を参照. Neil Duxbury, *Patterns of American Jurisprudence*, pp. 220-223.

ついても,しばしば指摘されている[3].

しかし,ドゥオーキンに対する最も好意的な評釈者,スティーブン・ゲストが言うように,影響探しもここまで細かくなってくると,そうした作業にどれほどの意義があるのかといった疑問もわきおこってくる[4]. というのも,ハート理論を理解するためには日常言語学派やウィトゲンシュタインの哲学にある程度通じておくことが不可欠であったのとは異なり,ドゥオーキン理論を理解する場合には,他者からの影響というものはそれほど決定的な意味を持っていないように思われるからだ. むしろ,連綿と続くコモン・ローの伝統や,その司法審査制度に典型的に見られる裁判官の強い地位などといったアメリカ固有の制度的背景,そして,公民権運動,ベトナム戦争,新保守主義の台頭といった1950年代末から80年代にかけてアメリカを揺るがした様々な出来事と,それらから生まれることになったリベラル・デモクラシーの意義に対する真剣な問いかけといった政治的・社会的時代状況――こういったもののほうが,ドゥオーキンの法理論を理解する上で重要なのではなかろうか. というのも,一言でいってドゥオーキンがたどってきた道程は,60年代,70年代,80年代の政治的幻滅の時代にあっても「法」はやはり信じるに値するということを人々に何とかわからせようとする,そうした長い道のりであったように感じられるからだ. ケルゼンやハートの場合とは若干違う形ではあっても,ドゥオーキンの法理論も20世紀という時代と分かちがたく結びついているのである.

---

3) たしかに,ドゥオーキンがハーヴァードで学んでいた1957年は,同じハーヴァードで教えていたハートとサックスの『法過程』が次第に形をなしつつあった時期と重なっている. だが,ドゥオーキン自身の言葉によれば,彼は実際には『法過程』の講義をとっておらず,もしその法原理論にハート=サックスの影響が見られるとしたら,この講義に出席していた友人との議論を介したものであるだろうと述べている. Cf. Neil Duxbury, *op. cit.*, pp. 293-297.

4) Stephen Guest, *Ronald Dworkin*, Edinburgh University Press, 1991, p. 7. 以上の伝記的記述のほとんどは,ゲストによるこの最良のモノグラフに負う.

## 2　法ルールと法原理――ハート批判

　ドゥオーキンがはじめて学界にデビューしたのは，1963年にジャーナル・オブ・フィロソフィー誌に掲載された論文「司法裁量(Judicial Discretion)」においてであった．しかし，彼を一躍有名にするのは，ハートの法理論を根底から批判する1967年の「ルールのモデル(The Model of Rules)」である[5]．そこでドゥオーキンは，ハート理論の綻びの一つである司法裁量論に焦点を合わせ，法をルール体系と捉える理解そのものがそうした綻びを招く直接の原因であると批判する．

　まず，ドゥオーキンは具体的な判例における推論の流れを追い，そこから，法的判断において重要な働きをする法的基準が，実は，ハートが考えるような法ルールではなく，一般に法「原理(principles)」と呼ばれるものであると指摘する．たとえば，アメリカ法の重要判例，リッグス対パーマー事件(1889年)では，祖父の遺言書に自分の名前もあるのを知り，相続目当てで祖父を殺害した場合，その人物は祖父の遺産を合法的に相続できるか否かという点が問題となった．遺言にかんするアメリカの制定法，すなわち，法ルールを字義通りに適用すれば，殺人を犯した者でも相続分を受け取ることができるはずであったが，裁判所は「何人も自らが犯した不法から利益を得ることはできない」という広く受け入れられた法格言(maxim)を援用することによって，この殺人者の相続の権利を否定した[6]．つまり，この判例にあっては，「何人も……」という法格言がまさに法の「原理」として機能し，法ルールのストレートな適用を軌道修正したのである．

　また，ドゥオーキンは別の例もあげている．1960年のヘニングセン対ブル

---

[5] Ronald Dworkin, 'Judicial Discretion', *Journal of Philosophy*, vol. 60, 1963, pp. 624-638; id., 'The Model of Rules', *University of Chicago Law Review*, vol. 35, 1967, pp. 14-46. この論文は「ルールのモデルI」として『権利論』(木下毅・小林公・野坂泰司訳，木鐸社，1986年)の第一章に収録されている．

[6] 『権利論』16頁．以下，訳文は文脈の都合上，若干変えさせていただいている．

ームフィールド・モーターズ事件で焦点となったのは，確定された法ルールが存在しない場合に裁判官はどのように判断すればよいのかという問題であった．ヘニングセン氏は自動車で事故にあったため，欠陥車を売った自動車会社を訴えようとした．しかし会社側は，氏が購入時にサインした「車の欠陥にかんするメーカー側の責任は，欠陥部分の修理のみに限定され，これがその他一切の保証・義務・責任の代わりとなる」という趣旨の契約書をたてに，自らに事故の損害賠償責任があることを否認した．これに対しヘニングセン氏は「欠陥のために事故が起きた以上，メーカー側はこのような免責事項で保護されるべきでなく，車の衝突で怪我をした人たちに医療費その他も支払うべきだ」と反論を試みたが，このような契約内容を無効とする制定法や法ルールは現実には何一つ存在しなかった．

　しかし，にもかかわらず，裁判所は氏の訴えを全面的に受け入れ，原告勝訴の判決を言い渡した．そして，そのとき裁判所は次のような複数の法原理を援用している．たとえば「契約書を読まずにサインをしたからといって，後に契約上の義務を免れることはできない」とか，「この原理の適用においては，行為能力のある契約当事者の自由という根本原理が重要である」とか，「契約の自由は，当該分野にかんして，いかなる限定も受けつけないほど不変的な法理ではない」とか，「裁判所が不衡平や不公正の手段として利用されることがあってはならない」といったものである．また，そこでは「現代社会において自動車は日常生活の一部であり，不可欠な付属品である．そして，自動車の使用には運転手，同乗者，歩行者に対する大きな危険がともなう以上，その製造者は自らの自動車の製造・宣伝・販売にかんして格別の義務を負う．したがって，裁判所は売買契約を綿密に検討し，消費者と公益が適切な扱いを受けているかどうか確かめなければならない」といった，いささか性格を異にする論拠もあげられていた[7]．いずれにせよ，こうした判例をあげることを通じてドゥオーキンが示そうとしているのは，次のことにほかならない．ルールが見あたらな

---

7) 次節における「原理と政策」にかんする説明を参照．

いということがわかった時点で，裁判官たちは法的な判断をきっぱりとあきらめ，政策的な配慮に基づく裁量をはじめるといった法の記述は，そもそも事実に反している．たとえ明確なルールが存在しない場合であっても，裁判官は法制度内在的な法原理を参照しながら一定の判決を導きだそうとしているのである．

ところで，ここで示される法の「原理」とは，いったいどのような点で法ルールと異なるのだろうか．ドゥオーキンはそれを次の三点から説明している．

(a) まず，ルールが「一か全か」の形で適用されるのに対し，原理はそうではない．また，原理はそれを適用すれば即座に判決＝判断が決まるといったものでなく，判決＝判断のプロセスを一定方向へと導く論拠＝理由(reason)としての役割をはたす．いわば，ルールや先例のさらに上に立ってそれらの適用をコントロールする形で機能するのである．

(b) 二つの法ルールが衝突する場合は，どちらか一方が妥当性を持たないルールであるということになり，両者のあいだの優先順位を決めたり，その改正手続きを定めたりするような，より上位の規範が必要となる．しかし，原理の場合は，複数の原理間――たとえば，契約自由と消費者保護――に衝突があるからといって，その一方の妥当性が完全に失われるというわけではない．むしろ，ここで問題なのは，どちらの原理を重視すべきかといった，個々のケースにおける重みや重要性の次元である．それゆえ「原理Ａも原理Ｂもこのケースに関連するけれども，このケースにかんする限り原理Ａのほうが重要と見なされるべきである」といった言い方も可能だということになり，裁判官の職人的な技や創意工夫――伝統的な言葉で表現すれば，いわゆる「賢慮(prudence)」ということになるだろう――が重要となる．

(c) 原理は，ルールのように主権者の命令(オースティン)，根本規範(ケルゼン)，承認のルール(ハート)等の法実証主義的説明によって，その存在が確認されるものでない．なぜなら，法原理は，日々の法的実践の中で自ずと形を整え，その適用や解釈を通じて次第に精緻化され，それが規制する生活領域それ自体の変化とともに消え去っていくような，それ自体の歴史を持ち，法体系全体に

暗黙に含まれる諸価値の表出する，そうした法的規準だからである．また，ルールが立法府による制定法や裁判による判例形成といった明確な形で生みだされるのに対し，原理はこうしたはっきりと特定できる作者を持っていない．ドゥオーキンは，法原理の効力の源が次のような点にあると考える．「これらの原理が法的な原理とされるのは，立法府や裁判官の特定の決定に由来するからではなく，法曹や一般市民がこれらの原理を長い期間のうちに適正なものと感じるようになったからである．適正さの感覚が維持される限り法的原理は依然として効力を持ち続ける．」

ハートのようなルール中心の法理解を捨て，このような特徴を持つ法原理を法理論の中心に据えることは，その司法裁量論に対する根本的な批判ともなる．なぜならば，これによって，難事案（ハード・ケース）における裁判官が何をしているかということの理解が全く異なってくるからである．難事案に直面した際に裁判官が行っているのは，不明確なルールの「開かれた構造」の狭間における，政策的配慮に基づいた裁量などではない．むしろ，裁判官は，法制度内在的に確定可能な「原理」に従いながら，あくまでも法的実践の内部において正当化可能である「唯一の正しい解答」を追求している．ドゥオーキンはこのように考えるのである．

## 3　権利テーゼ

ところで，こうしたハート批判の背景に，一つの政治的賭金があることも見逃してはならない．すでに見たようにハートは，法理論においては法と道徳を別々のものと捉える法実証主義，政治・道徳哲学においては功利主義に立脚するリベラリズムといった具合に，法解釈理論と立法理論を二本立てで捉える戦略をとっていた．いわばハートは，ベンサム以来の法実証主義の伝統であった「在る法」の記述と「在るべき法」の提言の明確な分離を，現代的な形で定式化しなおしているのである．しかし，ドゥオーキンは，こうした分裂した戦略に危惧を覚える．というのも，法実証主義的ルール概念と功利主義の組み合わ

せでは「多数者の専制から少数者の権利を守る」というリベラリズムの根本的な態度を維持し得ず，そのために裁判官が行う「創造的」解釈——ドゥオーキンはこれを指して「弱い意味での裁量」という表現も用いている——を正当化できないからである．だからこそ，ドゥオーキンは「法的実践は自らのうちに「法の支配」やリベラリズムの諸価値といった一種の道徳的次元を含んでおり，それが法原理を通じて保存され，表出される」と主張する戦略をとるのである．そして，すでに述べたように，こうした戦略の背景には，フラーの法内在道徳の考えやロールズらの権利基底的リベラリズムの影響を容易に見てとることができる．法的判断と政治＝道徳哲学の不可分性を主張するドゥオーキンのこのような戦略は，次の考え方によって最も明らかになるように思われる．

ドゥオーキンは前節で述べた法原理をさらに下位区分し，「政策 (policy)」と呼ばれるものと，いわゆる狭い意味での「原理」の二種類に分けている．「政策」とは「達成されるべき目標 (ゴール)，一般的には，共同体の経済的・政治的・社会的側面での何らかの改善といったものを設定するような類の規準」を指し，これに対し「(狭義の) 原理」は「望ましいと見なされる一定の経済・政治・社会的状況を推し進めたり，保障したりするからではなく，正義や公正やそのほかの道徳的次元の要請であるという理由から遵守されるべき規準」であるとされる[8]．また，「政策の論証は，ある政治的決定が共同体全体の何らかの集団的目標を促進し，保護することを示すことで，その決定を正当化する．飛行機製造会社への補助金助成が，補助金によって国防が促進されるという理由で正当化されるような場合が，政策の論証である．それに対し，原理の論証は，ある政治的決定が何らかの個人や集団の権利を保障し，尊重するということを示すことで，その決定を正当化する．少数派にも平等な尊重と配慮の権利があるという理由で差別撤廃法を正当化するような場合が，原理の論証である (以上，傍点すべて筆者)．」[9]

問題は，それが立法過程であれ法廷であれ，この二つの論拠が競合する場合

---

[8] 『権利論』15頁．
[9] 『権利論』98頁．

である．たとえば，地域住民の全体的利益のために飛行場の滑走路を拡張するという「政策」的主張と，代々受け継がれた農地への法的権利を根拠に土地収用を拒否するという「原理」的主張とが衝突するような場合がそうである．もし，多数者の意見がつねに勝利するのが政治であるならば，後者にはまったく勝ち目がないということになるだろう．しかし，ドゥオーキンは，集団的目標にかかわる「政策」の論証と，個人の権利にかかわる「原理」の論証とが対立するようなときは，後者が必ず優先されなければならないと考える．というのも，いやしくも個人が何らかの権利を有すると言えるのは，次のような場合であるからだ．すなわち，「ある個人がある権利を享受することで他の政治目的が推進されるといったことが何もなかったり，そのことで何か他の政治目的が妨げられるといったことになるとしても，ある政治的決定によって彼が当該権利を享受している当の状況が促進・保護されればその決定を支持し，逆に，ある政治的決定によってそうした状況が侵害されたり遅延させられるならその決定を拒絶する——こうしたことが当該権利によって可能となる場合，はじめて彼が機会や資源や自由への何らかの権利を持つと言える」のである[10]．いわば「権利」は諸個人に割り振られた共同体内在的な政治目的であり，だからこそ，どのような功利主義的配慮にも経済学的政策決定にも負けない，いわば「切り札」的な力を持つのである．それゆえ，権利に立脚する「原理」的論証にあっては，「政策」的論証に見られる競合する利益間のトレード・オフのようなものはあり得ない．

このようにドゥオーキンの法理論においては，その「原理」中心の法理解と「権利テーゼ」を通じて，法的判断と政治＝道徳哲学の二つの次元が分離不可能な形で結びつけられている．初期ドゥオーキンの集大成である『権利論』のいささかユーモラスな原題 "Taking Rights Seriously"，すなわち，権利を生真面目に考えるという表現の意味するところは，まさにこうした文脈で把握されなければならない．

---

10) 『権利論』111頁.

## 4 解釈的アプローチ

 ところで,この法原理は法的実践全体との連関からすれば,どこにどう位置づけられるのだろうか.こうしてドゥオーキンは法の「解釈」の問題にさらに深く踏み込んでいくことになる.法的実践を解釈共同体という角度から捉えるドゥオーキン独自の法理論の全体像は,1986年に出版された『法の帝国』において明らかとなる.そこでドゥオーキンは,ハート理論の欠陥を新たな観点から定式化しなおし,その上で,「構成的解釈モデル」という法の新たな捉え方を提示している[11].

 まず,これまでのほとんどの法理論に共通してみられる欠陥は,それらがみな「意味論の毒牙」とでも呼ぶべきものに捕らえられているということである.すなわち,それらはみな,「法」という言葉の真の意味を明らかにしさえすれば法をめぐるほとんどの問題は解決すると考える,大きな間違いを犯していたのである.たとえば,法実証主義者は「法は主権者の命令による行為規範の集合である」と主張し,自然法論者は「法を究極的に規定するものは制定法を超えた不変の道徳である」と主張し,リアリズム法学者は「法は裁判官の心理的状態や彼の信奉する政治的イデオロギーの反映に過ぎない」と主張する.しかし,これらにはみな,「法とは〜である」といった形で「法」という言葉の真の意味内容を確定できれば——すなわち,法命題を判断する際に人々が意識的・無意識的に依拠する「言語的規準」さえ同定できるならば,法をめぐる一連の問題が一挙に解決すると思い込んでいるという共通点がある.そうした意味で,こうした従来の法理論の多くは「法の意味論的理論(semantic theories of law)」と呼ぶべきものであり,その点では,むしろ「同じ穴のむじな」であったと言わざるを得ない.ハート理論はたしかに,日常言語学派のプログラムにしたがって,法的概念の「定義」を放棄し,その代わりに概念の「使用」

---

 11) ロナルド・ドゥオーキン『法の帝国』(小林公訳,未来社,1995年)

法を論じていたという点で，他の理論より洗練されていた．しかし，それでもなお，そこで問題とされていたのが一定の法的規準をめぐる文言上の意味であったことに変わりはない．だからこそハートは，「法の概念」の境界をめぐって，意味の「核心」や「半影」といった誤った意味論的比喩に捕らえられ，その結果，その司法裁量論において法の自立性に綻びをつくってしまうのである．

だが，実際の難事案における裁判官たちの議論を追ってみれば，どの法的規準を用いるかにかんしては全員の意見が一致しているが，その文言上の意味をどう理解するかという点で各裁判官の意見が分かれるといった状況など，ほとんどと言っていいほど存在しない．難事案に直面した際に裁判官たちが真に頭を悩ませているのはそんなことではなく，そもそも「どの法的規準を用いて事態に対処するのが最善か」ということ，つまり，「どの法原理を当該事案に適用すればよいか」ということなのである．そして，この問いに対する各裁判官の判断は，法的実践全体に対する彼らの理論，すなわち「法とは何か」という事柄に対する各人の理解を反映せざるを得ない．「写真は芸術か？」という問いに対する答えが，究極的に「そもそも芸術とは何なのか？」という問いに対する各人の理解に直結するように，難事案に直面することによって裁判官は，「これまでになされた法的判断を全て視野に収めた上で法実践全体をどう把握するか」という問いに対する自らの理解，言いかえれば，自己の法哲学を問われることになるのである．また，裁判官が日々の解釈の営みのなかで，究極的には自らの法哲学を明らかにしなければならない一方で，法哲学者たちの側も，こうした解釈作業に自ら参加していく必要がある．というのも，それによってはじめて，法全体についてのより抽象度の高いモデルを提示することができるからである．こうした意味で，多くの人が考えるのとは異なり，法実務と法理論のあいだには明確な境界など存在しない．実際に解釈という営みの「参加者」とならないことには，いかなる判決も下すことはできないし，いかなる法理論を構築することもできないからである．

このように，法理論もまた，「参加者の視点」から，法解釈をめぐる議論に参画しなければならない．そして，そこで求められるのは，法的実践の全体像

を整合的に記述し，正当化する一つの「物語」を探る態度である．こうした試みにあっては，「法」なるものの概念(concept)をめぐって，様々な法の捉え方(conception)が提示されることだろう．しかし，可能な解釈として複数の捉え方が示されたとしても，「法」を「最善の光の下に」照らし出すことができるのは，唯一つしかないはずである．ドゥオーキンは法に対するこのような接近の仕方を解釈的アプローチと名づけ，ハイデガーの流れを汲むドイツの哲学者ガダマーの解釈学理論なども援用しつつ，その哲学的基礎づけを試みている．従来の法理論は法が現に妥当していることの「根拠(ground)」に関心を集中するあまり，法が内在的に有しているはずの道徳的かつ政治的な強さ，「力(force)」を全く説明できなかった．しかし，「参加者の視点」からの解釈的アプローチを採用することによって，法制度の「根拠」だけでなく，その道徳的かつ政治的な「力」も説明することができる．ドゥオーキンはこのように考えるのである．

## 5 「インテグリティとしての法」

では，ハート理論のような法の意味論的な見方を捨てて，法的議論の参加者として解釈学的態度で臨むとき，法的実践は具体的にどのような姿で立ち現れてくるのだろうか．どのような「物語」が法的実践を「最善の光の下に」照らし出すものなのだろう．また，「法」の概念に最もよく適合し，正当化する法の捉え方は，一体どのようなものなのだろうか．ドゥオーキンはこうした問いへの解答となりうる候補として，「コンベンショナリズム(＝慣例主義)」「プラグマティズム」「インテグリティ(＝統合，純一性)としての法」の三つをあげている．そして，そのそれぞれについて，まず「現実の法実践と適合(fit)するか否か」を調べ，次いで「その正当化(justify)に成功しているか否か」ということを検討する．

**コンベンショナリズム**　この法理解は，先例の遵守こそが法的実践の核心にあると見なす一種の慣例主義的な法の捉え方である．こうした解釈姿勢によれ

ば，法実践に内在する政治＝道徳的価値は不意打ちをなくすこと，つまり予測可能性の担保や期待保護といった理念である．裁判官がつねに制定法と過去の判例で確立された法的規準のみに依拠して判決を下し，突然の判例変更による不意打ちを決して行わないなら，それによって，実際に裁判に訴えずとも当事者間の事前の話し合いで紛争解決が可能となるだろうし，こうした事態に備え保険金額をあらかじめ算定できる．そればかりか，いかなる解釈変更にも必ず付いてまわると思われた「事後法ではないか」という疑義ともきっぱりと縁を切ることができる．過去の制定法や判例のなかに，直面する難事案の解決に役立つ法的規準が何も見あたらない場合は，端的にそうしたものがこれまで存在しなかったということに過ぎない．そのとき裁判官は立法府が選択するであろうと自らが信じるルールを選択するなどして，いわゆる司法裁量を行うことになるが，それはむしろ仕方のないことである．

　しかし，ドゥオーキンは，こうした法の解釈的再構成は次の点で失敗していると考える．まず，これは現実の法的実践に「適合」していない．裁判官は難事案においても，過去の先例やそこに含まれる法原理に想像以上の顧慮を払っているし，こうした裁判官による原理をめぐる議論を無視してしまうならば，法の解釈変更の歴史を法内在的な要因から説明することなど不可能になってしまう．さらに，コンベンショナリズムは，法的実践の「正当化」にも失敗している．なぜなら，難事案における裁量は不可避であるとする以上，予測可能性の担保や期待保護といった自らが主張する政治＝道徳的価値を，結局はそこで裏切ってしまうからである．

　**プラグマティズム**　　第二の法の物語，プラグマティズムはどうだろう．この法解釈像は裁判官たちに対し，効率性や正義などをめぐる各人の実質的考慮に基づいて，純粋に将来指向的な判断を下すよう奨励する．それゆえ，そこにおいては，裁判官たちは過去になされた諸決定，それが含意する法原理などとの整合性を顧慮することなく，自由に判決を下すことができるということになる．したがって，特定の当事者につねに勝訴を保障する法的権利といったものは，プラグマティズムの法理解のなかには存在しない．というのも，あらゆる

判断がそのつどそのつど実質的考慮にしたがってなされるのであれば，いかなる利害とのトレード・オフをも一律に拒否するそうした「切り札」的な概念はむしろ邪魔になるからである．しかし，実際の法実務においては，プラグマティストたちも，それほどラディカルな態度をとる訳ではない．むしろ，かつてのリアリズム法学者たちがそうであったように，彼らは，善き社会にかんする実質的な配慮から，いわば戦略的に，あたかも権利というものが存在するかの・・ようにふるまうだろう．したがって，現実には，プラグマティズムによって導かれる法解釈は一般にそう思われているよりずっと穏健なものになるはずである．

しかし，それにもかかわらずドゥオーキンは，プラグマティズムの描く法の物語もやはり現実の法実務に「適合」していないと考える．とりわけ，それは難事案に直面した際の裁判官たちの真剣な議論をまったく説明することができない．というのも，もし各々の裁判官が自ら信じる善き社会を実現するために自由に判決を下せるというのであれば，彼らが過去の法律や判例との関連に思い悩む必要など，これっぽっちもないからだ（もっとも，かつてのリアリズム法学者のなかには「裁判官たちがいろいろと議論し，考えているように見えても，大衆を欺くためにそうしたふりをしているだけだ」といった過激な主張・・をする者もいなくはなかったが，こうした苦し紛れの言い訳のようなものを真に受けるような人は，言うまでもなく，ほとんどいない）．また，プラグマティズムは，法的実践の「正当化」の次元でも破綻している．本質的に法的実践は，最終的には国家による強制というものを自らのうちに否応なく含まざるを得ないような営みである．だが，こうした強制を含む実践が，民主的な手続きによって選ばれた訳でもない裁判官の個人的な道徳的＝政治的信念によって，何の脈絡もなく，そのつど自由なやり方で決定されるとしたらどうだろう．おそらく一般市民の誰もが，そうした決定にはいかなる正当性も存在せず，それゆえ，それに遵う理由もないと考えるのではなかろうか．

**インテグリティとしての法**　　そこでドゥオーキンは，コンベンショナリズムとプラグマティズムが陥った欠点から自由であり，それゆえ，現実の法的実践

に「適合」し，その「正当化」にも成功している第三の法の物語として，「インテグリティとしての法」を提示する．

まず，「純一性」とか「統合」と訳されている「インテグリティ(integrity)」という表現は，そもそも，行き当たりばったりの行動をしたり，前言をすぐさま翻したりすることのない首尾一貫した人格，誠実な人柄——すなわち個人レベルにおけるある種の人格的道徳性を表すものである．だが，ドゥオーキンは，立法や司法が行う法的実践＝法実務にも，こうした道徳性を問うことができると考える．なぜなら，立法機関や司法機関の前提となる法的＝政治的結合，すなわち国家は，いわば「擬人化された共同体」だからである[12]．

だが，国家というこの「擬人化された共同体」は，かつての国家主義者や現代の民族主義者たちが考えるような民族的＝宗教的実体ではないし，趣味や利害関心を等しくする者がつくるコミューンのようなものでもない．むしろ，これは，参加者全員による自己統治にその正当性の根拠を持ち，それゆえに，参加者全員が「自分たちの共同体はどうあるべきか，いかなる原理にしたがうべきか」ということを共同で解釈し，問い続けるような，「原理の共同体(community of principle)」にほかならない．共同体の各参加者が他の参加者に対し「平等な尊重と配慮」を払わなければならないのは，まさしくそのためであるし，また，これが各市民に対する政府の責務となるのも，同じ理由からである．しかし，「平等な尊重と配慮」の実現のためには，政府はときとして何らかの強制を行わなければならない．そして，このことが，政府のあらゆる行動に「インテグリティ」が具わっていることを要求する．政府は「同様な事例は同様に取り扱わなければならない」——すなわち，政府は「一つの声で語らなければならないし，すべての市民に対し，原理にしたがった首尾一貫したやり方で行動しなければならないし，当該政府がある人々に用いる正義や公正の実質的規準をすべての人々に及ぼさなければならない」のである[13]．この政治的

---

[12] ドゥオーキンは，前の世代が戦争中に行った残虐行為に対して，次の世代の国民が感じる集団責任や罪の意識を例にあげ，それはこうした「擬人化された共同体」を想定しなければ説明不可能なものであると論じている．

インテグリティの要請が，立法行為を行う者たちに対し，諸々の法の総体が道徳的観点からして原理的に整合的なものとなるよう要求する．そして，「何が法か」を決定する責任を負う裁判官たちに対しては，法の総体が原理上整合的なものとなるように法を解釈すべく要求する．いわば，「インテグリティ」とは，法の内在的道徳(L. フラー)にほかならないのである．

　このように，「インテグリティとしての法」の構想は，ドゥオーキン独自のリベラリズム論や民主主義論，さらには主権国家論と密接に結びついている．そして，この政治哲学的次元はさらに法解釈モデルそれ自体のなかに織り込まれていく．まず，法解釈におけるインテグリティの要求は裁判官に，これから下そうとする判断とこれまでになされた判決とが整合的であることを要求する．ここでドゥオーキンは，法解釈と文芸解釈の類似性を指摘する．ドゥオーキンは，前回の登場人物やエピソードとの連続性を考慮しつつも，話の全体がなるべく面白いものとなるよう，異なる話者が次々に交代しながら一つの物語を書き継いでゆくといった，「連作小説(chain novel)」という虚構の文芸ジャンル——もっとも，こうしたジャンルはドゥオーキンがあげるテレビのソープ・オペラの他にも，超長寿 SF 小説『ペリー・ローダン』シリーズやコミック誌『バットマン』シリーズなど，いろいろあるけれど——を考え出し，それを法解釈と対比している．こうした小説が一つの物語として成功を収めるには，途中で引き継いだ各々の作者が，すでに登場しているエピソード，登場人物，その性格づけ，物語の複線など，様々な要素を取りあげて，そのそれぞれに自らの解釈を加えながら，小説全体が一つのまとまりとしてより面白いものとなるよう努力していかなければならない．同様に，法の解釈においても，裁判官はこれまでの裁判官が行ってきた制定法や判例の解釈を引き受けて，「法」という物語が全体として興味深いものとなるような判決を下さなければならない．そのためには，制定法や過去の判例から法ルールを探しだしてそれを適用するのみならず，そこに含まれる法原理と目の前にある事案との整合性に心を砕か

---

13) 『法の帝国』254 頁．

なければならない．そしてさらには，法制度全体の背景に存在し，また法制度全体を支えている政治＝道徳哲学にまで思いをめぐらす必要がある．それによってはじめて，「法」という物語を「最善の光の下に」照らし出し，さらに書き継いでいくことができるのである．過去の決定との「適合性」について判断し，さらにこれを政治＝道徳哲学的な視点から「正当化」する，こうした二重の営みこそが，裁判官が日々行っている「構成的解釈」の営みにほかならない．

「インテグリティとしての法」が描きだす法の物語はまさしくこのようなものである．ドゥオーキンはこれをさらに具体的に描きだすために，このような法理念を体現する架空の哲人裁判官ハーキュリーズ——もちろん，ギリシャ神話に登場する英雄ヘラクレスからとった名前である——を登場させ，彼にアメリカ裁判史上における重要判例をいくつか再解釈させている．ハーキュリーズの仕事ぶりはおおよそ次の通りである．無限の時間と忍耐力を持つ彼は，難事案に直面するとまず，過去の制定法や判例をすべて洗い出し，可能な解釈を候補としてすべてリスト・アップする．次に彼は，「適合性」テストでこれらを一つずつふるいにかける．すなわち，これまでの制定法や判例に含まれる法原理に整合しているか否かを確かめるのである，そして，この最初のテストに残ったものが二つ以上あるような場合には，「正当化」テスト——すなわち，共同体の政治＝道徳という，より実質的な観点からして過去の法的記録の全体を最善の光で照らすのはどの解釈かということを検討する．そして，最後に残ったものが「唯一の正しい答え」となるのである．

ハーキュリーズはこうした手続きで，精神的ショックの被害者に対する損害賠償が適切か否かを判断し，事故法について論じ，環境保護団体が絶滅種保護法令を用いて提訴したダム開発停止をめぐる事案を処理し，学校施設における人種分離を定めた州法の合憲性について再吟味を施す[14]．もちろん，ハーキュ

---

14) ここで，ハーキュリーズ——あるいは，ドゥオーキン——がかなりの紙幅を費やして取り組んでいるのは，公立学校における白人と黒人の人種分離を定めた州法の合憲性を問うために，カンザス州に住む黒人学童が集団で訴えを起こした「ブラウン対教育委員会 (Brown v. Board of Education)」事件判決(1954)である．当判決は，1953年に連邦最高裁

リーズも結局のところは作者ドゥオーキンの分身たらざるを得ない以上，これらの事案に対するこれらの解釈がドゥオーキン自身の法理解と政治＝道徳哲学を反映していることは言うまでもない．しかし，そのことが意味しているのは，ドゥオーキンの理論が自家撞着に陥っているとか，破綻しているとかいったことではない．むしろ，これは，具体的な判例解釈のなかに，法哲学・法理論上の重要論点――たとえば，法的判断における経済学的考量と功利主義的配慮の位置づけ（これは，いわゆる「法と経済学(Law and Economics)」派[15]に対するドゥ

---

首席判事に着任したウォーレン判事(Earl Warren)を中心とする，いわゆる「ウォーレン・コート」が下した一連の進歩的憲法判断の嚆矢として，1896年の「プレッシー対ファーガソン事件(Plessy v. Ferguson)」判決で確認された「人種分離は合衆国憲法修正第14条が定める平等原則と必ずしも矛盾しない」という憲法解釈を根底からくつがえすものであり，アメリカ憲法史上とりわけ重要な位置を占めている．当判決は，翌年アラバマ州モントゴメリーで起こった大規模なバス・ボイコット運動をはじめ，マーチン・ルーサー・キング牧師らを精神的支柱とする「公民権運動(Civil Rights Movement)」の起爆剤となるが，同時にそれは，人種隔離を支持する南部諸州の白人住民，公務員，政治家たちの大きな非難を呼び起こすことにもなった．ウォーレン・コートが1950年代から1960年代にかけて行った一連の憲法判断と，それによって引き起こされた現代アメリカ社会の政治的・文化的変容については，次の本が最も簡潔かつ明瞭である．Morton J. Horwitz, *The Warren Court and the Pursuit of Justice*, Hill and Wang, 1998.

15) 【用語解説】「法と経済学」――1970年代から隆盛をきわめるようになった，ミクロ経済学の知見を法のメカニズム解明や制度設計に応用しようとするアメリカ法学の一潮流．その端緒は，シガゴ学派の経済学者ロナルド・コース(Ronald Coase, 1910-)が論文「社会的費用の問題」(1960)のなかで示した「コースの定理」――取引費用がゼロならば資源配分は法による権利設定と無関係である――と，それとは全く独立にグィド・カラブレイジ(Guido Calabresi, 1932-)が行った費用＝便益分析による不法行為法のメカニズム解明の試みにあるとされる．「法と経済学」アプローチを一躍有名にしたのは，リチャード・ポズナー(Richard Posner, 1938-)の教科書『法の経済学的分析(*Economic Analysis of Law*)』(1972)であり，これをきっかけに「法と経済学」は，独占禁止法，会社法，税法といった，もともと経済学的知見と密接なかかわりのある分野だけでなく，どんな分野にも適用可能な便利マニュアルのようになり，数多くの論文が生産された．ポズナーや彼の追随者たちのアプローチの根幹には「法は効率性を追求すべきである」といった想定があるが，それは，法の存在意義を正義や公正のうちに捉えるような，ドゥオーキンをはじめとするリベラルや批判法学者たちの激しい批判を呼び起こすこととなった．1990年代に入ると，ポズナー自身も含めた「法と経済」学派の理論家たちの多くが，経済学的アプローチの有効性を限定的に捉える，よりプラグマティックな立場に転向したこともあり，これまでのような対立図式がなりたつかどうか，難しいところもある．コース／カラブレイジ他『「法と経済学」の原点』(松浦好治編訳，木鐸社，1994年)，ポズナー／カラブレイジ『不法行為法の新世界』(松浦好治編訳，木鐸社，1994年)，A. M. ポリンスキー『入門 法と経済学』(原田博夫・中島巌

オーキンの返答である)，立法者意思説の問題，裁判をめぐるリベラルと保守の真の意味(ウォーレン・コートと厳格解釈説支持者の対立)，「憲法上の平等をどう理解するか」をめぐる政治哲学的考察，等々を配置していくドゥオーキンの手腕のさえを示すものであると捉えるべきであろう．

## 6 批判的検討

　かつてハートは，親愛と揶揄の両方の気持ちを込めて，ドゥオーキンをアメリカの「高貴なる夢想(Noble Dream)」者の一人に数え上げた[16]．たしかに，ドゥオーキンの法理論には，1960年代，70年代，80年代のアメリカの現実がむしろ「幻滅の時代」にあったのと裏腹に，理想を追い求め過ぎるのではないかと思わせるところがある．しかし，筆者には，彼のセミナーに学生として参加した際，法理論や政治＝道徳哲学におけるそのあまりにストレートな主張が彼の人柄からおのずと滲み出てくる誠実なものであることや，それらがその著書や論文のタイトルにも表れているような一種独特のサービス精神と結びついている点などに心底感銘を受けた経験がある．そして現在も，ドゥオーキンが「インテグリティの人」であることに間違いはないと考えている．だが，彼の法理論にまったく異論がないかと言えば，また話は違ってくる．

　ドゥオーキン理論の問題点を検討する前に，ここでもう一度，その解釈的アプローチの要点を確認しておこう．過去の判例には，ある裁判官が提示した個別的事案に対する解決策のみならず，彼が解釈した法的実践の全体像が示されている．そして次の裁判官は，別の事案に直面した際に，制定法や先例を尊重しながら自らの法的実践の物語を紡いでゆく．このように繰り返される解釈の営みの中で，複数の時代の意識や意図は，ガダマーが「地平の融合」と呼んだように，お互いに混じり合い，循環しながらも新たな地平を開いていく．このような，歴史的連続性の中で繰り返される過去と現在との対話から，「法」は，

---

訳，HBJ出版局，1986年)，などを参照のこと．
　16)　ハート『法学・哲学論集』141-165頁．

そのつど「唯一の正しい答え」を探し求める．したがって，司法裁量が問題となる余地はあり得ない．また，こうした構成的解釈の営みを通じて，個々の法原理が持つ意味，それが保持する諸価値が明るみに出され，それによって法的実践全体が暗黙に含意する政治＝道徳哲学が明らかとなる．

　こうした解釈的アプローチによる法的実践の再構成を通じ，ドゥオーキンは一貫して，法内在的な議論の重要性を強調する．そして，その際ドゥオーキンは，ハートと同じく「内的視点」という表現を用いたりもする．しかし，すでに見たように，ドゥオーキンの言う「内的視点」は，生活様式の共有というよりも，法解釈の営みという循環的な実践に巻き込まれた一定の人々で構成される「解釈共同体」の内部からの視点という意味である．このことで彼は，いやしくも「法はそれ自体で純粋に作用する」とか「法には自らの目的を実現しようとする固有の意図が存在する」といった伝統的な法諺の含意を汲み尽くし，それをさらに正確に再構成しようと思うなら，まず，法解釈の「参加者の視点」を持たなければならないと言いたいのである．さらにドゥオーキンは，法的実践の理解において何らかの意味を有するのは，そうした法解釈共同体内部の視点からなされた提言や対案のみであるとも主張している．つまり，たとえ歴史学や社会学，あるいは特定の形而上学的世界像といった，法外在的な審級から法的実践に批判を加えたとしても，それは何ら建設的な意味を持たないと言うのである．ドゥオーキンによれば，真剣な顧慮に値する批判は解釈共同体の円環の内側から発せられる批判だけであって，法的実践に参加しない者によって法の外側からなされる批判，「外的視点」から行われる法についての批判——すなわち，法外在的な規準に立脚した「外的懐疑論」は，法それ自体にしてみれば痛くも痒くもない部外者たちの無意味なおしゃべりに過ぎないのである．だが，興味深いことにドゥオーキンは，彼自身の解釈的アプローチと同様に現実の法的推論を追うことによって議論を組み立てるが，むしろ逆に法の統合されたイメージを解体するようなある種の試みについては，それが法内在的な規準に立脚する「内的懐疑論」であるという理由から一定の評価をあたえている．たとえば，次章で詳しく検討するように，1980年代のアメリカのロ

ー・スクールを席巻した「批判法学運動(Critical Legal Studies)」からは，制定法や判例が含む複数の法原理間の矛盾に標的を定め，そこから現代法が本質的に抱え込む政治＝道徳哲学的な分裂を明るみに出す様々な研究が現れたが，これらについてドゥオーキンは「それらの諸原理を調停させる可能性がまったく存在しないということを証明できない限り，そうした主張は失敗している」としつつ，これらが「インテグリティとしての法」の最大の論敵であることを明示的に認めている[17]．

しかし，筆者は，こうした点こそがドゥオーキン理論の最大の問題点であると考えている．というのも，このような外的批判と内的批判の機械的な二分法は，これ以外にも存在するかもしれない他の様々な視座との対話可能性をあら

---

17) ドゥオーキンは最近の論文のなかで，「外的懐疑論も内的懐疑論もともに不可能である」という自らの主張に哲学的説明を与えようと試みている(Ronald Dworkin, 'Objectivity and Truth: You'd Better Believe It', *Philosophy & Public Affair*, vol. 25, 1996, pp. 87-139.)．まず彼は，真理や道徳をめぐるリチャード・ローティ，クリスピン・ライト(Crispin Wright)，サイモン・ブラックバーン(Simon Blackburn)，ジョン・マッキー(John Mackie)といった哲学者たちの議論を取りあげ，論証の仕方こそ異なるが「一定の形而上学的なアルキメデスの支点さえ見いだすことができれば，真理や正しさをめぐる決定不能性(indeterminacy)を証明できる」と考える点で，それらがみなアルキメデス的(Alchimedian)とでも呼ぶべき外的懐疑論者であるとする．この種の懐疑論の問題は，とりわけ道徳的判断をめぐる確信(conviction)に関しては，誰もそうした確信の外部にあるアルキメデス的支点をとることができないことに気づいていないことである．なぜなら「ある確信を放棄するために自分が持っていると考える理由それ自体が，もう一つの確信に他ならない」からである．「もし何かを揺るぎない仕方で心底から信じずにいられないのなら，それを信じたほうがいい．信じることが何らかの真理と合致するからではなく，いかなる議論もその信念の決定的な反論になるとは考えられず，それどころか，それをへこませるとすら考えられないのだから，それを信じるべきなのである．最初にあるのも，最後にあるのも，確信なのである」(p. 118)．ある確信に取って代わることができるのは別の確信だけであり，その意味で，道徳的信念の世界にその外部はない．よって，真に恐れるに足るのは一定の確信に立脚する内的懐疑論だけである(pp. 128-129)．道徳的な真理や正しさの決定不能性を説く内的懐疑論は，多かれ少なかれ，そうした決定不能性をいわばコンピュータ・ソフトの初期設定(default position)のように捉えているが，こうした捉え方もまた一つの確信にほかならない以上，(ドゥオーキンのような)別の確信を持つ者にその確信を放棄させ，「道徳の初期設定＝決定不能性」であるという信念に乗り換えさせることができない限り，初期設定テーゼの正しさを証明したことにはならない(pp. 130-136)．そして，ドゥオーキンは批判法学者の外的懐疑論に言及し，「彼らは，決定不能性が初期設定として正しいと見なす誤謬に陥っている」と述べている(p. 137)．

かじめ封じ込めてしまうからだ．たしかに，ドゥオーキンが言うように，数学を十分に理解していなければ数学史の本などなかなか書くことができないように，法的な諸前提を共有しない法実践の記述，正当化，批判が法的議論の内部から見て的外れだったり独善的だったりすることもなくはないであろう．だが逆に，ドゥオーキンは，裁判官の視点をあまりに特権化してはいないだろうか．彼は，職業的に法とかかわりあう裁判官を法の「解釈共同体」のパラダイムと見なし，そこで共有される視点だけが法をめぐる有意義な「内的視点」と呼ぶに値すると考えているように見える．しかし，そこで自明とされる理解の諸前提を法が関与する全領域へと投影するのは，リーガリスティックに過ぎるのではなかろうか．なぜなら，職業的に法解釈に携わる人々だけが法とかかわっている訳では決してなく，逆に，様々な人々が様々な仕方でかかわるという点にこそ法の存在意義はあると思うからである．法的実践にかかわる程度や方法に応じて「内的視点」にも様々なレベルがあると考えるべきではないか．たとえ最終的には従来から受け入れられてきた法的規準を用いて定式化されなければならなかったにせよ，難事案に直面した偉大な裁判官たちが自らの創意工夫で新たな解決方法を創出することができたのは，法へのコミットメントの度合いが異なる様々な視点へと自らを置いてみるということがあったからではないか（あるいは，そうした裁判官たちは「他者の視点」に立つという能力を有し，それを新たな解決策の創出につなげることができたという点で，とりわけ「偉大」であったと呼べるのではないか）[18]．この意味でも，裁判官が用いる法的規準は，それは法律家の解釈学的循環の内部だけで自足できるようなものであるというより，様々な次元で用いられ，時には外部との通底を通じてはじめて

---

18) このような批判に対しては，「発見の過程」と「正当化の過程」の混同といったおなじみの再批判が考えられるが，解釈学的な立場を採れば両者はそもそも相互に浸透しあった過程となるので，こうした再批判は，それが解釈的アプローチそれ自体の放棄を同時に意図するものでない限り，的外れである．解釈的アプローチが法的推論の構造解明に対し真に新たな視座を提供するものであるならば，ドゥオーキンは判決文の再構成によって「正当化の過程」を復元するだけでなく，むしろ「発見」と「正当化」を不可分なものとして説明できなければならないはずである．

その意味が明らかになるようなものと捉えるべきではなかろうか.

さらに言えば, ドゥオーキンは『法の帝国』をあたかも法廷を中心とする統合された均質な世界であるかのように思い描いているようだが, はたしてそれは本当にそうだろうか. むしろ, 歴史上の多くの「帝国」がそうであったように, 外には国境を接する様々な「国」(政治, 経済, 倫理, 美学, 等々)があり, 他方では, その内側にも飛び地や移民のゲットーが存在するといったような, 継ぎ接ぎだらけの世界こそが『法の帝国』の真の姿ではないだろうか. また, 「ルール」に対する「原理」の優位を認め, それを理解するときに解釈共同体の理念が重要となるということをたとえ認めたとしても, こうした「原理」間の優先順位や競合関係の推移を社会的諸関係, 生活形式の変化と切り離して, 解釈共同体の内側だけで基礎づけるといったことは本当に可能なのだろうか. また, もしそれができたとしても, そこにどんな意味があるのか. たとえば, 19世紀末から20世紀初めにかけて各国で見られはじめた, 不法行為法における古典的な過失原理から無過失責任や厳格責任への変化を, 労災や自動車事故の出現, 責任保険の普及といった生活形式の変化と切り離して, それを単に判例内部で「よりよい解釈」に移行したと言ってみたところで, そのことにどれほどの意義があるだろうか.

ドゥオーキンの試みは, ある意味で, 解釈学の接合による「内的視点」の全体化であると言うことができる. たしかに, 解釈学的循環の要請によって「内的視点」に歴史的連続性という地平が導き入れられ, しかも, それが制度内在的な政治＝道徳的想定にまで拡張されているといった点で, ドゥオーキンの構成的解釈モデルはハート理論よりもずっと洗練されている. そのように考える人がいても決しておかしくはない. しかし, ハート理論とドゥオーキン理論の間にある根本的な共通点を見落としてはならない. ドゥオーキン自身が考える以上に, 彼の法理論にはハート理論と似ている部分がある. 両者に共通しているのは, 法律家中心の法理解, 一種のリーガリズムである. ハートはその司法裁量論において「開かれた構造」の綻びを認めざるを得ず, 法の自立性, 完結性を維持することに失敗した. しかし, ドゥオーキンは, テクスト論的な円環

によって法の「外部」を完全に消し去ってしまい，裁判を中心とする職業法律家「共同体」の自己了解を社会全体に投影することによって，再び法の自立性，完結性の説明に成功する．解釈学的循環という手だてによって，法の自立性の環は再び閉じられたのである．

## コラム 4
# ロールズ『正義論』とその影響

**価値相対主義と正義論**　法哲学の教科書では，昔から，正義論は法の一般理論や法律学方法論とならんで法哲学主要三分野の一つということになっているが，正義という観念の具体的な内容がまともに取りあげられるようになったのは，つい最近のことである．すでに見たように，19世紀半ばから1960年代の終わりごろまで，考察対象を行為ルールや規範の体系たる実定法に限定し，法の制度目的をめぐる考察を政策論や道徳問題に還元する「法実証主義」，ならびに，正義は道徳と同じく実質的な価値の問題であり，究極的には個人の価値選択の問題であるとする「価値相対主義」的な思考様式が，法理論や実定法学のすみずみにまで浸透していたために，正義の具体的内容などは，批判の対象ならともかく，冷静で客観的な学問の対象にはなり得ないと考えられてきたのである．

たとえばケルゼンの論文「正義とは何か」(1953)は，そうした正義の論じ方の典型例である．ケルゼンによれば，これまで人類史にあらわれた正義の観念は二つに類別される．一つは，プラトンのイデア論やキリストの教えのように，人知を超えた超越的な何ものかに訴えかける，いわば形而上学的とでも言うべき絶対的な正義観念であり，そして二つ目は，アリストテレスの応報律，ローマ法における「各人のものを各人に」，そして，カントの定言命法に見られるような，人間の認識能力の範囲内で正義というものを説明しようとするという意味で，まがりなりにも合理性を指向するタイプの正義観念である．しかし，ケルゼンの見るところでは，前者は一種の改心を通じてしか到達し得ない非合理的な信念——あるいは，人類永遠の幻想——以外の何ものでもないし，一見すると合理的に思われる後者にしたところで，実際は，何らかの権威が中身を

注入してやらなければ何の意味も持たない空っぽの形式であるに過ぎない．ヘーゲル哲学やマルクス主義といった，過去の歴史観察から一定の正義理想を導きだすような両者の混合型もなくはないが，今度は自然的事実から規範的な正義を導きだすというカテゴリー的誤謬に陥ってしまっている．このような思想史的回顧から，ケルゼンは「正義について人は相対主義的な立場をとるしかない」という結論に到達する．「……実際，私は正義とは何か，人類の美しき夢である絶対的な正義とは何かということなど知らないし，それについて語ることもできない．私は相対的な正義で満足せねばならず，私にとっての正義とは何かということを語ることができるだけに過ぎない．学問が私の天職であり，それゆえ私の人生で最も大切なものである以上，私にとっての正義は，その庇護の下で学問が栄え，学問とともに真理や知的廉直も栄えることができるような，そうした正義である．つまり，私にとっての正義は，自由の正義，平和の正義，民主主義の正義，寛容の正義である．」[1]

ウェーバーの「価値自由」の理念と同様に，ケルゼンのこうした正義観からは，実質的正義の名の下でなされた様々な野蛮の生き証人としての，切実な願いを感じとることもできるだろう．しかし，たとえそうであったとしても，「私の正義」といったケルゼンの言い方は，ヨーロッパ法思想の流れのなかで見れば，やはり例外的なものであると言わざるを得ない．というのも，アリストテレスの『ニコマコス倫理学』において定式化され，さらには古代ローマ法によって，法(jus)の存在目的が正義(justitia)の実現にあると規定されて以来，正義の観念はつねに，個人の道徳的確信や政治的信条などではなく，二人以上の人間のあいだの公平な関係性にかかわってきたからである．そして人が複数で行う社会的行為のほとんどは何からの形で「配分」や「交換」といった側面を含みもつ．だからこそ，ヨーロッパの法的伝統は「正義」という表現を用いて，配分と交換における諸個人間の公平性を問題としてきたのである[2]．ところで，一度は誰にも省みられなくなっていた，こうした意味における正義とい

---

1) ハンス・ケルゼン『正義とは何か』(宮崎茂樹他訳，木鐸社，1975年)，49頁(訳文は若干かえさせていただいた)．

う問題を哲学的議論の対象として再び浮上させたのは，一人のアメリカ人哲学者であった．つまり，J. ロールズ (John Rawls, 1921-2002) が 1971 年に出版した『正義論 (A Theory of Justice)』が，正義論という分野を，法・政治・社会哲学で一番を争う人気分野へと一変させるのである[3]．では，なぜこうした本がほかならぬアメリカという場所で執筆され，一躍脚光を浴びることになったのだろうか．その理由を探る一つの手だてとして，当時のアメリカ社会がおかれていた政治的状況，ならびに，ロールズの『正義論』が位置している理論的文脈を簡単に振り返っておこう．

**ロールズ『正義論』の背景**　　まず，ロールズが『正義論』の構想を練り上げていた 1950 年代，60 年代のアメリカ社会は，それまで誰もが信じてきた「自由」や「平等」といった基本的諸価値がその根底から揺らぎはじめた時代である．冷戦の構図のなかでソヴィエト連邦との対立が決定的となっていく最中にあって，アメリカ政府は自由世界の防衛という名の下に，人々から言論の自由を奪い (マッカーシズムの台頭)，ベトナムの戦場では，無数の民間人の自由・財産，ひいては生命までをも奪い続けていた．合州国憲法の根幹をなす「自由」という理念は，もはや誰もが自明に思うような何かではなくなってしまったのである．また，これと並行するように，ウォーレン・コートの一連の判決や，ワシントン大行進を頂点とする「公民権運動」は，黒人をはじめとするマイノリティに対しては，憲法が保障する「平等」な取り扱いはまったく踏みにじられているという現実に人々の眼を向けさせはじめた (94 頁注 14 も参照)．し

---

2)　「正義」という表現の漢語としての語義は，『広辞苑』によれば「正しいすじみち，人がふみおこなうべき正しい道」という意味で，そもそも荀子の言葉に端を発するものだそうである．そうした漢字の語義に引っ張られ，正義を個人や国家の道義的レベルに引きつけて理解しがちなわれわれ日本人にとっては，「私の正義」といったケルゼンの言葉のほうがむしろ親しみやすく，わかりやすいように思われる．しかし，こうした漢語のニュアンスこそ，ギリシャ＝ローマ以来の法的伝統における「正義」概念を理解しようとする際の躓きの石となっているとも言えるのではなろうか．各人のものを各人に，あるいは，配分や交換における公平性という意味において「正義」というものを押さえていなければ，最近よく耳にするようになった「世代間正義」といった表現すら理解できないだろう．

3)　John Rawls, *A Theory of Justice*, Harvard University Press, 1971.

かし同時にそれは,「平等の実現のために行われる不平等な取り扱い」という問題があるということへ人々の意識を向けさせることでもあった．というのも，一連の差別撤廃運動の成果として実施されはじめた，公的資金による住環境の整備，就職先や就学機会の提供・斡旋といった一連の積極的差別是正措置（アファーマティブ・アクション）が，今度は，そうした施策の利益にあずかれない人々のあいだに不公平感をもたらし，「逆差別ではないか」という声をあげさせたからである．こうして，自由や平等といったアメリカ社会の根本的理念は，かつての確実な基盤を失い，激しい論争にさらされはじめる．ロールズの『正義論』は，まさにこうした価値の崩壊のただなかで構想され，執筆された．それが自由と平等の関係がどのようにあるべきなのかという問題に真っ正面から取り組もうとしているのも，決して理由のないことではない．

　次に，その理論史的な文脈である．積極的差別是正措置をはじめ，一連の公共政策は特定の人々に利益をあたえると同時に，しばしば累進的な税制などと組み合わされることによって，それ以外の人々により多くの負担を強いるという性格を持っている．そうした政策を実施する政府が，その意義を広く人々に説明し，納得させる責任と義務を有するのは，そのためである．ところで，そうした説明において伝統的に用いられてきたのは，J. ベンサムに端を発する功利主義の考え方である．つまり，「一定の人々がおかれている劣悪な状況を改善するために他の人々が一定の負担を強いられることになっても，その結果として社会全体の「幸せ＝福利」の総量が増大するのであれば，そうした政策は正当化される」といった説明である．しかし，こうした功利主義的説明の安易な運用には，一定の危険がともなう．というのも，それは，「社会全体の「幸せ＝福利」の総量の最大化をもたらすのであれば，諸個人の権利がトレード・オフされても仕方がない」といった考えに結びつきかねないからである．一例をあげると，次のような論法がそうである．「立派な高速道路をつくれば，交通量が倍になって商品や原材料の流通コストが下がり，結果として社会全体が豊かになる．よって，高速道路付近の住人が排気ガスや騒音のために多少健康を損ねたとしても，公益性の観点から見て我慢してもらうより仕方がない．」

最近の研究によれば，ベンサム自身は，このような公共の福祉を根拠とする個人の福利の抑圧にむしろ反対であったらしいが，いずれにせよ，功利主義的思考それ自体のなかにはマイノリティや個人の利益保護という観点からするとかなり弱い部分がある．功利主義のこうした落とし穴に陥ることなく配分や交換をめぐる公共的決定を正当化する方法はないだろうか——ロールズはこうした関心から，功利主義以前の思想史的鉱脈，すなわち，「個人の権利」を出発点に考察を進める近代自然権論の伝統へと立ち戻っていくのである．

**ロールズ『正義論』の内容** ロールズはこうして，次のような課題へと導かれていく．功利主義的伝統にさからって，個人の権利に基づく正義の理論をうち立てること（ちなみに，ロールズは自らの正義論のかかわる領域を，基本的権利義務の割り当て，社会経済的な利益＝負担の配分などの「社会の基本構造」に限定する），しかもその際には，しばしば対立するものと捉えられる「自由」と「平等」の二つの価値に折り合いをつけること．そして，ロールズ理論は，こうした課題に対する解答を導きだすために用いられた論証方法の点でも，また，この課題に対して彼が提示した解答それ自体の点でも，やがて様々な反響を呼び起こすことになる．

ロールズの説明方法は，基本的に，ロック，ルソー，カントら近代自然権論者たちの自然状態や社会契約をめぐる思考実験を，合理的選択論の手法を通じて現代風に再構成するものであった．まずロールズは，社会の基本的構造についてまだ何も決まっていない「原初状態」というものを考える．ここの住人たちは，権利義務や富，収入，機会の配分をめぐる社会の基本的なルールをこれから話し合いで決めなければならないのだが，彼らはいくつかの点で，実際の人間とは異なっている．第一に，彼らはこの社会の大雑把なことがらについては知っているが，自分が金持ちなのか，特定の才能に恵まれているのか，あるいはそのどちらでもないのかというような自分にかんする情報については，まるで頭に「無知のヴェール」をかぶっているかのように，まったく知ることができない．第二に，住人たちは，他人の利益をまったく顧慮せず，自己の利益の最大化だけを目指して行動する．第三に，彼らは話し合いのプロセスにおい

て平等な発言権と拒否権を持つ．そして，ロールズは，こうした「原初状態」の人々がどのように行動するかということを，次に考える．住人たちは「無知のヴェール」をかぶっているので，自分がこの社会のなかで上手く立ち回っていく人間なのか，あるいは逆に，最底辺で苦しい思いを続けなければならない人間なのか，こうしたことを全く予想できない．このような状況下にあって合理的に立ちふるまおうとするならば，住人たちは，必ず自分が後者だった場合のことを想定して，この社会が許容する最低の状態でもそれほどひどくはならないような，そうした配分のルールを選択するに違いない．こうして，原初状態の住人たちは全員一致の合意によって次の二つの正義原理を選び取ることになるだろう．

　第一原理——各人はできるだけ広範な自由をそれぞれ平等に持つべきである．そして，それは他の人たちの自由と両立するものでなければならない(自由の平等原理)．
　第二原理——社会的・経済的不平等が許されるのは，次の条件を満たす場合に限られる．(a)それがあくまでも，最も不利な立場に置かれた人たちの利益の最大化につながるようなものであること(格差原理)．(b)また，それは，公正な機会均等という条件の下，すべての人々に開かれた職務や地位と結びついていること(公正な機会均等原理)．

　そして，この二つの原理の適用にあたっては，第一原理は第二原理に優先し，さらには，この二つの正義原理は「全体の福利の最大化」といった功利主義的政策配慮につねに優先する．このようにロールズは，自由と平等の関係を調停しながら，功利主義の落とし穴にも陥らないような，公平な配分の理論を築きあげる．そして，さらにロールズは，二つの正義原理がより実効的なものとなるように，こういった理念的・抽象的な指導原理と，日常生活や常識のなかで受容された個別具体的な道徳判断とのあいだの循環的なフィードバック過程を案出し，それを「反省的均衡」と名づけるのである．

**ロールズ『正義論』の反響**　こうしたロールズの試みは，二つの面で画期的であった．まず第一にそれは，哲学的な論証の力は，これまで専門知識や数の論理が支配すると考えられがちであった法や政治などの公共的な議論にも及ぶということを，多くの人々に印象づけた．『正義論』の論証過程そのものは，理論経済学者をはじめとする多くの論者から批判され，ロールズ自身もそれを受けて自説に変更を加えていくのだが，彼の『正義論』が公共的な現実諸課題に哲学的な論証を持ち込もうとする動きに大きなはずみをつけたということについては，決して過小評価すべきではないだろう．

　第二に，そうした論証過程の可否は別にしても，ロールズが提示した正義の二原理それ自体が，様々な現実の説明として十分に魅力的であったということである．おそらく，より多くの自由を持つ人間とより少ない自由しか持たない人間が存在するような状況を許さない「第一原理」は，初期公民権運動が目指したような公立学校における黒人と白人の別学廃止の根拠とすることができるし，「格差原理」は積極的差別是正措置の正当化にも，一定の範囲で用いることができる．また，今度はそうした是正措置が惰性化し，特定の集団や階層に固定化されてしまうといった事態が起ってくれば，「公正な機会均等原理」によってそうした偏向を批判し，矯正することもできるだろう．また，社会保障制度の再構築をはじめとする，負担と利益の公平な配分をめぐる制度設計にかんしても，それは大きな波及力を持っており，アメリカとは異なるわが国のような社会に対しても，この二つの原理が示唆するところは少なくない．さらには，今日のフェミニズム法学においても，「無知のヴェール」のような概念道具をジェンダーの区分に適用することによって女性に対する差別是正のための具体的指針がもたらされるとして，その適用可能性が真剣に論議されている（コラム 7 参照）．

　このようにロールズの正義論は，法や政治をめぐる具体的現実に対して大きな射程を持つものであるが，それは同時に様々な批判も招き寄せることにもなった．まず，ロールズが導きだした結論に反対するわけではないが，その論証方法の弱さを批判し，より平等主義的な正義論を目指すのが，ドゥオーキンで

ある．ドゥオーキンはその法理論と同様に，正義をめぐる議論においても「切り札としての権利」概念をその根底に置く．各人が持つ「平等な尊重と配慮の権利」はあらゆる政治的結合や法制度に先立つものであり，それゆえに国家は，各人各様の「善き生」の自由な追求を尊重すると同時に，各人を画一的に平等な仕方で扱うのではなく，それぞれが平等な重みを有する人間として各人を取り扱わねばならない．そして，このことからドゥオーキンは，負担や利益の配分において問題となる平等が「資源の平等」にほかならないと主張する．すなわち，本人が好きで選んだ生き方の結果として生じるような過小な財の配分については是正する必要はないが，持って生まれたハンディキャップや様々な自然的・社会的偶然から結果するような過小な財の配分については，国家は各人を等しい重みをもつ人間として取り扱わねばならないというその責務からして，当然，それを是正しなければならないというのである[4]．ところが，このような平等主義の立場からのロールズ批判とは対照的に，ノージック(Robert Nozick, 1938-2002)は「自由至上主義(libertarianism)」の立場からロールズを批判する．ロールズやドゥオーキンと同じ自然権的発想に立脚するノージックはその著書『アナーキー・国家・ユートピア(Anarchy, State, and Utopia)』において，二つの正義原理の導出過程の点でも，導きだされた結論の内容の点でも，ロールズは誤っていると主張している[5]．ノージックは，分配結果を一定のパターンに収めようとする点でロールズ理論は功利主義と同じ過ちをおかしているとし，各人が一定の財貨を獲得するにいたった歴史，財貨の獲得の手続的ルール，それに従うことで得られる権限といったものだけが，配分の結果を正当化すると主張する．このような考え方をとれば，財貨の配分は全面的に市場原理に委ねられることになり，そこに国家が介入する余地は一切存在しない

---

[4] こうしたドゥオーキンの平等主義的正義論は，連作論文「平等とは何か」のうち最初の二つに示されている．R. Dworkin, 'What Is Equality? Part I: Equality of Welfare', *Philosophy and Public Affair*, vol. 10, 1981, pp. 185-246; *id.* 'What Is Equality? Part II: Equality of Resources', *Philosophy and Public Affair*, vol. 10, 1981, pp. 285-345.

[5] ロバート・ノージック『アナーキー・国家・ユートピア』(嶋津格訳，木鐸社，1992年)．

ことになる．こうしてノージックは各人の自由を絶対的なものとし，その最大化を目指す自由至上主義者として，国家の役割を夜警国家的な最少要素にまで縮減した「最少国家」を提唱するのである．

　もっとも，ドゥオーキンやノージックによるこうしたロールズ批判は，基本的にはリベラリズム内部における論争であったとも言うことができる．しかし，1980年代に入ると，リベラリズムそれ自体の方法論的前提を批判する動きが現れるようになる．こうしたリベラリズム批判は，一般に，「共同体主義(communitarianism)」と総称されているが，彼らは共同体の崩壊，自己の空洞化，その結果としての犯罪の急増や教育の荒廃など現代アメリカ社会の様々な病理現象の原因を，リベラリズムが前提とする原子状に寸断された中身のない「個人」の観念に求める．その主な論者はM. サンデル(Michael Sandel)，A. マッキンタイア(Alasdair MacIntyre)，C. テイラー(Charles Taylor)，M. ウォルツァー(Michael Walzer)といった人々であるとされているが，彼らは，かつての疎外論的なマルクス主義者であったり，カソリック哲学の研究者であったり，60年代のコミューン経験者であったりと，その理論的出自からしても様々である．また，彼らが目指しているものも，共同体の共通価値や伝統の意義を強調するものであったり，参加型民主主義による公共的な徳の涵養を説くものであったりという調子で，必ずしも一つの方向性を持つという訳ではない．こうした共同体主義的な発想は批判法学やフェミニズム法学の一部においても確認することができるものであり（第4章，および，コラム7，参照），また，わが国の文化史的コンテクストに持ってくれば，こうした発想は，むしろ昔ながらの主流的な論調であるとも言える．ただ，配分や交換の公平性にかんして何か積極的な提言を行っていると言えるのはウォルツァーだけであるということを考えれば，こうした動きを正義論という文脈のなかで語る必要があるのかといった疑念もなくはない．

　ロールズ自身は『政治的リベラリズム』(1993)のなかで，かつての合理的選択論による正義の二原理の基礎づけを放棄し，現行の立憲体制の解釈学的正当化とでも言うべきものへとそのスタイルを変化させている[6]．すなわち，多様

な政治的・道徳的・宗教的信念を持つ市民たちがこの正義の二原理を「重合的合意(overlapping consensus)」を通じて支持するならば，それをもって正義原理の十分な正当化と呼ぶに足るといった立場へとロールズは移動したのである．しかし，いずれにしても，ロールズの『正義論』によって，正義の実質的内容をめぐる考察が20世紀法思想のなかに再び導き入れられたということ，このことだけは間違いないと断言できるだろう．

---

6) John Rawls, *Political Liberalism*, Columbia University Press, 1993.

## コラム5
## ヘルメノイティクと議論の理論
——戦後の大陸法理論(3)——

　戦後ドイツ法哲学は,「事物の本性」や「事物論理構造」といったものの在り方を考察をすることを通じて, 自然法と法実証主義を架橋する「第三の道」を探し求めた. だが, 1960年代半ばともなると, こういった法存在論的な議論は次第に舞台の後方に退きはじめ, それに代わって法解釈をめぐる方法論的, あるいは認識論的な議論が, 法をめぐる論争の中心を占めるようになる. こうした変化の理由としては, 敗戦直後の危機的状況が一応は過去のものとなり, 社会における司法制度の役割と機能が当然のものとして受けとめられはじめたこと, そしてそれにともない,「法はそもそも何であるか」といったことよりも, 戦後の福祉国家的状況のなかで「法をどのように認識し, 解釈し, 運用するか」といった問題の方が重要であると見なされはじめたこと——こうしたことが挙げられるだろう. また, それと同時に, 筆者にとって興味深く思われるのは, 事実と規範の狭間を探るにあたって観念的な思弁や反省という手だてしか持ち得なかったかつての法存在論に満足できず, とりわけ法の言語的側面に光を当てた具体的な分析を通じて現実の法的判断過程を解明しようとする新たな感受性が生まれはじめていたことである. ともあれ, 従来の法的三段論法図式には収まらない法解釈の複雑なメカニズムを解明しようとする様々な理論がこうして出現する.「法学的ヘルメノイティク」や「法的議論の理論」と呼ばれる一連の理論は, こうした新たな感受性の現れにほかならない. 実際, かつてはトマス哲学のうちに主たる準拠枠組を見いだし, それによって規範と事実の調停を図ろうとしていたカウフマンその人にしてからが, 1960年代後半ともなると, 法学的ヘルメノイティクのうちに, 法実証主義と自然法論の隘路を突破する可能性を見いだすようになるのである[1].

(1) **法学的ヘルメノイティク(juristische Hermeneutik)**　まず，法学的ヘルメノイティクと言うときの「ヘルメノイティク」，すなわち「解釈学」という表現の意味と歴史について簡単に振り返っておく必要があるだろう．というのも，実用法学においては通常「解釈学」という表現が"Dogmatik"の訳語として用いられており，ここで言うヘルメノイティクはこれと異なる含意を持っているからである(そのため，法哲学をはじめとする理論法学では，混乱を避けるために"Dogmatik"に「教義学」という訳語が当てられる場合が多い)．

そもそも「ヘルメノイティク」という表現は解釈をめぐる技芸や学を意味し，いわゆる「12世紀ルネッサンス」に発見された古代哲学・聖書・法律にかんする断片的テクストの解釈作業に端を発するものであった．19世紀ドイツの哲学者シュライエルマッハーはこれを一般解釈学として統合し，解釈や理解にかんする体系的学問にまで高めようとしたが，さらにこれがディルタイによって深化され，因果関係の「説明(Erklären)」とは水準を異にする，意味の「理解(Verstehen)」を目指すものとして，精神科学の方法論という地位を与えられるのである．ディルタイはすでに，解釈学の特徴として，全体と部分の循環，感情移入による他者経験の追体験，作者の解釈を超えたよき解釈の追求といった点を挙げているが，解釈学を真に哲学の地位にまで高めたのはウィトゲンシュタインとならぶ20世紀最大の哲学者，マルティン・ハイデガー(Martin Heidegger, 1889-1976)であった．

ハイデガーは主著『存在と時間』において，解釈学を単なる学問方法論としてではなく，「自己の在り方を解釈しつつ在る」という人間の本来的な存在様式として捉え直している(コラム3も参照)．「現存在の解釈学」は自己の存在をめぐる漠然とした理解をさらに彫琢していくことにほかならないが，この解釈

---

1) とりわけ，アルトゥール・カウフマン『法・人格・正義』(上田健二・竹下賢・永尾孝雄・西野基継編訳，昭和堂，1996年)に収められた諸論文を参照．ただ，カウフマンの場合には，ヘルメノイティク的な視座を導き入れた後も，それが最終的には法や人間の存在構造につなぎとめられていることを強調する点で，これから紹介するクリーレやエッサーの方法論的＝認識論的議論とかなり趣を異にしている．

は同時に，あらかじめ保持された理解の先行的な枠組によって規定されている．だが，ハイデガーにあっては「理解されるべきものがすでに理解されている」ことはいわば解釈的実践の必然的な条件なのであって，こうした「解釈学的循環（hermeneutischer Zirkel）」のなかではじめて事柄の本来的な在り方が一歩ずつ明るみに出るとされるのである．

ハイデガーの弟子の一人である H-G. ガダマー（Hans-Georg Gadamer, 1900-2002）が，その主著『真理と方法』(1960)のなかで目指したのも，こうしたハイデガーの「現存在の解釈学」に立脚しながら，解釈を追体験や感情移入に切り詰めてしまう従来の精神科学方法論を批判し，それと同時に，諸学における自然科学的「方法」の際限のない拡大を牽制するということであった[2]．解釈的実践は単なる過去の作品の追体験ではなく，過去と現代との「対話」であり，両者の視座がいわば一つとなる「地平の融合」である．実際，われわれの歴史意識もこうした過去と現代の対話の産物に他ならず，過去の伝統が一種の「前理解（Vorverständnis）」として存在するからこそ，新たな解釈の営みも可能となるのである．伝統を伝統とは異なる仕方で理解しながら，さらに自らが意図した理解を超えていくといった，こうした人間の在り方を，ガダマーは「影響作用史」的意識と呼んでいる．

法学的ヘルメノイティクもまた，こうしたハイデガーやガダマーの解釈学哲学の成果を受容するものである．まず，法学的ヘルメノイティクの端緒は，法哲学者と実用法学者をともに巻き込む形で行われた 1950 年代の法解釈方法論論争においてすでに現れている[3]．たとえば，刑法学者カール・エンギッシュ（Karl Engisch, 1899-1990）は，法の構成要件に具体的事案を当てはめることによって法的判断が導かれるといった，従来の通説的な法的三段論法モデルに代えて，「事案にかかわる構成要件を探し出す作業においても，事案のなかから構

---

[2] ガダマー『真理と方法 I』(轡田収・麻生建・三島憲一他訳，法政大学出版局，1986年)．丸山高司『ガダマー』(講談社，1998年) も参照．
[3] クリーレとエッサーの解釈理論にかんしては，次の先駆的業績に依拠している．青井秀夫「現代西ドイツ法律学方法論の一側面――「法律学的ヘルメノイティク」の紹介と検討」(法学 39 巻 1 号，3＝4 号，1975，1976 年)．

成要件にかかわる事実を抽出＝構成する作業においても，制定法と生活事態の間での絶えざる視線の往復(Hin-und Herwandeln des Blicks zwischen Gesetz und Lebenssachverhalt)を行う必要がある」という考えを提起し，規範と事実の間の循環的関係に着目した．しかし，エンギッシュ理論は，視線の往復作業を行う裁判官や法学者ら解釈主体と，法律や事実などの解釈客体があらかじめきっぱりと分断されている点で，ハイデガーやガダマー的な意味でのヘルメノイティクではない．こうした意味でのヘルメノイティクが法学研究に接合されるのは，むしろ，1960年代半ばから1970年代にかけて現れた一連の試みにおいてであった．

こうした試みの端緒となったのは，まず，憲法学者M. クリーレ(Martin Kriele, 1931-)が1967年に出版した『法獲得の理論(Theorie der Rechtsgewinnung)』である[4]．クリーレの出発点は，従来の法律学方法論が実際の法実践＝法実務とあまりにかけ離れた机上の空論となってしまっていることに対する危惧であった．「裁判官が恣意的な裁量に陥ってしまわないように，法の解釈に合理的なコントロールを及ぼす必要がある」と主張する法学者たちは決して少なくない．しかし，実際には，文理解釈，拡張解釈，反対解釈，歴史的解釈，目的的解釈といった様々な解釈手法が併存するばかりで，そのどれを選択するかということにかんしては，結局のところ，裁判官たちの一存に委ねられている．そこでクリーレは，裁判官たちが実務を行う際にその前提とはなっているがその意識の表層には現れてこないような，法的判断の深層にまで分け入り，それを白日の下に曝け出すことによって，裁判官の推論過程をいまいちど合理的コントロールの下に置こうと試みるのである．言いかえれば，クリーレが行おうとしているのは，理解の先行構造を解明するというヘルメノイティクの実践を，裁判官の法的判断に適用することにほかならない．さらに言えば，クリーレにとってこうした試みは，単なる社会学的解明でもイデオロギー暴露でもなく，むしろ法的判断の構造それ自体のなかに存在する「理性的なもの(Ver-

---

[4] M. Kriele, *Theorie der Rechtsgewinnung: entwickelt am Problem der Verfassungsinterpretation*, Duncker & Humblot, 1967.

nunft)」を見いだす試みでもあった．そうした意味で，彼の法学的ヘルメノイティクの試みは，法実証主義と自然法論に代わる「第三の道」を「事物の本性」概念に求めたかつての法存在論や，哲学のなかに現れつつあった「実践哲学の復権」の動きとも連動している[5]．

さて，クリーレはまず第一に，エンギッシュによる例の「視線の往復」の考えを一応の出発点としながらも，それをさらに精密化することによって，裁判官の判断構造を再構成する．クリーレによれば，通説的な法律学方法論が唱える大前提（制定法のテクスト解釈），小前提（事案の構成要件該当事実の抽出と構成），結論（大前提に小前提を包摂することによって導出される判決）といった法的三段論法は，現実と完全にかけ離れたカリカチュアに過ぎず，実際の裁判官の判断構造はむしろ次のような形をとるはずである．

（段階1）　まず，具体的な生活諸連関を視野におさめつつ，それにかかわってくるような複数の規範的仮説が立ち上げられる．この作業においては絶えず，生活諸連関と規範的仮説の間で「視線の往復」が行われるはずである（「第一段階の視線の往復」）．

（段階2）　こうして形成された規範仮説の各々について，それがもたらすであろう帰結を推し量る．そして，各々がもたらす帰結のうちどれが最も基底的かつ普遍的な利益に奉仕するかという観点からそれら規範仮説を比較し，それによって一つの規範仮説を，最も「理性的」で「正義に適った」ものとして選び出す．こうした意味で，この段階の作業は「理性法的考量」と名づけられる．

---

5)　【用語解説】「実践哲学の復権」——「実践哲学の復権」というスローガンそれ自体はおそらく，1972年刊行のマンフレート・リーデル編集の論文集（*Rehabilitierung der praktischen Philosophie* I, II）から普及していったように思われるが，こうした動きを全体として見れば1960年前後のガダマーやヨアヒム・リッター（Joachim Ritter, 1903-1974）らによるアリストテレス哲学——とりわけ「賢慮(phronesis)」の観念——の再評価を端緒として，それにつらなるヴィーコのレトリック論，カント（ただし，その「実践理性批判」と「判断力批判」）やヘーゲルのドイツ観念論哲学，さらにはこれにウィトゲンシュタインや日常言語学派まで含む形で，西洋哲学における「実践」に対する関心を確認した上で，それを自然科学をモデルとする実証主義的傾向に対置させようとするものとして総括できるだろう（ちなみに，クリーレはリッターの著作をしばしば引用している）．

（段階3）　しかし，このような「理性法的考量」は裁判官のみならず，立法者が行うことでもある．しかも，法定立の優先権は立法者にある以上，立法者はどの規範仮説を選択するかという論争を一刀両断に「決定」する権限を有する．それゆえ，裁判官は，立法者のそうした「決定」が制定法という形で存在する場合は，論拠となる制定法を提示することを通じて，自己の規範仮説を権威づけなければならない．そこで，過去のあらゆる制定法のなかからそうした条文を検索する作業が行われることとなり，ここにおいて再び，規範仮説と種々の制定法の間で「視線の往復」が行われる（「第二段階の視線の往復」）．

（段階4）　ここで運よく規範仮説にぴったり適合する制定法が見つかった場合には，通説的な法的三段論法が言う「制定法への事案の包摂」といった図式を事後的な説明として使うことも可能である．しかし，そうした条文がどこを探しても見つからず，ある程度似通った条文や一般条項しかないような場合には，過去の判例を手がかりにしながら個別具体的な形で，最後に残った規範仮説が現行法体制と矛盾するものでないかどうかを検討せねばならず，その結果，「法の欠缺」の補充が行われたり，（十分理由があると考えられる場合には例外的な形で）制定法それ自体が修正されるといったようなことが認められるのである．

　もっとも，ここでは便宜上，これらの諸段階が順序よく現れるような説明をしたが，実際には，裁判官は「第一段階の視線の往復」と「第二段階の視線の往復」をほぼ同時に行っている場合が少なくない．また，それと同時に，重要なのはむしろ規範仮説を選び出す「理性法的考量」の方であって，既存の条文への当てはめ作業はあくまでも副次的な意義しか持たないということにかんしても，クリーレは強調している．

　こうした試みは，アメリカ仕込みの明解な議論の運びとも相まって——クリーレはイェール・ロー・スクールで学位を取得している——エンギッシュやK. ラーレンツ（Karl Larenz, 1903-1993）といった法律学方法論の大家も含めた多くのドイツ人研究者たちに新鮮な驚きをあたえた．民法学者，J. エッサー（Josef Esser, 1910-1999）も，こうしたクリーレの試みに刺激を受けた一人であり，

それは彼自身の著作『法発見における前理解と方法選択(Vorverständnis und Methodenwahl in der Rechtsfindung)』(1970)となって現れる[6]．残念ながらエッサーの入り組んだ論述のなかにはよくわからない点もあるが，彼がクリーレ同様に，次のような考えから出発しているということは確かであろう．すなわち，裁判官が実際に行っている解釈のプロセスにおいては，制定法や判例の文言への事案の包摂よりも，それ以前に行われる具体的な判断の方が重要な役割を演じているという考えである．このような条文参照前に行われる判断プロセス(クリーレが「理性法的考量」と呼んだプロセス)をエッサーは「法政策的考量」と名づけた上で，ガダマーの「前判断」概念に依拠しながら，その合理性確保のためのメカニズムを考察するのである．

　まず，エッサーは，法政策的考量が裁判官による単なる恣意専断とならないための歯止めとして，「正当性コントロール」と「整合性コントロール」という二重のメカニズムが働かなければならないと考える．法政策的考量とは(クリーレの「理性法的考量」と同様)判決が及ぼすであろう結果を見据えながら行われる複数の解決案の間での比較衡量を指すものであるが，まずそれは，a)「対話」に基づくものであるか否か．b)「合意」は可能か．c)「明証性」を有しているか．d)「事物の本性(Natur der Sache)」に逆らってはいないかといった実質的な観点から吟味されなければならない(正当性コントロール)．だが，それだけでなく，法政策的考量の過程は，e) 従来の解釈範型からあまりに逸脱したものであってはならない．f) 制定法に拘束されつつもそれをより完全なものとしていかねばならない．といったように，過去になされた判断との整合性も満たすものでなければならない(整合性コントロール)．そしてエッサーは，こうした整合性コントロールのレベルにおいては，裁判官や法律家が専門教育や実務のなかで身につけた法曹特有の判断様式，法教義学の基本概念，職人的な「勘」，さらにはより広く裁判にかかわる一般の人々が有する「期待の地平」といった多様な契機が，まさしく「前判断」として重要な役割を演じていると

---

6) J. Esser, *Vorverständnis und Methodenwahl in der Rechtsfindung*, Fischer, 1970.

指摘するのである．

　このようにエッサーは，クリーレ同様，制定法や判例が持ち出される以前の判断形成過程に焦点を当てながらも，こうした段階においてもすでに，教義学的思考や法律家特有の推論様式が「前理解」という形で入り込んでくるということを指摘している[7]．また，それと同時にエッサーは，裁判官の「前理解」と一般の人々の「期待の地平」との関連で，社会学的研究が法的判断過程の解明において大きな役割を演じ得るとも述べている．こうしたエッサーやクリーレのアプローチを，同じくガダマーを参照するドゥオーキンの解釈的アプローチと比較対照してみるのは，大陸法圏とコモン・ロー圏という法文化の違いを考えに入れた上でも，たいへん興味深いことである．

　(2) **法的議論の理論**(juristische Argumentationslehre)　　法学的ヘルメノイティクが解釈者と解釈されるテクストや実践との絡み合いに視線を差し向けるのに対し，法的議論の理論は同じく法の言語的特質に着目しながらも，より限定的に法的推論構造それ自体の解明へと向かう．すなわち，ここでは，従来通説的な地位を占めてきた法的三段論法に取って代わるような，より実態に則した法的判断の論拠づけモデルが目指されているのである[8]．こうした試みのなかでもとりわけ興味深いのが，アリストテレス，キケロ，ヴィーコらのレトリックを現代に蘇らせる Th. フィーヴェクのトピク論や Ch. ペレルマンの「新しいレトリック」理論，そして，ハーバーマスの真理の合意説に触発された R. アレクシーの「実践的討議の理論」である．

　まず，Th. フィーヴェク (Theodor Viehweg, 1907–1988) の『トピクと法律学 (Topik und Jurisprudenz)』(1953) は，それまでほとんど忘れ去られていた古代レトリック論の鉱脈を再発見した[9]．フィーヴェクの出発点はエンギッシュ

---

　7)　その意味でエッサー理論には，法教義学の「要件＝効果」図式の機能を，認知心理学がいうところのパターン認識の枠組と類比的に捉えるような発想がすでにあらわれている．
　8)　法的議論の理論の全体的な見取り図にかんしては，ウルフリット・ノイマン『法的議論の理論』(亀本洋・山本顕治・服部高宏・平井亮輔訳，法律文化社，1997年)にしたがった．

やカール・ラーレンツを巻き込んでたたかわされた1950年代初頭の法律学方法論論争であったが，そこから彼は次のような問題関心へと導かれる．大学で教えられる法学や法律学方法論は「体系的思考」を重視するあまり実務や現実との接点をますます失いつつある．だが実際には，法的判断において決定的に重要となってくるのは，秩序だった理論体系の構築といったことよりも，むしろ，目の前の具体的事案をいかに解決するかという「問題的思考」である．こうした観点から振り返るとき，過去に蓄積されてきた法格言や法原理が裁判官や法律家たちによって，判断の指針を検索するため最初に参照すべき領域，「トポス＝場」として活用されてきたということは示唆的である．裁判官や法律家が大学教育や実務の現場を通して身につけていくのも，まさにこの「トポス」の一覧表なのであり，またその修得を通じて法律家たちに固有の「共通感覚＝常識(センスス・コムニス)」も形成されるのである．

　また，ほぼ同時期にベルギーの哲学者ペレルマン(Chaïm Perelman, 1912-1984)も，法律学方法論から出発したフィーヴェクとは全く異なる場所から出発しながら，同じく古代レトリックを発見している[10]．ペレルマンは，フレーゲの形式論理学に触発されて，価値をめぐる非形式的な「議論」の一般的構造を追求するうち，それらがすでに，アリストテレスやキケロに代表される古典古代のレトリック研究に先取りされているという結論に到達した．今日でこそレトリックは単なる文彩や比喩などをめぐる文章技巧の研究にまで堕落してしまったが，かつては，聞き手の説得を目的とする機能的な言説技術の研究として，まさしく実践哲学と密接に結びついていたのである．ペレルマンもフィーヴェクと同じく議論においてトピクが果たす役割を強調するが，彼のレトリック論でとりわけ興味深く思われるのは，説得の対象たる「聴衆」というものが議論の構造解明において重要な役割を果たしている点である．というのも，「聴衆」は特定の人々からなる具体的かつ事実上の集団であると同時に，言論

---

9) テオドール・フィーヴェク『トピクと法律学』(植松秀雄訳，木鐸社，1980年).
10) Ch. ペレルマン『説得の論理学——新しいレトリック』(三輪正訳，理想社，1980年)，同『法律家の論理』(江口三角訳，木鐸社，1986年)

による説得のための可能性の条件でもあるといった両義的な概念として機能するからである．ペレルマンは，こうした構造的契機を重視し，そこから「普遍的聴衆」という概念を生みだしている．そして，彼はこの「普遍的聴衆」の説得を目指す議論こそが，価値をめぐる普遍的な「議論」の構造を示すものであると主張するのである．もっとも，こうしたペレルマンのレトリック論に対しては，根本的に循環論法であり，法律家の議論についての構造解明というよりその規範的釈明に過ぎないといった強力な批判も存在する．

ところで，こうしたフィーヴェクやペレルマンの試みは，基本的に，過去の伝統を復活させることで，法的三段論法に代わる新たな法的判断のモデルを提供しようとするものであった．しかし，これに対し，R. アレクシー（Robert Alexy, 1945-）は，ハーバーマスの実践的討議の理論，とりわけその「真理の合意説」を応用することによって，法的議論の構造を解明しようとする．

フランクフルト学派第二世代を代表する思想家ユルゲン・ハーバーマス（Jürgen Habermas, 1929-）は，当初こそ，ホルクハイマーやアドルノといった彼の先行世代と同じく，ヘーゲル，マルクス，フロイトらの思想をそのインスピレーションとしていた．だが，70年代に入ると，N. ルーマンとの論争を介してT. パーソンズの社会システム論や，英米の分析哲学，なかでもとりわけJ.L. オースティンやサールら日常言語学派（第2章2節参照）の成果を，自らの理論のなかに精力的に摂取しはじめる．ハーバーマスは，1973年の論文「真理論（Wahrheitstheorien）」において，「事実と言明の対応＝一致」という従来の「真理の対応説」を退け，新たに「真理の合意説」という考えを提起するが，それは基本的に，「あらゆる言明には妥当性要求（Geltungsanspruch）が含まれる」という，彼なりの言語行為論の理解に基づいていた．従来の対応説（言葉と物の対応）によれば，経験的事実についてはその「真／偽」について論じることができるが，道徳などの規範についてはそもそも問題にすらならない．しかし，合意説をとれば，合意によって言明の妥当性要求の「真／偽」が確証されるということになり，それによって自然科学などにおける経験的事実の真理性についても，道徳などにおける規範の正当性についても，ともに論じるこ

とが可能となる．そしてハーバーマスは，「よき論拠が持つ強制なき強制」の力のみによって達成される理性的な合意形成の条件として，討議の形式的性質たる「理想的な発話状況」と手続的規則を定式化するのである（ハーバーマスについては，第4章6節，コラム6のフランクフルト学派の部分も参照）．

とはいえ，ハーバーマスのこうした考えは，法の世界では即座に反響を呼ぶようなものではなかった．というのも，ハーバーマス自身，事実の世界と道徳の領域だけに自らの議論を限定していたし，その上，当時のハーバーマスにとって，法は「生活世界」を植民地化する「システム」の一媒体でしかなく，言明の規範的な力について考察を加える彼の真理論のまさに対極にあるようなものであると考えられていたからだ．だが，こうした状況は，キール大学のR・アレクシーが1978年に出版した『法的議論の理論(Theorie der juristischen Argumentation)』によって一変する[11]．というのも，アレクシーの試みは，「法的討議は一般的な実践的討議の特殊事例である」という考え――いわゆる「特殊事例テーゼ」――を打ち出すことによって，法的議論においてもハーバーマスの討議理論が十分に機能しているということを立証しようとするものであったからである．さらにアレクシーは，St. トゥールミン――ちなみに彼はウィトゲンシュタインがケンブリッジの自室で行っていた少人数講義の受講者である（第2章参照）――の「十分な理由アプローチ(good reasons approach)」に学びながら法的議論の構造を図式化し，理性的討議の手続き規則をハーバーマス以上に緻密に定式化している．アレクシー理論は，今度は逆にハーバーマス自身の考えに影響を与えることになり，その結果，『コミュニケーション的行為の理論』(1981)や重要論文「討議倫理学(Diskursethik)」[12]，そして，ハーバーマスが法をめぐる諸問題にはじめて本格的に取り組んだ近著『事実性と

---

11) Alexy, *Theorie der juristischen Argumentation*, Suhrkamp, 1978. また，アレクシー理論の詳しい紹介として，亀本洋「法的議論における実践理性の役割と限界：N. マコーミックとR. アレクシーの見解を手がかりに」（判例タイムズ，No. 550-554, 1985年）も参照のこと．

12) ユルゲン・ハーバーマス『道徳意識とコミュニケーション行為』（三島憲一・中野敏男・木前利秋訳，岩波書店，1991年）所収．

妥当』(1992)にその足跡を残すことになった[13]. もちろん, さらに大きな文脈のなかに置いてみても, アレクシーの『法的議論の理論』は, クリーレやエッサーの法学的ヘルメノイティクにおいても萌芽的に見られた, 法内在的な「実践理性」を探る一連の動きのなかで, とりわけ重要な位置を占めている.

このようにドイツの法理論も, 法学的ヘルメノイティクや法的議論の理論の段階ともなると, ハートやドゥオーキンといった英米の「言語論的転回」以後の法理論と同じ土俵上にあるように思われる. すでに触れたようにクリーレやエッサーの理論をドゥオーキンの解釈的アプローチと比較してみることは決して不可能ではないし, 実際, アレクシーの法的推論の構造解明の試みはドイツ国内にとどまらず, その共通の認識論的基盤ゆえに, スコットランドのマコーミック (第4章第1節も参照) やオーストリアのヴァインベルガー (Ota Weinberger, 1919–), さらにはフィンランドのアールニオ (Aulis Aarnio, 1937–), スウェーデンのペチュニック (Aleksandar Peczenik) といった人々との議論を巻き起こしている. 「言語論的転回」以降の法理論は, 国家統合やグローバライゼーションの動きとはまた異なった形で, ドイツ語圏の法理論, コモン・ロー圏の法理論, フランス語圏の法理論といったかつての境界線を消滅させつつあるのである.

**(補遺) 戦後フランスの法哲学・法理論について**　　フランス哲学や現代思想の華々しさに慣れ親しんだ人は, 本書がフランスの法思想や法理論にあまり多くの頁を割いていないことを不思議に思うかもしれない. しかし, 実存主義, 構造主義, ポスト構造主義といった一連の動きを念頭において, 法理論や法哲学をのぞき込むならば, 誰もがきっと失望するに違いない. というのも, 戦後フランスの法哲学・法理論には, そうした流行思想とはほとんど無関係な散発的な研究があるばかりで, ドイツ, イギリス, アメリカ, スカンディナビア諸国

---

13) Jürgen Habermas, *Faktizität und Geltung: Beiträge zur Diskurstheorie des Rechts und des demokratischen Rechtsstaats*, Suhrkamp, 1992.

のように一つの「学派」が形成されるといったことも，同じ問題関心を共有する研究者たちのなかから何か新しい理論傾向が生まれるといったことも，一度としてなかったからである．おそらく，こうしたことになった理由には，19世紀註釈学派の伝統や判例を通じた理論刷新を旨とする法文化，ひいては，フランスの法曹養成制度における大学の位置づけや，パリをはじめとする各大学の法学部に法哲学専門の講座がなかったといった制度的事情が関連しているのだろう．

そうした状況にあって，長きにわたって，フランスの法哲学をリードしてきたのがミシェル・ヴィレーの一連の仕事である[14]．ローマ法学者でもあるヴィレーは，ホッブズ以降の「権利」概念に依拠した法観念を批判し，アリストテレスとトマス・アクィナスの古典的自然法論に見られたような，人と人，あるいは人と物のあいだの「関係」性において法を捉えなおすことを提唱した(コラム1参照)．しかし，こうしたヴィレーの反＝近代主義的法哲学も決して一つの学派を形成したわけではなかった．1960年代から70年代にかけてのフランス法哲学・法理論は，ヴィレーの自然法論をはじめ，カリノウスキ(Georges Kalinowski)の法論理学，トロペール(Michel Troper)の修正ケルゼン主義的国家理論，アムズレク(Paul Amselek)の現象学的法理論，法社会学者カルボニェ(Jean Carbonnier)の「柔軟な法(Flexible droit)」の理論，プーランツァス(Nicos Poulantzas)のマルクス主義的国家理論などがそれぞれ独立に乱立するといった具合だったのである．

だが，1980年代に入ると，そうした状況にも少しずつ変化のきざしが見えはじめる．まず，それは，英米やドイツの法理論・政治哲学との対話と交流という形で現れる．ロールズの正義論，ドゥオーキンの解釈理論，日常言語の哲学と法解釈，法存在論，ハーバーマスの討議倫理，ルーマンのシステム理論，ゲームとしての法といった様々なテーマで，法理論の国際コロキウムが開催され，その成果が次々と出版されはじめるからである．

---

14) Michel Villey, *La formation de la pensée juridique moderne*, Montchrestien, 1968 ; *id*., *Philosophie du droit*, 4ème ed., Dalloz, 1986.

それにしても，フランスの法理論や法思想には，いわゆる構造主義やポスト構造主義と並行するような動きは本当になかったのだろうか．しかし，残念なことに，そうした動向に最も敏感に反応したのは，英米の「批判法学(CLS)」運動の論客たちか(第4章参照)，隣国ベルギーの一部の法学者たち(François Ost, Michel van de Kerchove, Jacques Lenoble)であって，肝心のフランス人法学者たちはいわゆる「フランス現代思想」にほとんど反応していない．むしろ，法＝政治哲学で脚光を浴びたのは，フーコー，デリダ，ブルデュー，ラカンらの思想を「68年の思想」として一括して批判し，それに人権概念や個人主義の理念をつきつけるといった，アラン・ルノー(Alain Renaut)やリュック・フェリー(Luc Ferry)の仕事であった[15]．しかし，数少ない例外としてここであげておかなければならないのは，コレージュ・ド・フランスでフーコーの助手をしていたフランソワ・エヴァルド(François Ewald)の大著『福祉国家(L'Etat providence)』[16]と，法制史学者でありラカン派の精神分析学者でもあるピエール・ルジャンドル(Pierre Legendre)の教義人類学『講義』シリーズ[17]である．前者はフーコー的な認識論的枠組(エピステーメー)の理解に依拠しつつ，「福祉国家」の誕生を，保険制度の社会化，判例による無過失責任の創出，統計学的な標準(norm)概念の浸透といった論点から丹念に解明していくような，これまでにない形の法哲学＝法制史の著作であり，そこには，社会権や社会法にかんする従来の理解を一変させるものがある．後者は，ローマ法以来の西洋的な法観念，規範的なもののメカニズムをその基盤にある制度的無意識の構造にまで降り立って解明しようとする独特の試みであり，明治以来われわれが「継受」してきたものはいったい何だったのかということをあらためて考えさせる(第4章5節参照)．

---

15) リュック・フェリー／アラン・ルノー『68年の思想』(小野潮訳，法政大学出版局，1998年)．また，同じ著者による法哲学の概説書として次のものも参照．A. Renant et L. Sosoe, *Philosophie du droit*, PUF, 1991.

16) François Ewald, *L'Etat providence*, Grasset, 1986.

17) Pierre Legendre, *Leçons*, Fayard, 1983-.

# 第 4 章
# ポストモダン法学
―― 批判法学とシステム理論 ――

　第 2 章で見たように，ハートはウィトゲンシュタインの後期哲学を「内的視点」と「外的視点」の区別という形で自らの法理論に導入し，いわば 20 世紀法思想に「言語論的転回」をもたらした．そして，ドゥオーキンは，ハート理論を意味論的理論として攻撃しながらも，「内的視点」を全面化する形で独自の解釈的アプローチを築き上げた．しかし，ハートが導入した「内的視点・外的視点」の意義と射程を，ドゥオーキンの解釈的アプローチだけに求めるのは公平ではないだろう．『法の概念』を注意深く読めば，そこにはリーガリズムとは異なるもう一つの可能性が，曖昧にではあるが示唆されているからである．そこで本章では，まず，「内的視点・外的視点」の区別をさらに洗練させることによって法実証主義をさらに推し進めようとする，J. ラズと N. マコーミックの法理論を簡単に振り返る．そして，そこで示される「距離を置いた視点」と関連させる形で，1980 年代以降力を持ち始めた 20 世紀法思想の新たな潮流である批判法学運動やシステム理論について検討し，それが現在どのような方向へと向かいつつあるか，明らかにしていきたい．

## 1　距離を置いた視点

　オックスフォード大学のジョセフ・ラズ (Joseph Raz, 1939–) とエジンバラ大学のニール・マコーミック (Neil MacCormick, 1941–) は，ドゥオーキンとともにハート理論の批判的継承者である．だが，この二人が目指すところは，法実証主義それ自体を攻撃するドゥオーキンとは異なり，ハート理論の問題点を修復

し，さらに洗練させることを通じて，法と道徳の分離という法実証主義の基本テーゼを擁護することであった．では，彼らはハート理論のどのような点に問題があると考えたのだろうか．しかし，これを見る前に，ハート理論が法にもたらした「言語論的転回」が，ラズやマコーミック，そしてドゥオーキンにどのような形で現れているか，まずそれを確認しておこう．

　第2章で論じたように，ハート理論はJ. L. オースティンらの日常言語の哲学や後期ウィトゲンシュタインの哲学を摂取することを通じ，旧来の法理論が依拠した認識論的枠組を転換させた．これによって，そうした認識論的枠組の構成要素であった，(a)自然的事実の世界と意思の世界との分離，(b)事実の世界や意思の世界を写しとる透明な媒体としての言語，および，これら事実や意思の写像としての知識，(c)普遍的真理への漸進的進歩などといった観念は，次のような考え方に取って代わられた．すなわち，(a′)事実は外的実在物であるというよりも，何らかの形で言語体系に依存するものとしてある，(b′)剝き出しの事実が存在しないとすれば，言明の真偽は事実との一致によってではなく，それが置かれたコンテクストによって決定される，(c′)観察者はいわゆるパラダイム，すなわち，認識や評価の枠組となるものから独立ではあり得ない．そして，ドゥオーキン，ラズ，マコーミックらの法理論の基盤にあるのも，こうした考え方からなる新たな認識論的枠組にほかならない．

　こうしたことを如実に物語るものの一つに，この三者に共通して見られる新しい「事実」の理解がある．すでに見たように，ハートの「社会的ルール」概念は，日常言語の哲学や後期ウィトゲンシュタインの哲学，そしてさらには，

---

1) P. ウィンチ『社会科学の理念』(森川真規雄訳，新曜社，1977年)．社会学や文化人類学をはじめ社会科学全般に広く影響を与えたこの書物は，ウィトゲンシュタインの「言語ゲーム」論を踏まえつつ，マックス・ウェーバー的な理解社会学を再構築する試みである．そこで用いられる「社会的事実」の概念は，「各社会にはそれぞれの合理性の基準が存在する」という言語ゲーム論に示唆を受けた考え方と結びついたものであり，デュルケームが『社会学的方法の規準』のなかで提唱する社会的事実とは，その理論的背景を若干異にする．ちなみに，ウィンチはウェールズ大学スワンジー・カレッジで駆け出し教員をしていた1950年代に，ウィトゲンシュタインの遺稿管理人として有名な哲学者，ラッシュ・リーズに親しく教えを受けている．

同じくウィトゲンシュタインの影響の下にある P. ウィンチ (Peter Winch) の「記述社会学 (descriptive sociology)」の方法なども参照しながら，法を「社会的事実 (social fact)」として捉えるものであった[1]．社会的事実は，言語を通じて行われる営みによって構成されるものであり，だからこそ「内的視点」からのコンテクストに則した意味理解が重要とされたのである．同様に，ハート理論の批判的継承を目指す三人の法理論も，これに似た構成主義的な「事実」観を前提とし，それに立脚している．たとえば，マコーミックは次のように述べている．「そもそも法というものが在るとすれば，株や船舶や封蠟またはキャベツなどと同列に，剝き出しの事物の次元に存在しているのではない．むしろそれは，王やその他の公務員などと同列に，制度的事実の地平に存在しているのである」[2]．また，ドゥオーキンもこれと似たような発言をしている．「世界にはハードな事実の他にも別のものが存在しており，そのおかげで，法の諸命題は真となることができる」[3]．すなわち，マコーミックは「制度的事実 (institutional fact)」と「剝き出しの事実 (brute fact)」とを，ドゥオーキンは「道徳的事実 (moral fact)」と「ハードな事実 (hard fact)」とをそれぞれ区別し，法は前者に属していると主張しているのである．もっとも，その際

---

2) N. MacCormick, 'Law as Institutional Fact', *Law Quarterly Review*, vol. 90, 1974, pp. 102-129. (cit. p. 103).

3) R. Dworkin, 'No Right Answer?', in P. M. S. Hacker and J. Raz (eds.), *Law, Morality and Philosophy*, Oxford University Press, 1977.

4) サール『言語行為』(坂本百大・土屋俊訳，勁草書房，1986年)．

5) 「制度的事実とは，たしかに事実ではあるが，剝き出しの事実とは異なり，その存在が人間的制度の存在を前提とするものである．(中略)これらの「制度」は構成的ルールの体系である．あらゆる制度的事実の根底には「Cという脈絡においてXをYとみなす」という形式を持つルール(の体系)が存在している」(サール，前掲書，89-90頁)．サールの着想の源となったアンスコムの論文は次の通り．G. E. M. Anscombe, 'On Brute Facts', *Analysis*, vol. 18, 1958．さらに，『言語行為』におけるサールの次のような見解は，法理論に対しても重要な帰結をもたらすはずである．「1．古典的な見解においては制度的事実を説明することは不可能である．2．制度的事実は構成的ルールの体系の内部に存在する．3．ある種の構成的ルールの体系には，義務，関与，責任が含まれる．4．そのような体系のある種のものの内部においては，(中略)「～である (is)」から「～べきである (ought)」を導きだすことができる」(サール，前掲書，329頁)．これを第1章のケルゼンの考えと対比してみよ．

に彼らが参照するのは，もはやJ. L. オースティンやP. ウィンチではなく，日常言語の哲学をさらに発展させたJ. R. サール(John Searle)の『言語行為』である[4]．というのも，この「制度的事実」と「剥き出しの事実」の区別は，本来，ウィトゲンシュタイン最晩年の弟子であったアンスコムの論文に刺激されて，サールが定式化したものであったからである[5]．ともあれ，ハート理論の批判的継承者たちは「言語論的転回」によってもたらされた新たな認識枠組のなかで，法を規範でも自然的事実でもない「言語によって構成された特殊な事実」と捉え，それを各々の法理論構築の出発点に据えるのである．

　だが，この三者が同じ道を歩むのもここまでである．ドゥオーキンはこうした「道徳的事実」を，前章で詳しく検討した解釈的アプローチと結びつけていく．すなわち，「内的視点」の全体化へと向かうドゥオーキンの解釈的アプローチにおいては，道徳的諸原理の総体と整合性を保つ「最善の解釈」の追求が，何が道徳的事実かということを決定する．それに対し，ラズやマコーミックはまったく違う方向に進んで行く．というのも，法実証主義それ自体を攻撃するドゥオーキンと異なり，この二人が目指す方向は，法実証主義の立場はあくまでも維持しつつ，ハート理論をさらに徹底させ，洗練させることだからである．つまり，マコーミックの言葉によれば，彼らがハート理論を批判するとすれば，それはハートが自分自身の方法論を十分徹底的に追求していないからであり，したがって，彼らが目指すところも「ハート主義的な議論をハート以上に推し進める」ということになってくる[6]．では，ハート理論のどの部分に批判されるべき不徹底があると彼らは考えたのだろうか．

　マコーミックやラズの見るところによれば，ハートの法実証主義は致命的な綻びを抱えている．しかも，それは「内的視点」を導入することによって不可避的に引き起こされるような，そうした綻びである．ハートは法を社会的事実として「内的視点」から捉えると言うが，それは，単なる言葉の意味理解の次

---

6) N. MacCormick, *H. L. A. Hart*, Edward Arnold, 1981, Preface. ちなみに，邦訳版『ハート法理学の全体像』(角田猛之編訳，晃洋書房，1996年)では，原著序文が「日本の読者への序文」に差し替えられた関係で，該当する記述は消えている．

元で「認識」することなのか，それとも，さらに深くその価値や規範的要求を「評価」することなのか．間主観的な観察が可能であればそれで十分なのか，それとも規範的コミットメントまで必要なのか．もし，その答えが後者であるとすれば，それは，法と道徳の分離という法実証主義の基本的立場をその根底から脅かしかねない．なぜなら，「内的視点」には必ず規範的コミットメントが伴っていなければならないというのであれば，法の学問的解明が，同時に，現行の法体制に対する道徳的な承認や賛同をも含意することになってしまう可能性があるからである(ちなみに，ドゥオーキンの法理論は，法内在的な道徳，政治哲学の解明の必要性を説くことによって，むしろこうした方向を意識的に目指している).

しかし，『法の概念』を注意深く読めば，ハートが次のような記述を残しているということについても気づかなければならない．「純粋に外的な視点」といったもののなかでは集団のメンバーは行為の規則性は観察できるかもしれないが，自分たちの行動をルールとかかわらせて記述することはできない．しかし，こうした「極端な外的視点」以外にも次のような視点があるはずである．つまり，「自分自身はルールを受け入れずに，ある集団がルールを受け入れていると言明することのできるような，したがって，人々が内的視点からルールに関与している様を外部から記述するような」そうした視点が存在するのである．ハート自身はこうした「極端でない外的視点」の重要性に，当初はそれほど気づいていなかった．しかし，こうした視点があってはじめて，自らが特定の法体系の規範的正当性を支持せずとも，その法体系の性質を理解し，説明することが可能となるのである．マコーミックはこれをいっそう明確にすべく，「内的視点」が要求する態度には，ルール遵守という行為の理解にかかわる「認知的要素」と，当該ルールに対する支持やコミットメントにかかわる「意志的要素」があるとして，これを「認知的に内的な視点(cognitively internal point of view)」と「意志的に内的な視点(volitionally internal point of view)」と名づけた．そして，彼は前者が「極端でない外的視点」にかかわると考えるのである(さらに彼は，煩雑さを避けるために，これを「解釈学的視

点(hermeneutical point of view)」と呼ぶことを提案するが，もちろんこれは内的視点をさらに極端化させるドゥオーキンの立場とは——表現は似ているのでややこしいが——まったく異なるものである)[7]．同様にラズも，第1章で検討を加えたケルゼンの規範記述を引き合いに出しながら，当該法体系への規範的賛同をともなわずに行われる「距離を置いた規範的言明(detached normative statements)」と，法体系の受容や是認とともに行われる「コミットした規範的言明(committed normative statements)」を対比させている．そして，法理論において重要となるのはあくまでも前者であって，法体制の受容や是認といったコミットメントは必ずしも必要ではないことを確認している[8]．

やがて，ハート自身もこうした「第三の」視座の重要性に気づき，一定のルールを行為の指針や評価の「規準」として受け入れている人も，逆にそうではない人も，ともに規範的言明をなすことができるということを認めるようになった．そして，「前者によってなされる言明はコミットした言明であり，諸々の原理を受け入れた人々の視点から語る者，すなわち，自分自身はそうした原理を受け入れていないにもかかわらず，あたかも受け入れているかのように語る者の視点と対照をなす」ことを承認する[9]．そして，最終的にハートはこの第三の視座を，ドゥオーキンから加えられた批判への反論の根拠とするのである．彼の死後，ラズが編集した『法の概念(第二版)』(1994)後書きで，ある法制度の記述とその評価＝正当化が不可分であると考えるドゥオーキンに対し，ハートは次のように反論している．「この目的(中立的な記述——筆者補)のためには，記述的法理論家は内的視点をとるということが何たるかを理解しなければならないし，こうした限定された意味において，自己を部内者(insider)の立場に置くことができねばならない．しかし，このことが意味しているのは，

---

7) N. MacCormick, *Legal Reasoning and Legal Theory*, Oxford University Press, 1978, pp. 286-292. および，前掲，マコーミック『ハート法理学の全体像』104-114頁．

8) ジョセフ・ラズ「法的妥当性」(『権威としての法——法理学論集』深田三徳編訳，勁草書房，1994年，第二章，所収)．J. Raz, *The Concept of a Legal System: An Introduction to the Theory of Legal System*, 2nd ed., Clarendon Press, 1980, pp. 234-238.

9) H. L. A. Hart, *Essays on Bentham*, Oxford University Press, 1982, p. 154.

法を受容することでもなければ、部内者の内的視点を共有したり是認することでもないのである」[10]. そして、ハートは次のように結ぶのである.「記述は記述である. たとえ、記述の対象が評価であったとしても」[11].

このように、ラズやマコーミック、そして最晩年のハートは、「距離を置いた」視点こそが、法実証主義を擁護する足場となると主張している. 何も特定の法体制をめぐる解釈共同体の部内者とならずとも、そうした法体制の仕組みやそこにおける人々の法遵守の様態を理解し、解明することは可能なのだ. これを出発点に、ラズは、法体系の概念をさらに詳細に腑分けする『法体系の概念 (The Concept of Legal System)』(1970, 1980) や法の根底にある「権威 (authority)」観念——とりわけ、立法行為や司法的判断のような諸事実を「源泉 (source)」として持つものだけが法であり、道徳や自然法ばかりかドゥオーキンのいう「原理」のようなものも法から除外する「源泉テーゼ」——の解明へと向かうのである[12]. また、同様にマコーミックも、法的推論の内的メカニズムの解明や、「制度的事実」の体系として法を再構成する『法の制度理論 (An Institutional Theory of Law)』(1986) へと足を進めている[13].

だが、ひょっとすると「距離を置いた」視点というものは、法実証主義の擁護といったラズやマコーミックの関心を超えて、さらに大きな射程を持ち得る

---

10) H. L. A. Hart, *The Concept of Law*, 2nd ed., Oxford University Press, 1994, p. 243.

11) *Ibid.*, p. 244.

12) ラズの法理論を理解するために必要な論文のほとんどが、前掲のラズ『権威としての法——法理学論集』に収められている. また、編者の深田教授による周到な解説もたいへん役に立つ.

13) 前掲、マコーミック『法的推論と法理論 (*Legal Reasoning and Legal Theory*)』については、同じく前掲 (コラム 5) の次の論文を参照. 亀本洋「法的議論における実践理性の役割と限界：N. マコーミックと R. アレクシーの見解を手がかりに」. また、彼の『法の制度理論』については、義務論理学の応用によって法的推論の解明を目指すオーストリア、グラーツ大学のオタ・ヴァインベルガーとの次の共著を参照. N. MacCormick and O. Weinberger, *An Institutional Theory of Law: New Approaches to Legal Positivism*, Reidel, 1986.

のではなかろうか．というのも，筆者の考えるところでは，このような視点はまさしく，日常的なものを「異化（Verfremdung）」しようとする態度——すなわち，これまでに慣れ親しみ，何の疑問も抱かなかった自己の文化なり実践なりに対して，異文化や未知の文物を前にした民族学者や考古学者のように突き放した姿勢で臨むような態度，これとつながってくるからである．20世紀思想の全体的な流れを決定づけたものの一つは，ある意味で，こうした「異化」の精神であったとさえ言うことができるのではなかろうか．というのも，日常的に慣れ親しんだものを，ひとたび「括弧に入れ」て新たな視線で見直すこと——事物や実践に対するこうした態度は，現象学，記号学，構造論，表現主義を典型とするような，1920年代前後に勃興し，やがて20世紀思想の主潮流となっていく新しい諸学に共通する精神であるからである．さらに，こうした精神の起源を遡れば，ニーチェ，マルクス，ソシュール，フロイトといった19世紀末の思想の巨人たちに突き当たる．1960年代から1980年代にかけて人文・社会科学の諸分野を席巻したいわゆる構造主義やポスト構造主義において決定的なインスピレーションの源となったのも，こうした巨人たちの「異化」の精神だった．そして，これら構造主義やポスト構造主義の影響が法理論において明確な形を取りはじめるのは，1980年代頃である．この文脈でとりわけ興味深く思われるのが，次の二つの動向である．まず第一のものは，アメリカのロー・スクールに始まり，理論的分裂と融合を繰り返しながらやがては海を越えてイギリスにまで広がっていった「批判法学」運動である．そして第二のものが，個体主義的な社会学やサイバネティクスの影響から出発しながらも法理論として独自の道を歩み始め，やがてイギリスやアメリカの法理論とも出会うことになるドイツの「システム理論」である．現在も両者は，ともに構造主義やポスト構造主義の議論を貪欲に吸収しながら，さらに新たな法理論の地平を切り開きつつある．そして，こうした法理論の新たな動向のなかで決定的な意味を持っているのが——正確には，ラズやマコーミックとは異なった意味においてではあるが——法に対する「距離を置いた」視点なのである．

## 2 批判法学運動の生成とその時代

批判法学運動(Critical Legal Studies Movement, しばしばCLSという略称で呼ばれたり，Critsという半＝蔑称で呼ばれたりもする)は，1970年代終わりにアメリカのロー・スクールで誕生し，80年代にその最盛期を迎えた知的運動である．この運動の参加者は法哲学者は言うにおよばず，法社会学者や法制史学者，憲法，民法，刑法，商法，労働法，等々，ほとんど全領域の実定法学者，さらには，実際に弁護活動を行っている法実務家といった具合に，かなりの人数にのぼる．よって，ここではとりあえず，創生期以来この運動を引っ張ってきた中心的論客として，D. ケネディ(Duncan Kennedy)，D. トゥルーベック(David Trubek)，R. アンガー(Roberto Unger)，M. ホーウィッツ(Morton Horwitz)，M. タシュネット(Mark Tushnet)，P. ゲイブル(Peter Gabel)，R. ゴードン(Robert Gordon)，K. クレア(Karl Klare)，M. ケルマン(Mark Kelman)などの名前をあげておくにとどめよう．

ところで，リアリズム法学の場合もそうであったが，批判法学はこれまで，一つのまとまった法理論，または，法哲学であったことは一度もなく，つねに様々な論者の様々な主張が入り乱れ交錯する，複雑かつダイナミックな知的運動体として存在してきた．したがって，その統一的な綱領や思想を探ろうとすれば，必ず無理が出てくることになる．しかし，議論の便宜のために，彼らの主張の最大公約数を仮に括り出してみるならば，次のようなことが言えるかもしれない．(a) 法や権利といった概念はそもそも本質的に不確定性をはらむものである．(b) 裁判をはじめとする法的実践は本来的に「政治」にほかならない．(c) 制定法や判例に含まれる法的諸原理はその根底の部分で互いに矛盾している．(d) そして，こうした法内在的な矛盾は，リベラルな社会が本質的に抱え込んだ根本的な矛盾を反映するものである．(e) また，過去の法理論・法実務の中心的背景をなしてきたリベラルなリーガリズムは，法を社会統制や紛争解決の中心的手段として特権化し，その役割を帝国主義的に拡張させ

る傾向があるが,実際には,法という営みも他の様々な社会的実践の一つであるに過ぎない.

批判法学のこうした法の捉え方は,第3章で検討したドゥオーキンの「インテグリティとしての法」の対極に位置するものであり,法を突き放した視点から捉えて描きだす一種の徹底した懐疑論である.しかし,この懐疑論がかつての素朴なアナーキズムやマルクス主義の法批判と異なるのは,それがまさしく法内在的な議論様式や判断基準を完全に自分たちのものとし,それらを十二分に活用しながら,現行の法的実践の問題点を暴きだそうとしている点である.また,法の不確定性や政治性をめぐる主張について見ても,それはリアリズム法学の主張とたいへん似ているように思われるが,かつてのリアリストたちが最終的にはリベラル・デモクラシーやアメリカの法制度に対して信を置いていたのに対し,批判法学者たちは,リベラリズムの理念そのものを攻撃し,特定の法令やその運用の仕方ではなく現行法制度の全体に対して疑問符を突きつけるのである.

では,こうしたラディカルな法批判はいったいどこから生まれてきたのだろうか.彼らのような人々がアメリカ社会のいわばエリート・コースとも言うべきロー・スクールから出てきた理由を理解するためには,同時代史におけるその来歴を押さえておくことが必要である.批判法学運動を生みだした土壌は,大きく分けて二つある.その一つは1960年代末の学生反乱であり,もう一つは,1970年代初頭に始まった「法と社会(Law and Society)」研究である[14].

まず,第一の土壌である学生反乱を簡単におさらいしておこう.1960年代,第二次世界大戦後生まれのいわゆる「ベビーブーマー」——日本ならさしずめ「団塊の世代」だろう——たちは大学就学年齢に達する.彼らは,物質的満足の実現のみに汲々とし,人種差別やベトナム戦争といった社会の明らかな不正義にも目をつぶる親たちの世代に対して限りない幻滅を感じていた.しかも彼らは,大学に入学してから後も,それ以上に深い幻滅を味わうことになった.

---

14) 批判法学の出自と展開にかんするこの節の叙述は,次の書物に全面的に依拠している.Neil Duxbury, *Patterns of American Jurisprudence*, Oxford University Press, 1995.

ベビーブームのせいで就学人口が急激に増加し(ちなみに、アメリカでは1946年から1970年までの間に大学在籍者数が4倍になったそうである)、その結果として引き起こされた定員オーバーの過剰詰め込みのために、大学は無味乾燥なマスプロ教育の場所となり、過去の理想主義的な師弟関係など、もはや望むべくもない有様だったからである．ベトナム戦争や人種差別といった政治的・社会的不正も、脱人格化され、単なる官僚機構にまで堕落した大学も、ともにアメリカ社会のより深い病根の表れであるに違いない——当時の学生たちは、そう感じずにはいられなかった．こうして1962年、「民主社会のための学生同盟(Students for Democratic Society, SDS)」が結成され、ミシガン州ポート・ヒューロンで開かれた全国集会において、政府の軍国主義と人種差別に対する反対宣言が採択される．そこでは大学それ自体も、その共犯者としてやり玉にあがった．というのも、大学は運営資金を得るための産学協同路線を通じて戦争に荷担し、とりわけ南部諸州の諸大学を中心として、マイノリティを排斥する目的の差別的な入試選考をやめようとしていないからである．アメリカの「ニュー・レフト」運動は、こうした時代状況の中で誕生したのである．

こうした学生たちのラディカルな異議申立てに、理論的な支えを提供したのが、かつてのフランクフルト学派の中核的メンバーの一人、ヘルベルト・マルクーゼ(Herbert Marcuse, 1898-1979)の近代リベラリズム批判であった(コラム6参照)．ニュー・レフトの学生たちがとりわけ魅了されたのは、1964年出版の『一次元的人間』に示された次のような考えであった[15]．近代リベラル社会がもたらす自由は、裏を返せば、抑圧的な性格を持つ支配の道具にほかならない——現代人は自動車、ステレオ、豪華なキッチン・セットといった商品を思い通りに選択し、消費することこそが自由の意味であるとはき違えているが、それは結局、さらなる生産と消費の拡大による高度産業化社会の存続に奉仕するための、虚偽の意識を刷り込まれてしまっているということに過ぎない．こうして、近代リベラル社会の人間たちは、自らの真の本質から「疎外」され、官

---

15) マルクーゼ『一次元的人間』(生松敬三他訳、河出書房新社、1980年).

僚的支配や管理に都合のよい，均質的で，顔のない，「一次元的人間」となってしまっている，云々．アメリカの学生たちは，マルクーゼのこうした時代診断に鼓舞されながら，自分たちの運動の標的はリベラル・デモクラシーという体制それ自体であると考えるようになっていく．ところで，学生たちにとって，リベラリズムを体現する一番手近な制度は，言うまでもなく大学である．そこで，ニュー・レフトの学生たちは，自分たちの生活の場であり，また拠点でもある大学を，最大の攻撃対象としはじめるのである．

しかし，この点にこそ，学生反乱が抱える根本的な困難があった．学生たちは大学のリベラルな諸制度を攻撃したが，そうした運動は次第にヒステリックな様相を呈し始める．当初は学生たちの異議申立てを真摯なものと受けとめた教員たちの間でさえ，こうした形での運動のエスカレーションは，なに不自由なく育った中産階級の子弟たち特有のエディプス的甘えであるといった見解が大勢を占めるようになる．こうして，学生たちは大学内部での支持を次第に失っていく．また，アメリカの学生運動は大学外部に共鳴層を全く持っていなかった．とりわけ，学生たちの「革命」に外から手を差しのべてくれるはずの労働組合が全く興味を示さず，むしろ冷淡にふるまったことは決定的だった．こうして内部にも外部にも支持基盤を持たない運動は急速に内向し，閉塞し，自家中毒を起こし，やがてあっけなく終焉を迎えてしまう．

ところが，運動に挫折した学生たちのほとんどは，現実政治に飛び込むわけでもビジネスの世界に足を踏み出すわけでもなかった．一部を除き，彼らは自分たちが最も執着した場所，すなわち，大学に残った．こうして学生反乱を経験した元ニュー・レフトの闘士たちの多くが研究者としての道を歩みはじめる．幸運にも大学拡張の時期と重なったこともあって，彼らのほとんどはやがていずれかの大学に教員のポストを得ることになった．その結果，1960年代の終わりに，ロー・スクール教育の権威主義的性格，教師と学生の非人格的関係を告発する内容の論文をイェールの学内誌に掲載した学生がやがてハーヴァード・ロー・スクールに就職し，80年代に入ると今度は教授の立場から，ロー・スクールがヒエラルヒー再生産装置であることを激しく告発するといった

前代未聞の事態が生まれることにもなったのである[16]．このかつての学生こそ，批判法学の中心的論客，ダンカン・ケネディなのであるが，社会と教育への幻滅によって後の研究方向が規定されるといった経験は，なにもケネディ一人だけのものではなく，批判法学運動に結集した研究者たちの多くが共有する一つの同時代体験であった．つまり，教室で教えられる判例と学説の山と，政治的現実のなかで社会統制の手段として用いられる法との根本的な乖離と矛盾——これに対する痛烈な批判意識こそが批判法学という樹木を生い茂るにいたらしめた一つの土壌なのである．このように，エリート養成機関として本来保守的な性格を持つはずのロー・スクールのなかから批判法学というラディカルな運動が生まれてきた背景には，学生反乱とニュー・レフト運動というアメリカ知識社会史の一齣があったのである．

　だが，同時に，批判法学運動のすべてを 60 年代学生反乱の直接的な帰結として捉えるのは間違っている．批判法学にはもう一つの重要なルーツがあるからである．それが，法の「近代化」論を再考することから始まった「法と社会」研究であり，そこで中心的な役割を果たすのが D. トゥルーベックであった．1960 年代から 70 年代の初め，当時の法学教育のトップを走るハーヴァード，スタンフォード，ウィスコンシン，イェールの各ロー・スクールは，「法と開発 (Law and Development)」と題するプログラムを有していた．これらのプログラムは政府機関とのタイアップの下に運営されており，その目的は，産業化にともなう社会・経済・政治的変化と法制度との関連を解明し，最終的には，アメリカ政府と深い関係にある開発途上国に対して，産業化の推進と適合するような法の制度的枠組を提供することであった．イェール・ロー・スクールを卒業したトゥルーベックは，60 年代初頭，アメリカ流のビジネス手法や科学技術を第三世界に輸出するための政府開発援助機関，アメリカ国際開発庁 (USAID) の法律顧問となる．トゥルーベックは同僚たちとともに，法制度

---

　16)　ダンカン・ケネディ「ヒエラルヒーのための訓練としての法学教育」松浦好治訳（デヴィッド・ケアリズ編『政治としての法』松浦好治・松井茂記編訳，風行社，1991 年，所収——原著は 1982 年出版）．

のパッケージをブラジル，コロンビア，ボリビアといった国々へと移植するため奔走した．彼にとってそれは，「法による産業化の推進と制御」という社会工学的ノウ・ハウの輸出であったばかりでなく，アメリカ流のリベラルな価値を提示することでそれらの国の人々を支援することでもあった．だが，USAID のこうした試みは結局失敗に終わる．というのも，援助を受けた政府の多くにとって，提供された資金や制度の外形には感謝するとしても，同時にリベラルな価値まで押しつけられるといったことは願い下げだったからである．

こうしてトゥルーベックは，60年代半ばには再びイェールに戻り，今度は教員として「法と開発」研究に従事することとなる．自らの実務経験から，法と政治・経済・文化といった他の様々な価値領域との関連を明らかにする，より体系的な社会理論として，「法と開発」研究を再構築する必要を痛感したトゥルーベックは，その手がかりをマックス・ウェーバーの社会理論に見いだした．ウェーバー流の「理念型」を用いれば，異なる発展段階にある様々な社会について，その各々に固有の法・経済・文化・社会等々の連関を明るみに出すことが可能となると考えたのである．同じイェールで法発展と近代化の関連について研究を行っていた法社会学者，M. ギャランター (Marc Galanter) も，やがて，この新たな研究方向に合流する．だが，70年代半ばになると，二人は「法と開発」という研究プロジェクトそのものを放棄することを真剣に考えはじめる．トゥルーベックとギャランターは次のように考えた．「法と開発」にはその隅々にいたるまで「リベラル・リーガリズム」の基本的信念が浸透している．そこでは徹頭徹尾，次のような——ある意味でプロセス学派的(第2章補論参照)ともいえる——近代法理解が前提となっていた．すなわち，個人の集合体である国家は法を通じてそのコントロールを諸個人におよぼし，社会的目的の達成や社会の基本原理の実現のために意図的に案出された法ルールが各市民に等しく適用され，権力分立の基本原理に則った形でそれら法ルールは解釈・適用・変更される——こういった信念である[17]．「法と開発」研究の誤り

---

17) David M. Trubek and Marc Galanter, 'Scholars in Self-Estrangement: Some Reflections on the Crisis in Law and Development Studies in the United States',

は，こうしたリベラルな法の理解が開発途上国にもそのまま当てはまると信じ込んでしまった点であり，それは決して「不誠実ではない」ものの，「自民族中心的でナイーブである」と言わざるを得ない．むしろ「法と開発」研究から導きだされるべき教訓は「法の変更が第三世界諸国の社会経済的状況に影響を及ぼすことは，ほとんど，あるいは全くと言っていいほどにない．逆に，多くの法的「改革」の結果，不平等がさらに深刻となり，政治参加が阻害され，個人の自由が制限され，物質的な福祉を向上させる努力が妨げられることもあり得る」ということなのである[18]．

こうしてリベラルなリーガリズムそれ自体に疑問を抱き始めたトゥルーベックたちはそれに代わる新たなパラダイムを探し求めはじめ，とりわけウィスコンシンで盛んになりつつあった「法と社会」研究に合流する．この大学にはすでに60年代終わり，S. マコーレー（Stuart Macaulay），R. ラビン（Robert Rabin），J. ラディンスキー（Jack Ladinsky），L. フリードマン（Lawrence Friedman），W. ハースト（Willard Hurst）といった「法と社会」運動の中核的メンバーが参集しており，法と他の様々な社会領域との関連について研究を行っていた．彼らが目指す基本的な研究方向は，いわばプロセス学派とリアリズム法学（コラム2参照）を統合すること——つまり，裁判過程に偏ったプロセス学派の視野を行政・政治・経済といった諸領域にまで拡げ，その総体を経験的アプローチを通じて解明することであった．残念なことに，この経験的アプローチはアメリカのロー・スクールにはそれほど根づいていない．だが，それ以上に，この運動が批判されたのは，それが「法過程の自立的で内的な力学」を捉えそこなっていたこと，つまり，「法の自立性のイデオロギーの発展と重要性」をあまりに軽く見積もっているという点であった[19]．こうして，「法の相対的自立性」の捉え方を焦点に，「法と社会」運動に飽き足らないトゥルーベックら

---

*Wisconsin Law Review*, 1974, pp. 1062-1102.

18) *Ibid.*, p. 1080.

19) Mark Tushnet, 'Critical Legal Studies: A Political History', *Yale Law Journal*, vol. 100, pp. 1515-1544.

面々は,やがてこれを離脱し,次の行動を起こすこととなった.それが批判法学運動にほかならない.

1976年,ロー・スクール体制に対するかつての容赦ない告発もあってイェールでの昇進の機会を失ったケネディは,よりリベラルな学風を持つハーヴァードに移籍していた.ケネディは,イェール時代に指導を受けたトゥルーベックと連絡をとり,一種の学会のようなものを開催することを提案する.つまり,ハーヴァードのケネディ,アンガー,ホーウィッツといったラディカルな社会改革を目指す法学研究者たちや,トゥルーベックらウィスコンシンの「法と社会」運動の面々を筆頭に,各地に散らばった,法に対して批判的なアプローチをとる研究者たちを一同に集めようというのである.さっそくケネディとトゥルーベックは,ウィスコンシン,ハーヴァード,元イェールの同僚たちと連絡をとり,準備委員会を組織する.1977年1月には,準備委員会の事務局長となったウィスコンシンのタシュネットが招待状を全米へと発送している.「批判法学研究会議組織委員会」という名で出されたこの招待状には,次のようなことが明記されていた.「社会における法の研究に対し批判的なアプローチを採用する研究者を集め」ることで,全国に散らばり,孤立している研究者たちの情報交換の機会となし,それがやがて「批判的な共同体」となっていくこと——それがこの会議の目的である,と.こうして,1977年5月,ウィスコンシン・ロー・スクールを会場に,第一回「批判法学会議(The Conference on Critical Legal Studies)」が開催され,そして,それは成功裏に終わった.

このように,批判法学運動は,かつて学生反乱に参加したニュー・レフトの研究者たちと「法と社会」研究者たちとの意識的な合流から始まった.第三回会議のペーパーは1982年に『政治としての法(Politics of Law)』として出版され,早くも1984年には,スタンフォード・ロー・レヴュー誌が異例に分厚い批判法学特集号を組んでいる.そして,この頃にはすでに,批判法学運動は,「法と経済(Law and Economics)」学派(95頁【用語解説】参照)とならんで,アメリカ法学界において揺るぎない地位を獲得していたと言うことができる.1980年代の後半には,この運動はヨーロッパに飛び火し,同じくコモン・ロ

ー圏であるイギリスのみならず，ドイツやフランスの法理論にも影響を与えはじめる．そして，90年代終わりともなると，フェミニズム，批判的人種理論，法と文学，新プラグマティズム，法と精神分析といった様々な動きと交錯しながら，おそらく21世紀の法理論とつながっていくであろうそれら新しい潮流の知的母胎となっていくのである．

## 3　ロベルト・アンガーのリベラリズム批判

　しかし，批判法学運動がそれまでの法理論になく興味深いのは，その成立史だけではなく，その理論的主張においてである．すでに見たように，法の中立性や確実性を否定し，法的実践の政治性やその非合理的側面を明るみに出す点で，批判法学運動は，アメリカ独自の理論的伝統であるリアリズム法学の懐疑主義や批判精神を受け継いでいる．だが，リアリズム法学は，裁判官個人の判決行動の不確定性や非合理的要素に対しては容赦ない批判を行っても，リベラル・リーガリズムのイデオロギーそれ自身や，そこで維持される「法を通じた社会コントロール」といった考え方に対してまで，その矛先を向ける訳ではなかった．批判法学がリアリズム法学と袂を分かつのは，まさにこの点である．というのも，批判法学の出発点は，そもそも現代リベラル社会そのものが解消不可能な根本的矛盾をはらんでいるというヴィジョンであるからだ．批判法学者たちが法の中立性・確実性・非政治性といったリベラル・リーガリズムの中心的な諸観念を取りあげて，その機能を批判的に分析するのは，それが現代リベラル社会が抱える諸問題から人々の目を背けさせ，現実の様々な矛盾や軋轢を覆い隠してしまうからである．

　では，批判法学が共通の前提としている，こうした現代社会への否定的なヴィジョンはどこから得られたのだろうか．一つには，その成立史のところで振り返ったように，60年代アメリカ学生反乱の聖典となったマルクーゼの思想に見られたような，一種の「疎外論」的思考がある．たとえば，P.ゲイブルによる次のような主張はその典型であると言える．ドゥオーキン理論を筆頭に，

ルールや原理を考察の中心に据えるほとんどのアメリカ法理論は法的現実を「物象化」するものである．批判的法理論はこうした物象化を「脱コード化(decode)」し，「具体化(concretize)」することによって，孤立化し，寸断された諸個人に代わる「疎外されない関係性(unalienated relatedness)」を実現しなければならない．サルトルの実存主義にインスピレーションを受けたゲイブルのこうした主張は，まさしくかつての疎外論そのものである[20]．しかし，批判法学の様々な論客に最も影響を与えているのは，むしろ，より洗練された——そして，ときには秘教的とさえ感じられる——ロベルト・アンガー(Roberto Mangabeira Unger)のリベラリズム批判である．

もともとリオデジャネイロ出身のアンガーは1960年代の終わりに，客員としてブラジルに来ていたハーヴァードの教授に強く勧められ，ハーヴァード・ロー・スクールの修士課程(LL.M.)へと進む．彼はここでずば抜けた能力を発揮し，修士課程を終えた直後に契約法を教え始めるというエピソードを残している(修士修了後ただちに教鞭をとるといったことは，ハーヴァードでもかなり珍しいことだそうだ)．当初，アンガーは法的推論にかんする論文をまとめようとしたが，これはやがて，さらにスケールの大きな試みへと発展し，デビュー作『知識と政治(Knowledge and Politics)』(1975)として実を結ぶ．アンガーは言う．法と社会の関係を調停するためには，リベラリズムの包括的な批判が必要である．リベラリズムは，その根底において諸個人の自由意思に立脚し，「共有された価値」を考慮に入れないがゆえに，国家が行使する様々な強制を正当化することができない．そうした正当化されない他者への強制は，結局のところ，単なる「支配(domination)」にほかならない．正当化されない恣意的な強制の行使に代わる，正当化された強制の行使——すなわち法制度や法的実践——は，たとえその存在を証明できなくとも何らかの形で「共有され

---

[20] Peter Gabel, 'Intention and Structure in Contractual Conditions: Outline of a Method for Critical Legal Theory', *Minnesota Law Review*, vol. 61, 1977, pp.601–643. See also, Peter Gabel & Duncan Kennedy, 'Roll Over Beethoven', *Stanford Law Review*, vol. 36, 1984, pp. 1–55.

た価値」を前提にしていなければならない．しかし，問題を複雑にするのは，実はリベラリズムの理念のなかにも「共有された価値」というものが，すでに潜在的な形で含まれているということである．つまり，リベラリズムは孤立化した諸個人に立脚しつつも，彼らの間の共感を契機として，共同体的生活形式へと向かう内的な衝迫を持っている——すなわち，リベラリズムはそれ自身の内部に，リベラリズムを超越し，「共同体の政治」へと向かうダイナミクスをそもそもはらみ持つのである．「個人」と「共同体」とのあいだを揺れ動くこうしたリベラリズム自身の不確定性こそが，正当化されない強制たる「支配」のみをその必然的な帰結とすることなく，いまとは異なる別の社会のあり方，別の政治的生活形式があるかもしれないという希望をもたらすのである．

では，このリベラリズムを越えた社会を，アンガーはいったいどのようなものとして思い描いているのだろうか——続く『近代社会の法(Law in Modern Society)』(1976)は，この問いに答えようとする．アンガーはここで，英米の法学文献だけでなく，ウェーバーやデュルケームの社会学，マリノウスキー，ラドクリフ=ブラウン，レヴィ=ストロース，マルセル・グラネなどの文化人類学，オットー・ヒンツェ，ブルンナー，ミッタイス，ヴィアッカー，マルク・ブロックなどの法制史・歴史文献，さらには川島武宜の日本法論，石井紫郎の日本法制史，エズラ・ヴォーゲル，ロナルド・ドーアの日本論といった実に様々な文献を参照しつつ，未開社会の慣習法から，古代専制社会の官僚的法，近代のリベラリズムとそれに対応する「法の支配」(ちなみに，アンガーにおいてこれは，フラーやプロセス学派が描きだす近代法の姿とほぼ等しい)，そして，19世紀末ごろに出現しはじめた現代法といった具合に，法と政治の発展段階を理念型的に再構成し，そこから，ポスト・リベラル社会の到来とそこにおける法の姿を示唆している．アンガーは言う．近代リベラル社会は個人に立脚しているにもかかわらず，集団のなかに個人を埋没させ，その個体性を奪い去る．そうした集団の結合形態は，あくまでも自己の満足と欲望充足のための他者の利用にとどまるものであり，諸価値の共有に基づく共同体と呼べるようなものではない．こうして，リベラル社会は共通する価値を持たないがゆえに，集団内部

のヒエラルヒーや財・地位・権力の不平等な配分を正当化することができず，社会はますます道徳的に頽廃していく．しかし，こうした頽廃こそが，逆説的に，リベラリズムが自らを変革するきっかけともなる．近代リベラル社会は人々に魂の喪失，不安の意識，不正義やルサンチマンの感覚をもたらすが，それによって最終的には，人々の内側に「共同的連帯(communal solidarity)」の感覚を呼び起こす．そして，こうした感覚が，既存の法制度や法的判断形式の変革へとつながっていく．「法秩序は形式性の要請にしたがうため，権力の体系的不均等をもたらすが，しかし，こうした不均等は衡平的で共同体的な法理(equitable and communal doctrine)によって緩和され」るようになった[21]——こうした現象こそが，近代法にはなかった現代法の特徴であり，ここにアンガーは法の変革の可能性を見いだしている．「連帯(solidarity)と衡平(equity)についての現代の様々な実験と法史における初期の動きとの間に何か違いがあるとすれば，こうした最近の傾向が，実質的正義の名における，支配の構造への攻撃と密接に結びついているということである．こうした攻撃が出現し，成功する程度においてのみ，連帯と衡平というものが，単に形式的法判断の残余を扱う限定されたものでなく，規範秩序の主な源となることができるのである」[22]．では，リベラルな社会の後に到来する連帯的社会はどのようなものとなるのだろうか．それにかんしてアンガーは，ただ予言者のように語るのみである．ポスト・リベラリズムの社会は，慣習法が支配するかつての部族社会のようなものとなるかもしれない．しかし，そうした危険の一方で，それは個人の自由と共同体的関心の調和を意味するかもしれない，と[23]．

　たしかに，アンガーはかつての宗教改革者やマルクス主義者たちと異なり，来るべき社会の姿を明確には提示できていない．だが，彼はいわば一種の幻視者(visionary)として，批判法学運動に参集する研究者たちに圧倒的な影響をおよぼしている．来るべき社会の原理がすでに連帯や衡平の理念の形をとって

---

21) Roberto Unger, *Law in Modern Society*, Free Press, 1976, p. 211.
22) *Ibid.*, p. 213.
23) *Ibid.*, p. 239.

現代のリベラルな法制度のなかに存在するということ，近代法から現代法への転換にともなう実質的正義の台頭や法的推論様式の変化にその兆候がすでに見られるということ，「法の支配」の理念が重視する形式的な法適用と現代法特有の法原理を活用した実質的法判断との狭間にこそ変革の可能性があるということ——批判法学者たちはアンガーの著作からこれらのメッセージを読みとり，それを「変革の政治(politics of transformation)」への呼びかけとして受けとめたのである．

## 4　ダンカン・ケネディと法の根本的矛盾

　もっとも，アンガーのような議論はあくまで一種のグランド・セオリーであり，その意味で，批判法学に心情的にコミットした研究者ならともかく，抽象的な法理論には全く関心を持たず憲法・民法・刑法など個別的法分野の研究に専心する法学者たちにまでインパクトを及ぼすといったことは，まずもって期待できない．具体的な法分析のレベルで，こうした「変革の政治」を遂行し，それによって他の批判法学研究者たちに，法における批判的実践の一つのモデルを提示したのは，むしろダンカン・ケネディ(Duncan Kennedy, 1942-)であった．ケネディは，あくまでも法学の伝統的なテクストにとどまり，オーソドックスとも言える手法で分析を行いながら，諸々のルールや原理がいかに矛盾しているかということを明るみに出す．

　ケネディはすでに70年代初めに，当時すでにロー・スクールの権威的教科書の地位を確立していたハート／サックスの『法過程』を「現実と乖離したユートピア的合理主義によって法原理間の矛盾や法の不確定性を覆い隠す」という理由で批判する未公表論文を執筆し[24]，さらには論文「法的形式性(Legal Formality)」において「リベラル社会においては，法的意思決定やルール適用が合理的コンセンサスよりも恣意的妥協を生みだしがちである」ことを示し

---

24) Neil Duxbury, *op. cit.*, pp. 456-457.

ていた[25]．しかし，ケネディの議論の卓越性を人々に鮮烈に印象づけたのは，第一回批判法学会議で発表された論文「私法における形式と実質(Form and Substance in Private Law Adjudication)」だった[26]．

　ケネディは言う．リベラルな意識は個人主義と愛他主義との間で常に引き裂かれており，近代私法はまさにこうした分裂を自らの内に抱え込んでいる．個人主義に立脚する近代私法は，選択の自由と契約における交渉力を諸個人に保障しているが，それは裏を返せば，他者に対する強制力を保障することでもある．この自由は機会の上では各人に平等に与えられたものであるが，経済的に富む者と貧しい者が現に存在することを考えれば，こうした自由の保障は，結果的に，特定の個人により多くの選択の自由と交渉力を――すなわち，より大きな他者への強制力を付与することに等しい．これは裏を返せば，経済的弱者の選択の自由を縮小することにほかならない．こうして，個人主義に立脚する諸々の「ルール」を形式的かつ厳格に適用することが，結果的に，個人主義の理想そのものを裏切ってしまうのである．これに対し，愛他主義的観点に立てば，実質的な配慮をより柔軟に汲み上げることが可能な「規準(standards)」を用いて法を執行するほうがむしろ望ましい[27]．というのも，そうした「諸々の規準は実質的価値や共同体の目標を直接参照する．それらは諸々の「価値判断」を含む」からである[28]．しかし，こうした柔軟な規準を通じて愛他主義的な道徳規範を判決のなかに取り込もうとしても，それが裁判官個人の価値判断たらざるを得ない以上，そこには必ず一定の決定不能性(indeterminacy)が残る．このように，法的判断は常に，厳格なルール適用を好む個人主義的傾向と柔軟な規準の使用を好む愛他主義的傾向とのあいだでの矛盾を抱え込んでいる．

---

25) Duncan Kennedy, 'Legal Formality', *Journal of Legal Studies*, vol. 2, 1973, pp. 351-369.

26) Duncan Kennedy, 'Form and Substance in Private Law Adjudication', *Harvard Law Review*, vol. 89, 1976, pp. 1685-1778.

27) ちなみに，「規準」という言葉のここでの用法は，第2章で検討したハートのそれとは全く異なっている．ハートのそれが判断の共通尺度といった意味であるのに対し，ケネディのそれはもっと具体的な内容を持った，法原理や一般条項に近いものである．

28) *Ibid.*, p. 1752.

しかも,現実の事案に直面した裁判官に「厳格なルール適用をとるべきか,それとも柔軟な規準を用いるべきか」を指示するような「メタ原理」など存在しない以上,法的判断は常に一定の「決定不能性」にさらされているのである[29].

後に「決定不能性テーゼ」と呼ばれるようになるこうした考えを,ケネディは続く 1979 年の論文「ブラックストン『イギリス法釈義』の構造(The Structure of Blackstone's Commentaries)」のなかでさらに深く追求する[30].ケネディはヘーゲルとマルクーゼに触発されながら,こうした法の決定不能性が,究極的には個人と共同体のあいだの緊張関係から生じると主張する.個人が個人として存在しうるのはそれが「他者に向けられた存在」であるからであり,そのため必然的に個人は共同体を必要とする.換言すれば,個人は他者の集合体である共同体を通じてはじめて自由な個人となるのであるが,だが同時に,この共同体は他の諸個人の自由も含意するものである以上,共同体は各人の自由に制限を加える強制ともなる.しかし,リベラリズムの法理解は,諸々の個人にとって共同体が自由へ向かう契機であると同時に抑圧の契機でもあるという事実——すなわち,個人と共同体の間に横たわる「根本的矛盾(fundamental contradiction)」を,まるでそんなものは存在しないかのように隠蔽してしまう.そして,ケネディはこうした視座に基づいて,ウィリアム・ブラックストンの『イギリス法釈義』に向かい合う.このコモン・ローの古典的テクストにおいて「根本的矛盾」はどのようなメカニズムを介して隠蔽され,無化されているのか——ケネディはそれを,一種の構造主義的な精密さをもって,テクスト自体の内側から析出する.そして彼は,「正／不正(right／wrong)」「公／私(public／private)」といった二項対立の設定が,そうしたメカニズムとしてとりわけ重要な役割を演じていることを明るみに出すのである.

制定法・判例・学説の精密なテクスト分析を通じて法の内在的矛盾を暴き出

---

29) *Ibid*., p. 1724. See also, Mark Kelman, *A Guide to Critical Legal Studies*, Harvard University Press, 1987, chap. 1.

30) Duncan Kennedy, 'The Structure of Blackstone's Commentaries', *Buffalo Law Review*, vol. 28, 1979, pp. 205–382.

すという，こうしたケネディの手法は，後の批判法学運動に典型的な一つの分析手法となった．しかし，重要なことは，来るべき社会の姿を幻視してみせるアンガーとは異なり，ケネディがリベラル・リーガリズムの「根本的矛盾」を越える方法を，理論のなかには決して求めようとしていないという点である．理論のレベルにおいて根本的矛盾を解明することによって人間性への信頼や希望がもたらされることは確かだが，それによって，現実のレベルで矛盾それ自体が解消されると考えるのは迷妄に過ぎない[31]．批判的実践の「課題は，こうした矛盾も実は人間の歴史的所産であるという事実と向かい合うことによって，自らの思考を脱神秘化することである．そうした矛盾を産みだし，また維持してきた社会が不滅でないのと同様に，こうした矛盾も決して不滅ではない．これを理解することは救済ではないとしても，励ましとなる」[32]．ユートピアのヴィジョンや安直な宥和の理念に飛びつかず，現代法の不確定性や内的矛盾と対峙し，それを分析し続けること．そして，それと同時に，大学や法律事務所，さらには「ソープ・オペラやポップ・ミュージック」なども含む現実の諸制度に実践的な介入を行い続けること[33]．1960年代終わりから70年代，80年代と続く，幻滅の時代を生きたケネディにとって，こうしたアプローチこそが，一度は挫折した「革命」を継続させていくための唯一可能な方法だったのかもしれない．

## 5 批判法学・脱構築・ポストモダン法学

ところで，批判法学における主要な研究方向は，アンガーの政治哲学的ヴィジョンとケネディの法的推論の分析につきてしまう訳ではない．特に法制史の領域では，すでに運動創生期から重要な仕事がいくつも産みだされている．た

---

31) *Ibid.*, pp. 213–221.

32) *Ibid.*, p. 221.

33) Kennedy and Gabel, 'Roll Over Beethoven'; See also Duncan Kennedy, *Sexy Dressing etc.: Essays on the Power and Politics of Cultural Identity*, Harvard University Press, 1993, esp. chap. 1.

とえば，1977年出版のモートン・ホーウィッツの名著『アメリカ法の変質 —— 1780-1860 (The Transformation of American Law 1780-1860)』(1977) は，不法行為法判例やその他の歴史資料の分析を通じて，アメリカの裁判官たちが18世紀終わり頃から法理や法原理の読み替えによってとりわけ商工業者に有利な判断を行うようになったことを明らかにしたし，カール・クレアは1978年に，アメリカ労働法史上最も重要なワグナー法をめぐる，連邦最高裁の解釈の変遷を分析している[34]．批判法学運動における法制史の役割を理論的に定式化するものとしては，1980年代初頭にロバート・ゴードンが執筆した二本の論文「法学における歴史主義(Historicism in Legal Scholarship)」と「批判的法史(Critical Legal History)」がとりわけ重要である[35]．E. P. トムソン(E. P. Thompson)をはじめとする近年の歴史研究の成果を縦横に引用しながら，ゴードンは「諸々の法原理は社会の要請にしたがっていわば機能的必然として生成してきた」とする主流的法理論の想定をいわば進化論的機能主義(evolutionary functionalism)として批判し，同様の機能を担う——つまり機能的に等価である——制度は他にも存在し得るということを歴史的研究が明らかにする以上，諸々の法原理もむしろ歴史的偶然性(historical contingency)の産物と捉えられなければならないと主張する．これによってゴードンは，諸々の法原理が決して変更不可能ではなく，機能的に等価であるような別の法原理によって置き換え可能であることを示そうとするのである．

ところで，先ほどあげたクレア論文の内容は次のようなものだった．「ワグナー法は一見すると労働運動の勝利のように見えるが，これを長期的な視座から捉えると実は労働の敗北につながっている．というのも，同法は，内容面では労働者支援を意図するものの，その形式面において，いまだ支配的社会集団の利害関心に見合ったままだからである」．興味深いのは，クレアがこうした

---

34) Karl Klare, 'Judicial Deradicalization of the Wagner Act and the Origins of Modern Legal Consciousness', *Minnesota Law Review*, vol. 89, 1978, pp. 265-339.

35) Robert Gordon, 'Historicism in Legal Scholarship', *Yale Law Journal*, vol. 90, 1981, pp. 1017-1056; *id*, 'Critical Legal History', *Stanford Law Review*, vol. 36, 1984, pp. 57-125.

分析の着想をイタリアのマルクス主義者，アントニオ・グラムシ (Antonio Gramsi, 1891-1937) のヘゲモニー論から得ているという点である（コラム6参照）．クレアのみならず，ケネディはヘーゲルやマルクーゼ，ゲイブルはサルトルの実存主義といった調子で，批判法学はその当初から理論的な統一性をあえて持とうとしない雑種的な試みであったと言うことができる．そして，1980年代に入ると，こうした雑種性がさらに加速する．ウィトゲンシュタインの言語ゲーム論，トマス・クーンのパラダイム論，リチャード・ローティのネオ・プラグマティズム，ホルクハイマー＝アドルノからハーバーマスにいたるフランクフルト学派の批判理論，先ほどのグラムシをはじめ，パシュカーニスの商品交換論やアルチュセールのイデオロギー論などの非教条主義的なマルクス読解，フーコーの権力論やデリダ派の脱構築などポスト構造主義の諸理論といった具合に，批判法学は可能な限りのあらゆる理論を吸収し，それらを徹底して利用している．法学者たち——しかも，その多くは実定法学者である——が新理論を求めてこれほどまでに狂奔したことは，アメリカ法の歴史のなかでもおそらく初めてのことではないだろうか．そして，そうしたなかでもとりわけ興味深く思われるのが，批判法学とデリダの関係である．

　すでに見たように，批判法学は当初から，何らかのグランド・セオリーに立脚して法を批判するよりも，権威的な法テクストの忠実な読解からその内的矛盾を暴き出すことを得意としてきた．もっとも，マルクーゼやヘーゲルから出発したケネディの場合，それを個人と共同体の本質的矛盾へと還元してしまい，この点で，実体論的で本質主義的な思考を残存させていたと言うこともできる[36]．しかし，彼は知らず知らずのうちに，構造主義やポスト構造主義の思想にあと一歩というところにまで接近している．というのも，彼の契約モデル批判や「公／私」二分論批判に見られるような，テクストを丹念に追いながらなされる内在的な批判は，その方法論の点で，アルチュセールのマルクス解釈や，哲学史においてデリダが提唱した「脱構築 (déconstruction)」とまさしくう

---

[36] ケネディは後にそうした意味における「根本的矛盾」の用法を撤回している．Peter Gabel & Duncan Kennedy, 'Roll Over Beethoven'.

り二つだからである．両者はあくまでもテクストの内側にとどまり，その忠実な読解を行いながら，結果的に，テクストそれ自体をしてその限界を語らせる．その意味で，批判法学の一つの特徴をなすこうした「内的視点」からのアプローチが，やがてデリダの脱構築を意識的に吸収し，それを自分たちの手法のなかに織り込んでいくのは自然の成り行きであった．

そもそも，デリダにおける哲学の脱構築は，古典的文献を読む際の一つの方法的態度を意味していた．いかに体系的に一貫し，矛盾などまったくないように見えるテクストであっても，そこには作者が意識的・無意識のうちに視野の外に置いた何ものかが存在する．作品というものはそうした何ものかを排除することによって，はじめて体系性や一貫性，あるいは作品を貫く全体的な意図といったものを手に入れるのである．しかし，そうした作者の意識的・無意識的配慮にもかかわらず，テクストそれ自体がその所々で，そこで排除されているものや度外視されているものを教えることがある．たとえば，西洋哲学の歴史を振り返ってみれば，それは絶えず，「魂／肉体」「形相／質料」「精神／物質」「自然／技術」「男性原理／女性原理」「話されたもの／書かれたもの」といった様々な二項対立を生み出し，その一方に優越的な地位を与えるといったことを行っている．つまり，西洋的な観念体系の歴史とは，こうした一種の階層的秩序の再生産の歴史にほかならないのである．しかし，丹念にテクストを追ってみると，こうした二項間の境界を流動化させ，概念の階層秩序を決定不能性へと追い込んでしまうような両義的概念に出くわすことがある．たとえば，プラトンの『パイドロス』に出てくる，薬であり毒でもある「パルマコン」の概念がその一例である[37]．テクストは必ずこうした意味の不確定性の隙間を有しており，それが明らかとなれば，固定化された観念の境界はその決定不能性をさらしだし，それによって常識的で通説的な階層秩序は流動化される――まさしく，こうした実践が脱構築なのである．あるインタビューのなかで，デリダはこれを次のように定式化している．「哲学を「脱構築する」とは，哲学の

---

37) 高橋哲哉『デリダ』(講談社，1998年)，第2章，参照.

諸概念の系譜学をそのように最も忠実な，最も内的な仕方で，しかしまた同時に，哲学によっては形容されえないような，名づけえないようなある外部から出発して考えることでしょう．この歴史はあるものを包み隠し，ないしは禁止しえたのですが，そしてある個所で欲得ずくのそうした抑圧によってみずからを歴史たらしめたのですが，哲学を「脱構築する」とは，包み隠され，禁止されえたそうしたあるものを，それと規定することであるでしょう．」[38]

このように，脱構築は，常識的思考や通説の安定した支配を覆し，最終的にはその自明性を解体させる．他方，批判法学もその当初から，通説的な法理解を「脱正当化(delegitimatize)」し，「脱コード化(decode)」し，「脱神秘化(demystify)」し，ついには「ゴミを投げ捨てるように無差別破壊する(trash)」——これは60年代ニュー・レフト用語を復活させたものらしい[39]——ことを運動の目標としてきた．だとすれば，批判法学者たちが脱構築のなかに自分たちの運動の理論的支えを見いだしはじめたことについても納得がいく．実際，デリダ自身，70年代から客員教授としてアメリカ各地の大学を訪れていたし，とりわけ彼の僚友であるベルギー出身の文芸批評家，ポール・ド・マン(Paul de Man)が教鞭をとるイェール大学が脱構築派の拠点となり，「イェール学派」といった言葉まで生まれていた．いずれにせよ，80年代の半ばともなると，デリダなど大陸現代思想の洗礼を受けた学部卒業生や教員たちが「食べられる仕事」を求めて大量にロー・スクールに流入したこともあって，法原理間の矛盾と決定不能性という批判法学おなじみのテーマを「法の脱構築」という観点から検証する論文が数多く発表されることになる．たとえば，J. M. バルキン(Jack M. Balkin)の「脱構築的実践と法理論」[40]，C. ダルトン(Clare Dalton)の「契約法学説の脱構築試論」[41]，J. ボイル(James Boyle)の「理性の政治——批

---

38) デリダ『ポジシオン』(高橋允昭訳，青土社，1981年), 14頁.
39) Mark Kelman, 'Trashing', *Stanford Law Review*, vol. 36, 1984, pp. 293-348.
40) J. M. Balkin, 'Deconstructive Practice and Legal Theory', *Yale Law Journal*, vol. 96, 1987, pp. 743-786.
41) Clare Dalton, 'An Essay in the Deconstruction of Contract Doctrine', *Yale Law Journal*, vol. 94, 1985, pp. 997-1114.

判的法理論とローカルな社会思想」[42]，G. ペラー(Gary Peller)の「アメリカ法の形而上学」[43]，P. シュラーク(Pierre Schlag)の「規範性と形式の政治」[44] などが，そうした動きの代表例である．

　しかし，批判法学における脱構築の意義はこれだけにとどまらない．かつてのケネディの仕事が単なるニヒリスティックな現状批判にとどまらず「法や社会には，これまでとは違う別の在り方もある」というメッセージを含んでいたように，デリダの脱構築の根幹にも，次のような規範的メッセージが含まれている．つまり，規範的側面からとらえれば，脱構築の実践とは，これまで不当に劣位におかれたものに対する公正，すなわち，それらに対する正義に適った取り扱いを目指すものにほかならないのである．質料，物質，身体，書かれたもの，女性原理——これらは諸々の二項対立において常により劣った地位に追いやられ，その意味で，理性の「他者」と見なされてきた．脱構築の実践が目指すのは，こうしたものへの正当な取り扱いを回復することなのである．しかも，それは単に優位な項と劣位な項を逆転するといったことではなく，あらゆる概念の定立にはその対立項，あるいはその「他者」に加えられる原初的暴力——デリダはこれを「原＝暴力」と呼んでいる——がともなっているということへの想起につながっていかなければならない．そして，そうした想起の実践のみが「他者」への責任の応答となるのである．こうした意味で，デリダの脱構築は常に規範的な呼びかけであったのであり，一種の正義論だったのである．

　脱構築が含意するこうした規範的側面を最もストレートな形で批判法学へと導入したのが，D. コーネル(Drucilla Cornell)であった．彼女は，デリダの哲学が決してネガティブな批判にとどまるものではなく，むしろ積極的な正義論であることを示すために，それを「限界の哲学」と命名し直し[45]，自らの「倫理

---

　42) James Boyle, 'The Politics of Reason: Critical Legal Theory and Local Social Thought', *University of Pennsylvania Law Review*, vol. 133, 1985, pp. 685–780.
　43) Gary Peller, 'The Metaphysics of American Law', *California Law Review*, vol. 73, 1985, pp. 1151–1290.
　44) Pierre Schlag, 'Normativity and the Politics of Form', *University of Pennsylvania Law Review*, vol. 139, 1991, pp. 801–932.

的フェミニズム(ethical feminism)」の試みと結びつける[46]. さらに彼女は, 1989年, ニューヨークのカードーゾ・ロー・スクールで「脱構築と正義の可能性」と題するシンポジウムを組織する. そして, ついにここで, 法や正義と脱構築との密接な関係が, デリダ本人の口を通して語られるのである(補論参照).

こうして, デリダの脱構築は法学研究や正義論に無視し得ない影響を及ぼし, やがて脱構築学派は批判法学内部での一大勢力を形成するようになった. だが, そうした動きと並行するように, アメリカの批判法学は次第にその理論的な求心力を失い, やがて, フェミニズム法学, 批判的人種理論(Critical Race Theory)[47]のような個別具体的実践を目指す動きや,「法と文学」アプローチ[48]や新プラグマティズム[49]といった多様な方向へと解体=分化しはじめる. そして, 理論的側面から言えば, 90年代にはむしろ, イギリスを初めとするヨーロッ

---

45) Drucilla Cornell, *The Philosophy of the Limit*, Routledge, 1992.

46) Drucilla Cornell, *Beyond Accommodation: Ethical Feminism, Deconstruction and the Law*, Routledge, 1991.

47) 【用語解説】批判的人種理論――カルチュラル・スタディーズや多文化主義の動きと連動して, アメリカのマイノリティのなかから出てきた法理論. とりわけ, この動きは, 批判法学も結局は白人中心主義に囚われている点を内在的に批判し, マイノリティにとっては, 法の不確定性や原理間の根本矛盾の指摘よりも人権概念や権利概念を社会的現実のなかで戦略的に活用していくことの方がむしろ切実な課題であると論じる. 代表的な仕事には次のようなものがある. Patricia Williams, *The Alchemy of Race and Rights: diary of a law professor*, Harvard University Press, 1991; Kimberlé W. Crenshaw, 'Race, Reform and Retrenchment: Transformation and Legitimation in Anti-Discrimination Law', *Harvard Law Review*, vol. 101, pp. 1331-1387; Richard Delgado, 'The Ethereal Scholars: Does Critical Legal Studies Have What Minorities Want', *Harvard Civil Rights-Civil Liberties Law Review*, vol. 22, 1987, pp. 301-322. また, 最近では次のような便利な論文集も編まれている. K. W. Crenshaw, N. Gotanda, G. Peller and K. Thomas(eds.), *Critical Race Theory: The Key Writings That Formed The Movement*, The New Press, 1995.

48) 【用語解説】「法と文学(Law and Literature)」――様々な観点から様々な研究がなされているが, 大きく分けて, 文学作品において法がどのように扱われているかを分析し, そこから教訓的なものを引き出すといった方向性と, 文学作品も法学文献も「テクスト」という意味では同列であるという観点から, その構造, 意味産出メカニズム, 制度的配置, 作者=立法者の役割, 等々を解明していく方向性とをあわせもつ. 法と文学を結びつける試みは, アメリカでは, かつての証拠法の大家ジョン・ウィグモア(John Wigmore, 1863-1943)にまで遡るらしいが, 現在の「法と文学」アプローチの直接的な端緒はホワイト

パのほうがより興味深い展開を見せはじめるようになる．とりわけ，ミシェル・フーコー(Michel Foucault, 1926-1984)の歴史研究やミハイール・バフチン(Mikhail Bakhtin, 1895-1975)の言語研究などの示唆を受けて P. グッドリッチ(Peter Goodrich)が行った判決や法的史料の実証的な言説分析は，批判法学研究の新たな方向性を指し示すものであった．グッドリッチはその著書『法的言説(Legal Discourse)』(1987)において，意図的に「距離を置いた」視点に立って，法を経済，倫理，美学，等々とならぶ一つの言説空間，議論領域と捉え，法的推論様式や法学特有の語彙の体系といったその内部的編成を他の複数の言説領域との関係性において解明することを試みている．彼は，法的推論や法的諸概念の機能や性格がそうした外部との交通によって歴史的に形成されると考え，膨大な史料の個別具体的な読み込みのなかから法学の系譜学的出自を析出

---

(James Boyd White, 1938-)の著書『法的想像力(Legal Imagination)』(1973)である．James Boyd White, *Justice As Translation: An Essay in Cultural and Legal Studies*, The University of Chicago Press, 1990, も参照．第3章で検討したドゥオーキンの解釈的アプローチについても，こうしたアプローチとの脈絡のなかで捉え直すことによって，またその異なる姿を現すように思われる．このアプローチの最近の成果として，法の「物語」的側面に焦点を当てる次の論文集もあげておく．Peter Brooks & Paul Gewitz(eds.), *Law's Stories: Narrative and Rhetoric in the Law*, Yale University Press, 1996.

49)　【用語解説】新プラグマティズム——哲学においては，基礎づけ主義的な哲学観に抗してジョン・デューイやウィリアム・ジェームズらの19世紀プラグマティズム哲学を再評価するリチャード・ローティ(Richard Rorty, 1931-)の名前がまず念頭に浮かんでくるが，法学においては，かつて「法と経済学」の中心的論客でもあった学者裁判官，R. ポズナーがその代表者ということになっている(しかも，彼は「法と文学」アプローチにも首を突っ込んでいる)．ポズナーは，自己のルーツはホームズ判事のプラグマティックなアプローチにあるとして，法学においては最終的な基礎づけや普遍志向は不必要なばかりか有害であり，ケース・バイ・ケースの判断や実験の方がむしろ望ましいと説いている．Richard Posner, *Problems of Jurisprudence*, Harvard University Press, 1990. こうしたプラグマティズムはポズナーよりも若い世代の「法と経済学」派においても見られる傾向であり，その結果，近年の「法と経済学」研究では「経済学的視点で法制度全体を説明する」といった経済還元主義や科学主義はなりをひそめ，「使えるところには使い，説明できることだけを説明する」といった道具主義へとますます傾きつつあるように思われる．次の雑誌特集と論文集をそれぞれ参照．'Symposium on the Renaissance of Pragmatism in American Legal Thought', *Southern California Law Review*, vol. 63, 1990, pp. 1569-1853; Morris Dickstein(ed.), *The Revival of Pragmatism: New Essays on Social Thought, Law, and Culture*, Duke University Press, 1998.

しようとするのである[50]．当然のことながら，こうした研究の可能性はその実証的作業の広さと深さにかかっているのであるが，彼は法律英語の多層的構造[51]や中世フランスの恋愛法廷[52]の研究などによってその可能性の豊かさを示すとともに，最近では，精神分析学者ジャック・ラカンの弟子でもあったフランスの行政法＝法制史学者，ピエール・ルジャンドル（Pierre Legendre, 1930-）の一連の仕事を紹介しつつ，その「西洋法の精神分析」を自らの実証研究とつなげようとしている[53]．

ところで，すでに見た脱構築的アプローチも結果的にはそうなるのであるが，グッドリッチのようにフーコーの示唆を受けた言説分析の試みは，よりストレートな形で法の複数性，不確定性，偶然性を提示するものであり，その点で多元主義的な法のイメージと結びつく．そして，こうした多元主義的な法のイメージを指して，いつの頃からか「ポストモダン法学」という表現が一種のスローガンのように用いられるようになった[54]．周知のように，そもそもポストモダンという表現は，複数の歴史的様式を一つの建築物のなかにモザイク状に再構成した，一種の折衷様式を指す建築学上の概念であったものを，フランスの

---

50) Peter Goodrich, *Legal Discourse: Studies in Linguistics, Rhetoric and Legal Analysis*, Macmillan, 1987. その議論内容については，中山竜一「法のレトリックと言説分析」(山下正男編『法的思考の研究』京都大学人文科学研究所，1993年，所収)を参照．

51) Peter Goodrich, *Languages of Law: From Logics of Memory to Nomadic Mask*, Weidenfeld & Nicolson, 1990.

52) Peter Goodrich, *Law in the Courts of Love: Literature and Other Minor Jurisprudence*, Routledge, 1996.

53) Peter Goodrich, *Oedipus Lex: Psychoanalysis, History, Law*, California University Press, 1995; Peter Goodrich and David G. Carlson (eds.), *Law and the Postmodern Mind: Essays on Psychoanalysis and Jurisprudence*, Michigan University Press, 1998; Peter Goodrich (ed.), *Law and the Unconsciousness: A Legendre Reader*, Macmillan, 1997. 本国フランスの研究者たちの間でも，難解さをもって知られるルジャンドルであるが，わが国でも一冊翻訳が出ている．ピエール・ルジャンドル『ロルティ伍長の犯罪』(西谷修訳，人文書院，1998年)．

54) Cf. Costas Douzinas and Ronnie Warrington, *Postmodern Jurisprudence: The Law of the Text in the Text of the Law*, Routledge, 1991; Bonavantura de Sousa Santos, *Toward a New Common Sense: Law, Science and Politics in the Paradigmatic Transition*, Routledge, 1995.

哲学者リオタールが分散した現代の知の在りようを指すメタファーとして転用したものである．リオタールは，ポストモダンとはまず何よりもメタ物語への不信感であると言う．近代という時代は，知が様々な学問領域，議論領域，価値領域へと専門分化した時代であると同時に，それらを統合し，相互の意思疎通を可能とするような数々のメタ物語——精神の弁証法，意味の解釈学，主体の解放，社会の発展——が捏造された時代でもあった．しかし，こうした分化，分散の加速によって，そうしたメタ物語はますますいかがわしいものとなりつつある．むしろ，分散を分散として引き受けることこそが現代にふさわしい態度ではないか．リオタールはこのように考え，ウィトゲンシュタインの言語ゲームの複数性と異質性の議論に触発されながら，次のように結論づけている．「新しいものの創出はつねに意見の相違から生まれてくる．ポストモダンの知はけっしてただ単に諸権力の装置であるのではない．それは差異に対する我々の感受性をより細やかに，より鋭く，また共約不可能なものに耐える我々の能力をより強くするのである」[55]．だとすれば，法を一つの議論領域，言語ゲームと捉え，他の様々な言語ゲームとの絡み合いの中で捉えようとするグッドリッチのような方向は，たしかに，ポストモダン論が目指した方向と重なっていると言えるだろう[56]．

---

55) J. F. リオタール『ポストモダンの条件——知・社会・言語』(小林康夫訳，風の薔薇，1986年，11頁).
56) もちろん，批判法学運動のすべてが——同じく多元主義的な法イメージを志向するフェミニズム法学や批判的人種理論も含め——ポストモダン的な方向に，明示的な形で収斂していく訳ではない．たとえば，運動の当初から圧倒的な影響力を保ち続けているアンガーは，現在もなお，リベラリズムの後に来るはずの超リベラリズム(Super-liberalism)を思い描く「制度的想像力(Institutional Imagination)」が法分析においても重要であると説き，実際にその選択肢のいくつかを描きだしている(アンガー自身はそうしたなかでも「流動的民主主義(Mobilized Democracy)」という選択肢を支持するらしい)．リオタールのような視座からすれば，こうした方向は，来るべき将来のメタ物語をいまだに追い求める試みに見えるにちがいない．Roberto M. Unger, *What Should Legal Analysis Become?*, Verso, 1996.

## 6　ポストモダン法理論としてのシステム理論

ところで，こうしたポストモダン論を積極的に支持する法理論としては，批判法学の他に，G. トイプナー(Gunther Teubner)や K-H. ラデーア(Karl-Heinz Ladeur)らによるドイツのシステム理論がある．だが，まず最初に，彼らに決定的な影響を与えたニクラス・ルーマン(Niklas Luhmann, 1927-1998)のシステム理論に触れておかなければならないだろう．英米哲学における「言語論的転回」や，フランスの構造主義・ポスト構造主義と全く異なる道のりを歩んできたにもかかわらず，ルーマンがたどり着いた場所は，多くの点でポスト構造主義やポストモダンの議論と重なるところが少なくない．

ルーマンは，第二次世界大戦末期に少年兵として戦争に参加した後，フライブルク大学で法律学を学び，生まれ故郷リューネベルクの上級行政裁判所を皮切りに 30 代終わりまで行政官として働いている[57]．しかし，この頃すでにルーマンは社会学や哲学の文献を読みあさっており，1960 年代初めにはハーヴァード大学のタルコット・パーソンズ(Talcott Parsons, 1902-1979)の下で社会学と行政学を学ぶ機会を得ている．その後，彼は著名な社会学者ヘルムート・シェルスキーの下で社会学の学位を取得し，1968 年から 1992 年まで，シェルスキーが計画した実験大学，ビーレフェルト大学で教鞭をとることになる．ところで，ルーマンの出発点は，師パーソンズのシステム理論をさらに改良することであった．パーソンズの構造＝機能論的なシステム理論は，その名の通り，社会構造の存続に必要な機能を解明する試みであるが，特定の社会を前提とする点で保守的であり，社会内部の紛争や葛藤の動きを理論化し得ない点で静的に過ぎるといった批判にさらされていた(たとえば，ラルフ・ダーレンドルフの批判)．ルーマンは，こういった批判を回避するため，まず最初に構造があり，次にそれを保持するための機能を探るといったパーソンズ理論の思考の順序を

---

57) G・クニール／A・ナセヒ『ルーマン　社会システム理論』(舘野受男・池田貞夫・野崎和義訳，新泉社，1995 年)．

逆転させ，機能から出発するシステム理論を構築しようとした．パーソンズは既存の社会構造から出発したために価値や規範のマトリックスからなる説明図式を作り上げたが[58]，機能と構造の優先順位を逆転させれば，そうした説明もまったく無用の長物となる．というのも，機能面から考えれば，社会システムを規定するのはもはやその内容ではなく，「システム／環境」の間に境界があるということ，すなわち，システムの内部と外部の区別＝差異という形式面の問題だけとなるからだ．ルーマンは世界が様々な出来事の総体からなるとし，それを「複雑性(Komplexität)」と呼んでいる．人間はその能力的限界ゆえに，この複雑な世界を一挙に把握できない．そこで，社会システムが「複雑性の縮減(Reduktion von Komplexität)」という課題を引き受け，それによって人間は世界を一定の角度から認識できるようになる．いわば，「システム／環境」の区分によって，世界という複雑性の海(＝環境)のなかに「より少ない複雑性の島」(＝社会システム)が生まれるのである．また，法や経済といったものは，こうした全体的な社会システムが「機能分化」した一種のサブ・システムとして，各々の観点から世界の「複雑性の縮減」に貢献する．1960年代終わりから70年代初めにかけて出版された『手続を通じての正統化(Legitimation durch Verfahren)』(1968)や『法社会学(Rechtssoziologie)』(1972)といった一連の仕事は，こういった観点から法システムの内在的メカニズムを解明するものにほかならない[59]．なかでも，法学者たちの間では，「条件プログラム」と「目的プログラム」という対概念が，要件＝効果図式に則ったオーソドックスな法適用と政策的な配慮に基づく利益考量の違いを説明するものとしてとりわけもてはやされた．ルーマンは，システム理論を通じて行われる世界のこうした解明作業もまた，「知のシステム」内部の「複雑性の縮減」に貢献するものであるとして，それを「社会学的啓蒙(Soziologische Aufklärung)」と名づ

---

58) いわゆる AGIL 図式である．A＝適応，G＝目標達成，I＝統合，L＝パターン維持といった四つの機能が，社会の全体システムにおいては，それぞれ A＝経済，G＝政治，I＝社会共同体，L＝家族という具合に割り振られる．

59) ルーマン『手続を通じての正統化』(今井弘道訳，風行社，1990年)．同『法社会学』(村上淳一・六本佳平訳，岩波書店，1977年)．

けている.

　1960年代終わりから70年代初めにかけて行われたハーバーマスとの論争は, たしかに, ルーマンの名前を一躍有名にした. そこでは,「複雑性の縮減を目的とするシステム理論は, 支配の維持に奉仕する点で本質的に保守的である」と批判するハーバーマスに対し,「機能」概念にかんする根本的誤解, ならびに,「科学」と「政治」という別個のシステムの混同であるというルーマン側からの再批判が行われた. しかし, 理論的前提をまったく異にする両者の応酬から建設的な展開が生まれたかということになると, 若干疑わしく思われる[60]. 現在の目からすれば, ルーマン理論が本当の意味で脚光を浴び始めるようになるのは, むしろ80年代になってからである. ルーマンのシステム理論はこの時期に, 生物学において70年代終わりから80年代にかけて生じた理論的変化を受け, いわゆるオートポイエーシス的転回を遂げることになった. そして, これによって彼のシステム理論はポストモダンの潮流と合流することになったのである.

　まず「オートポイエーシス(Autopoiesis)」という言葉は, チリの生物・神経生理学者, ウンベルト・マトゥラーナ(Humberto Maturana)がギリシア語の「自己(auto)」と「つくる(poiein)」を組み合わせて作った造語であり, そもそも「自分で自分を産みだすこと」といった程度の意味である. マトゥラーナは, 弟子のフランシスコ・ヴァレラ(Francisco Varela)とともに生物体や神経システムの研究を進めるうち, それらが自己の構成要素を自分で産出する閉じたシステムを形成していると捉えるようになった. 生物体や神経システムは, それが外部環境から栄養や刺激を取り入れるものである以上, 必ずしも自足している訳ではない. だが, そうした環境との交流が可能となるのは, あらかじめシステム内部の構成要素がそれ自体の論理にしたがって産出され, それによってシステム全体が保持されているからにほかならない. また, この閉鎖性という性格ゆえに, 自己産出的なシステムは自己自身だけと関係するものとなり,

---

60) ユルゲン・ハーバーマス／ニクラス・ルーマン『批判理論と社会システム論』(佐藤嘉一・山口節郎・藤沢賢一郎訳, 木鐸社, 1987年).

そうした点で自己準拠性(self-reference)こそがシステムの特徴であることになる[61]．もっとも，マトゥラーナとヴァレラによれば，こうしたモデルはあくまでも生物体や神経システムだけにかかわるものであり，人間の社会を説明するものではないということになっていた．しかし，ルーマンは，その抽象度を高め，一般化してやりさえすれば，こうしたオートポイエーシス的生体システム論が社会システムの説明にも応用可能であると考えた．そして，これによってルーマンのシステム理論は，徹底した「機能」中心モデル，純粋な「出来事」の理論，極端な構成主義的社会理論へと変貌を遂げるのである．

ルーマンは社会システムの最小単位を，かつてのように「行為」と捉えるのをやめ，コミュニケーションのうちに見る．つまり，社会システムは個々のコミュニケーションが相互に結びついたコミュニケーション・システムなのであり，そこでは「意味(Sinn)」の概念が重要な役割を演じている．だが，ルーマンの言う「意味」は通常の用法と異なり，世界の無限のコミュニケーション可能性から一定のものだけが顕在化するといった事態を指しており，これを違う言葉で表現すれば，「Aである／Aでない」の二項のいずれかへの決定がなされるということと同じことを示している．そして，ルーマンはそうした意味決定を「観察(Beobachtung)」と名づけるのである．さらに，こうした基本概念の用法の転換によって，「複雑性の縮減」や「機能分化」といった概念の用い方にも変化が生じてくる．たとえば，法システムについて言えば，それは人々の期待——つまり，これまでになされた決定やこれからなされるであろう決定に接続可能な「意味」——の限定と構造化を通じ，世界の「複雑性を縮減」する社会システムとして「機能分化」したものの一つであり，とりわけそれが「合法／不法」の二値コードの適用を通じて外的世界を「観察」している点で，経済や道徳といった他のシステム群とも区別される——こういった具合である．

ルーマンはこのようにオートポイエーシス概念，そして，とりわけシステム

---

61) マトゥラーナ／ヴァレラ『知恵の樹』(管啓次郎訳，朝日出版社，1997年)．同『オートポイエーシス』(川本英夫訳，国文社，1991年)．

の根本的「閉鎖性」の概念を導入することで,いわば「法の自立性」を説明するための新たな手段を提示しているように思われる.しかし,同時に彼の「観察」概念は,法システムが持つ特殊な「開放性」についても説明をあたえてくれる.つまり,次のようなことである.システム内の観察者は固有の二値コードを適用することを通じて「観察」を行う.ルーマンはまずこれを「一次的観察」と呼ぶ.注意しなければならないが,そのときこの観察者はあくまでも当該システム内部の観察を行っているのであり,その外的環境(=他の諸システム)については,主題として言及しているに過ぎない(他者準拠).だが,この観察者はそのとき,ただそうした二値コードの適用を行うのみであって,これと並行して現在の自分の行動を観察するといったことはできない.自分が観察をしているということ,このこと自体が観察可能となるのは,あくまでも事後的に——つまり,時間的な隔たりや距離を置いて——振り返る場合だけに限られる.そして,その段階においてはじめて,当該システムと他のシステムとの特殊な関係性が主題化されるのである(ちなみに,こうしたシステム間の連関は「構造的カップリング」として説明される).ルーマンはこのような反省的(=自己言及的)考察を二次的観察と呼ぶ.したがって,法システムにおいては,様々な事例に「合法／不法」の二値コードを適用する法教義学的な作業が「一次的観察」ということになり,他方,そうした適用行為の社会的脈絡を一定の距離を置いて説明する,伝統的に法理論が担ってきた仕事が「二次的観察」であることになる.

　自己のシステムの内側から観察すれば当然と思える事柄も他のシステムから見れば異なって見えるということ,そして,世界には全ての考察の根拠となるアルキメデス的支点など存在しないということ——「二次的観察」は,こうしたことにわれわれの目を開かせ,様々なシステムの様々な視点からなる中心のない重層的な世界像を提示する.こうして,あらゆるシステムから他のシステムに対する特権的な地位は剥奪され,法システムもまた,それと同じ道をたどる.すなわち,法システムがコントロールできるのは法システムそれ自身だけであり,二次的観察の段階において,経済や政治といった他のシステムとの独

特の関係が認識されるとしても，それらを直接的に規制したり介入するなどといったことは不可能であるというように．法システムはその外部に対して，認知的には開放されているが操作的には閉じられているのである．

このようにルーマンのシステム理論には，多くの点で，ハートから批判法学にいたる流れと並行する議論が見られる．ルーマンの言う「二次的観察」は「距離を置いた」視点と対比できるものであり，それによって描かれる法システムの閉鎖性と開放性は「法の相対的自立性」テーゼを思い起こさせる．また，それが開く中心のない多様なシステム，様々な視点からなる世界像も，法の言説分析などが示す法や社会のイメージと極めて似通ってきている．ルーマンの法理論にしばしばポストモダン法理論の名が冠されるのも，おそらくはこうした理由からなのであろう．

ところで，かつてブレーメン大学やフィレンツェのヨーロッパ大学で教え，1999年時点ではロンドン・スクール・オブ・エコノミクス(LSE)で「法と社会理論(Law and Social Theory)」講座を担当しているグンター・トイプナー(Gunther Teubner, 1944–)は，こうしたルーマンの着想をさらに直接的に法理論へと適用しようとしている．まず，トイプナーは，法の一般条項の研究を進めるうちに，法の規制領域の拡大とこれにともなう慢性的機能不全，すなわち「法化(Verrechtlichung, Juridification)」というすぐれて現代的な課題と直面することになった．そこで彼は，法システムに経済や政治といった他の複数のシステム間の手続的調整役という機能を割り振り，それによって「法化」問題に対する一定の解決策を見いだそうと試みるのである[62]．たしかに，トイプナーのシステム理論は，法システムを通じた社会全体のコントロールを示唆するなどといった点で，ルーマンが強調する「法システムの閉鎖性と開放性」を十分に把握していないとして，しばしば批判も受けている．しかし，筆者の見るところでは，生来の理論家であるルーマンと違い，私法の専門家でもあるトイプナーの持ち味は，多国籍企業の法人格の問題とか，労働法をめぐるEU指

---

62) G.トイプナー『オートポイエーシス・システムとしての法』(土方透・野崎和義訳，未来社，1994年).

令と国内法の抵触とか，テレビ放映された映画のコマーシャル挿入をめぐる憲法上の表現の自由と商業の論理の衝突などといった現実の具体的な事案に，システム論の様々な着想を手際よく応用していくところにある[63]。また，トイプナーの仕事でもう一つ評価されるべきところは，言語論的転回，言語ゲーム，ポストモダンといった概念を自らの理論枠組のなかに積極的に組み入れながら，ドイツのシステム理論と英米の批判法学との対話を推し進めようとする点である．もっとも，トイプナーは「批判法学は法の脱構築にとどまるが，ルーマンや自分のシステム理論は同時に法の再構築を目指している」として，両者の違いについても強調するのであるが[64]．

同じくブレーメン大学の公法学者，カール＝ハインツ・ラデーア(Karl-Heinz Ladeur, 1943-)も，ルーマン理論に若干の留保を措きながら，システム理論に近い発想で近代主義的なドイツ法理論の限界，特に安定した「主体」概念を批判する．ラデーアは，リオタール，デリダ，ジャンニ・ヴァッティモといったフランス，イタリアの思想家やノルベルト・ボルツのような現代ドイツの思想家を参照しながら，これまでのドイツ法学の流れに批判的な検討を加える．個人主義に立脚する19世紀法学にしても，ワイマール期から戦後にかけての社会法のような集合主義的法概念にしても，そこでは「主体」の概念が確実性の基盤として前提とされていた．しかし，法が今現在，置かれている状況を考え

---

63) C. B. Graber & G. Teubner, 'Art and Money: Constitutional Rights in the Private Sphere?', *Oxford Journal of Legal Studies*, vol. 18, 1998, pp. 61-73(ちなみに，この論文は，テレビ放映された「8½」がコマーシャル挿入でズタズタに切り刻まれていたことに激怒したフェリーニが，テレビ局の所有者であるイタリアの元首相ベルルスコーニを相手取って，「表現の自由」侵害の憲法訴訟をおこした事案をとりあげている); G. Teubner, 'Legal Irritants: Good Faith in British Law or How Unifying Law Ends Up in New Divergences', *The Modern Law Review*, vol. 61, 1997, pp. 11-32.; G. Teubner, 'Many-Headed Hydra: Networks as Higher Order Collective Actors' in J. McCahery, S. Piciotto & C. Scott, *Corporate Control and Accountability*, Kluwer, 1993.

64) G. Teubner, 'The King's Many Bodies: The Self-deconstruction of Law's Hierarchy', Law and Society Review, no. 31, 1997, pp. 763-787; G. Teubner, '*Altera Pars Audiatur:* Law in the Collision of Discourse', in Richard Rawlings(ed.), *Law, Society, and Economy*, Oxford University Press, 1997.

れば,こうしたリジッドな「主体」概念はむしろ足枷となっていると考えなければならない.解体し分散した「主体」をコミュニケーション的に統合し,近代という「未完のプロジェクト」を延命させようとするハーバーマス的な試みは法理論においても後を絶たないが,「主体」概念の無根拠性,それを強要することの押しつけがましさにむしろ気づくべきである.すでに後戻りできないほど分散し複数化した世界にあって,法はむしろ,複数の集団,議論領域間の衝突の緩衝役といった控えめな仕事に専念すべきなのである.恐るべき速度で加速する科学技術をはじめ,他の様々な実践領域を法によって制御しようなどという野心は捨てて,むしろ,法それ自体の異常肥大の防止に努めるべきではないか.こうした法学批判を前提に,ラデーアは1960年代から70年代にかけてドイツで提唱された法律学的ヘルメノイティク(コラム5参照)の再評価を行う.それというのも,複数の言語ゲーム間の統合を強いる「主体」概念の専制よりも,かつてK.エンギッシュが提唱したような現実と法との「視線の往復」の方が,知識の増大が価値領域の分散と現実の制御不可能性をますます増大させる現代にあっては,「ゆらぎからの秩序」形成という意味で可能性を有しているからである[65].

このように,英米の批判法学とドイツのシステム理論はますます接近しつつある[66].批判法学陣営に属する英米の研究者がデリダと対比してルーマンを取

---

65) K-H. Ladeur, *Postmoderne Rechtstheorie: Selbstreferenz, Selbstorganisation, Prozeduralisierung*, Duncker & Humblot, 1992; id., 'From Universalistic Law to the Law of Uncertainty' in C. Joerges and D. Trubeck (eds.), *Critical Legal Thought: An American-German Debate*, Nomos, 1989; id., 'Post-Modern Constitutional Theory: A Prospect For the Self-Organising Society', *The Modern Law Review*, vol. 60, 1997, pp. 617-629.

66) たとえば,次の論文などを参照. C. Joerges and D. Trubeck (eds.), *Critical Legal Thought: An American-German Debate*, Nomos, 1989; G. Teubner (ed.), *Dilemmas of Law in the Welfare State*, de Gruyter, 1985; id. (ed.), *Juridification of Social Sphere*, de Gruyter, 1987; id. (ed.) *Autopoietic Law: A New Approach to Law and Society*, de Gruyter, 1987; id. (ed.) *Entscheidungsfolgen als Rechtsgrunde: Folgenorientiertes Argumentieren in rechtsvergleichender Sicht*, Nomos, 1995.

り上げることは，今や決して珍しいことではないし，逆に，トイプナーやラデーア，さらにはルーマンその人までもが，英米の批判法学者たちと共同で仕事を行っている[67]．実際，こうした理論的相互乗り入れのために，1980年代後半以降，英米の法理論，ドイツの法理論，フランス語圏の法理論といった住み分けには，むかしほどの意味はなくなっている．また，グローバライゼーションや国家統合の新たな現実によって国際的な法的枠組の創出がますます進展すれば，こうした流れがさらに加速することも予測される．ともあれ，批判法学とシステム理論の間にはたしかに共通するものがある．単純化の危険を承知であえて言うならば，それは，あくまで法内在的立場に踏みとどまりつつも，「距離を置いた」視点から，法と他の実践諸領域の関係性，ひいては，法の自立性の形成過程とそれが担う機能や限界を，分析し，記述し尽くそうとする姿勢である．だからこそ，彼らは，法の自立性の擁護を規範的課題とするドゥオーキンのような人々にとっても，手強い論敵たり得るのである．

---

[67] ルーマン自身，自己のシステム理論とデリダの脱構築との類似性について言及している．N. Luhmann, "Deconstruction as Second-Order Observing", *New Literary History*, vol. 24, 1993, pp. 763–782.

## 補　論
# 脱構築と正義
—— デリダ「法の力」——

　本論でも述べたように，ジャック・デリダが1989年，カードーゾ・ロー・スクールで行った講演「法の力——権威の神秘的基礎」は，批判法学研究やシステム理論などのいわゆるポストモダン法理論に決定的な影響をあたえている．講演は第一部の法と正義のアポリア論と，第二部のヴァルター・ベンヤミン論からなっているが(後に出版されたフランス語版では，第一部に「法から正義へ／正義の権利について(Du droit à la justice)」，第二部に「ベンヤミンの名前(Prénom de Benjamin)」とそれぞれ新たにタイトルが付けられている)，その議論はいつものことながら単純な要約を拒む緻密きわまる構成となっている．そこでこの補論部分では，これまでとは若干スタイルを変えて，デリダの議論の流れをなるべく忠実に追うような形で，本章の内容と特にかかわりが深い第一部を見ていくことにしたい[1]．

　デリダはまず彼流のやり方でコロキアムを組織した批判法学者たちに謝辞を述べた後，モンテーニュとパスカルの言葉を引用しながら，講演の主題である「正義」と「力」の関係という問題，そして，講演の主題ともなった「権威の神秘的基礎」——これはモンテーニュの『随想録』から採られている——の問

---

　1) Derrida, "Force of Law: The 'Mythtical' Foundation of Authority", *Cardozo Law Review* vol. 11, 1990, pp. 919-1045. また，仏英並記のこの論文は，仏語版，英語版それぞれに，以下の書物に再録されている．Jacques Derrida, *Force de loi*, Galilée, 1994; Drucilla Cornell et al.(eds.), *Deconstruction and the Possibility of Justice*, Routledge, 1992.(以下の引用では，入手が容易な再録版の頁番号を記す)．また，この論文についてはすでに前掲の高橋哲哉氏の『デリダ』に明解な解説があることと，第二部のベンヤミン論にかんしては，雑誌『批評空間』(第7号，1992年，42-98頁)に丹生谷貴志氏の手になる翻訳があることを補足しておく．[なお，本章脱稿後に堅田研一氏の全訳が出版された．デリダ『法の力』(堅田研一訳，法政大学出版局，1999年)]

題を導入する．しかし，聴衆として参加していた批判法学者たちを最も驚かせたのは，デリダがここで，「法」と「正義」と「脱構築」の関係を非常にストレートな形で定式化したことである．つまり，「法(droit)は脱構築され得るが，正義は脱構築されない」．そして，「脱構築は正義である」．

「正義と法の出現そのものに，法を制定し，創設し，正当化する瞬間そのものに，遂行的な力(force performative)，すなわち，つねに解釈的であるような力と信を置かねばならないという要請が含まれている．ここでそのようにいうのは，法が力に奉仕し，支配的権力の従順で，隷属的で，したがってその外部にある道具といった意味においてではなく，法が力，権力，暴力と呼ばれるものと，より内的で，より複雑な関係を取り結んでいるという意味においてである．法＝権利(droit)という意味での正義は，その外側，あるいその面前にある社会的な力や権力，たとえば，経済的，政治的，イデオロギー的権力に奉仕するものではないし，それらの都合にあわせて手直しされたり，ねじ曲げられなければならないものでもない．それが創設，あるいは，制定される瞬間(中略)は，すなわち，法を創設し，施行し，正当化するという操作，法規を設定し，意のままにするという操作は，それ自体は正義に適っているわけでも不正であるわけでもなく，また，いかなる正義，いかなる以前にできた先行法規，いかなる既存の創設行為であっても，その定義上，保証も反駁も無効化もできないような，そうした力の一撃(coup de force)，すなわち，遂行的で，それゆえに解釈的な暴力からなるように思われる．いかなる正当化の言説も制定的言語の遂行性，あるいはまた，その支配的解釈にかんしては，メタ言説の役割をひきうけることはできないし，またそうすべきでもないように思われる」

まず，「法が脱構築されうる」とは，次のような意味においてである．哲学の諸概念が定立されるときには必ずそこに原初的な決定，原初的な力の行使(原＝暴力)がともなっていたが，それと同様に，制定法と慣習法，成文法と不文法，あるいは，議会による立法と裁判官の解釈を通じた法創造，そのいずれ

であっても，それが創設され，法であると宣言される瞬間には一種の原初的な暴力が存在する[2]．そして，それが立法草案における「書く」行為，それに実効性を持たせるための「署名」行為，裁判官の言語行為としての「判決」，判例や学説を通じての法創造，それらのいずれであろうと，法の「根源」にあるのはいかなる理念によっても正当化されない無根拠な「力」である以上，それ自体は正義でも不正義でもあり得ない．それゆえ，あらゆる法は問い直され，再解釈され，脱構築される余地を残している．

では，そもそも法に正当な根拠がないのであれば，それを批判し，変更しようとする試みも，正当性なき無根拠な「決断」ということになってしまうのか．しかし，この問いの意味を考えるとき，「正義は脱構築不可能である」という表現はとても意味深く感じられる．というのも，この言葉は，「正義」というものが脱構築不可能なものとしてそこにあるからこそ，その実現を目指す終わりなき営みとして，法の脱構築がなされ続けなければならないということを意味するものだからだ．つまり，法の脱構築は，それ自体は脱構築できない正義というものに，限りなく接近する試みでなければならないのである．デリダが「脱構築は，正義の脱構築不可能性と法の（正当化を行う，あるいは正当化された権威の）脱構築可能性の狭間で生じる」と言うのは，まさにこうした意味においてである[3]．

こうしたデリダの「正義」は，法の原初的暴力によってその痕跡を消し去られ，忘れ去られ，法の体系のなかには存在しないもの，一種の不在として扱われる「他者たち」に対する「責任」を問題化する．つまり，法の脱構築は，法創設における遂行的力によって消し去られた他者に光を当てること，その声なき呼びかけに答える責任を引き受けること，そして，それを通じて，これら他者たちの公平な取り扱いの方向へと少しでも近づいていくこと，これを意味する．そして，このことから批判法学者たちとデリダの脱構築との関連がいっそう明らかとなる．というのも，批判法学者が従来の判例，法解釈，学説などを

---

2) 『法の力』仏語版 32-33 頁．英語版 13-14 頁．
3) 『法の力』仏語版 35 頁．英語版 14 頁．

脱構築することによって目指していたのは，いわば法の「他者」として不当な扱いを受けてきた人々——たとえば，マイノリティや女性——の公正な取り扱い，彼らに対する「正義」を実現することにほかならないからである．

だが，同時にデリダは，こうした他者への公正という意味での正義は不可能な経験でもあるとも語っている．つまり，「正義とは経験不可能なものを経験すること」であり，それゆえ「アポリアの経験」，すなわち決定不可能な矛盾，袋小路の経験であると言うのである．しかし，また他方で彼は，この不可能な経験があってこそ正義は可能となるとも語っている[4]．このデリダ一流の逆説めいた言葉は，法律家が日頃直面する次のような事態を念頭におけば理解しにくいものでもない．まず，あらゆる決定や判決は正義を目指して行われるが，それは同時に特定の名あて人に向けてなされたものである．その意味で，決定や判決の形で現れる正義は，常に単独的，個別的なものである．しかし，正義が法の形を取って現れるとき，それは一般的で普遍的なルールという形を取らざるを得ない．したがって，問題は次の点となる．

「諸々の個人，集団，かけがえのない存在，他者，あるいは他者としての自己といった，単独性とつねにかかわらざるを得ない正義の行為と，（中略）一般的な形式をとる正義のルール，規範，価値，命令とを，どうすれば和解させることができるのか．」(傍点筆者)[5]

単独的な他者に対する「正義の行為」と普遍的な「正義のルール」の和解というアポリア，この経験不可能な経験を念頭に置きながら，デリダは他者に対する責任の含意を説明する．法と正義をめぐる脱構築的アプローチは，二つの方向で「責任」を問題とする．まず，第一に，脱構築は，過去の記憶に対する無限定な「責任」の感覚と切り離すことができない．すなわち，脱構築の一つの核心とでもいうべき歴史的・解釈的課題は，過去からの遺産に対する責任と

---

4) 『法の力』仏語版 37 頁．英語版 16 頁．
5) 『法の力』仏語版 39 頁．英語版 17 頁．

かかわっている．まず，正義概念の出自の丹念な読解を通じて，過去に下された決定や判断に現れた正義は，たとえそれが普遍性を標榜しているようでも，実はつねに単独的・個別的な他者に向けてなされたものであったこと，これを想起しなければならない．というのも，そうすることではじめて，普遍性の名のもとに固定化した正義を，単独かつ個別的な他者への公正に向けて，流動化させていくことが可能となるからだ．だが，それと同時に，過去の正義概念にいたずらに固執する態度も退けられねばならない．というのも，そうした態度は，いまここでの正義からの逃避や，目の前にある不正義に対する感受性の欠如を示すものに過ぎないからだ．これに対し，正義への脱構築的なアプローチは，一種の本質的な不均等に対する感受性として具体的な不正義の是正を目指し，旧来の理論的・概念的限界を新たに押し広げることを躊躇しない[6]．

　第二に，責任概念それ自体に対する責任の問題がある．責任の概念は，財産，意図，意思，主体，人格，決定，等々といった他の様々な概念が織りなす網の目の一つの結節点である．だとすれば，責任概念の脱構築はかえって無責任な試みとなるのではないだろうか．また，法体系の信頼性が脱構築によって宙づりとなってしまえば，正義それ自体の可能性まで失われてしまうのではないか．こうした危惧があっても不思議ではない．たしかに法体系のこうした宙づり状態，エポケー（判断停止）は不安なものである．しかしデリダは，このエポケー，すなわち不安な両義性の瞬間こそが法的＝政治的な変革が生起する空間となると考えている．そして，こうしたエポケー，不安の瞬間を可能とするのが，さらなる正義への要求や，不均等や不公正の経験にほかならない[7]．

　すでに見たように，法と正義のアポリアは，単独者に向けられた正義の「実践」と普遍性をつねに志向する正義の「ルール」との狭間で生じる．言いかえれば，法はつねに正義の名のもとに行使されなければならないが，他方で，正義もまた法の形で定式化されなければならない——このパラドクスこそが，法と正義をめぐる解消不可能な困難の源であると同時に，その変革可能性の条件

---

6) 『法の力』仏語版 44-45 頁．英語版 19-20 頁．
7) 『法の力』仏語版 45-47 頁．英語版 20-21 頁．

となる．デリダはそれを，次の三つのアポリアを通じて説明している．

第一のアポリア：ルールのエポケー．ある人の行為や判断が正義に適っていると言えるためには，そうした行為や判断が自由に，すなわち自律的になされたものでなければならない．その一方で，その自由や自律は一定の法やルール，すなわち計算可能かつプログラム化された命令が存在していることを前提とする．ここで問題が生じる．正義をめぐる決定や判断が，たんなるルールや計算可能なプログラムの機械的な適用に過ぎないのなら，それはもはや単独かつ個別的な他者に対する判断とは呼べず，それゆえ「正義に適っている」とは言えないものになってしまう．それゆえ，

「正義に適っていると言えるためには，たとえば裁判官の決定は，法のルール，あるいは一般的法規に遵わなければならないのみならず，あたかも，つきつめればそれ以前にはいかなる法規も存在しなかったかのように，各々の事案において裁判官がみずからそうした法規を発明するかのように，解釈という(法の)再定立の行為によって，それを引受け，承認し，その価値を確認しなければならない．そこに「新たな判断」があるのでなければ，法の形をとったいかなる正義の行使であっても正しいと呼ぶことはできない．」[8]

アメリカの文芸批評家スタンリー・フィッシュの「新たな判断(fresh judgement)」という表現を援用しつつ，ここでデリダが述べているのは，判断し，決定を行う者は，創造的破壊としての解釈の責任をみずから引きうけなければならないということである．単独的な他者に対する責任，応答としての正義に

---

8) 『法の力』仏語版 50-51 頁．英語版 33 頁．
9) フィッシュ(Stanley Fish, 1938-)はアメリカの文芸批評家．法についても多くの論考を著しており，北米における批判法学や「法と文学(Law and Literature)」などの理論動向に大きな影響をあたえている(156頁の【用語解説】も参照)．ドゥオーキンが『法の帝国』のなかで，彼と憲法学者オーエン・フィス(Owen Fiss)との解釈論争を取り上げたことでも有名．部分訳で『このクラスにテクストはありますか』(小林昌夫訳，みすず書房，1992年)がある．デリダの引用は，Stanly Fish, *Doing What Comes Naturally*, Duke University Press, 1989, から．

接近するにはそれ以外に方法はない[9].

「手短にいって，決定が正義に適った責任あるものであるためには，その固有の瞬間——もしそのようなものがあればだが——において決定は，ルールにしたがうと同時にルールなき状態になければならない．すなわち，各々の場合において法規を再創造し，再正当化する——少なくとも，そうした法規を再び是認し，それ固有の原理を新たに，かつ自由に確認するという意味で再創造するために，決定は，法規を保持するとともにそれを破壊，あるいは宙づりにしなければならない．」[10]

　そしてここから，現在における——あるいは「現前する」——いかなる決定も「正義で・あ・る・」と呼べないという逆説が生じる．正義は，全き状態で現前する「存在」ではなく，つねに，判断停止の瞬間(エポケー)という一種の「隙間」が可能とするような，絶えざる接・近・の営み，あるいは実・践・としてしかあり得ないのである．
　第二のアポリア：決定不可能なものの執拗な回帰．正／不正，責任の有無，あるいは「白か黒か」といったように，正義の執行にはつねに一種の切断，あるいは分割をともなうが，そこには必ず，二つのうちのどちらにも区分できない残余がのこる．決定不能性という言葉は，互いに矛盾する二つの決定のゆ・ら・ぎ・や緊張を指すばかりでなく，ある決定がなされた後も決して解消されない，さらなる決定，さらなる正義実現への衝迫が必ず残るということも含意する．そして，これもまた，単独の当事者，単独の出来事をめぐる正義の執行という本来的に計算不可能な事柄に，法という形で計算可能なプログラムとなった正義のルールをあえて適用することから生じる必然的な帰結にほかならない．デリダは正義の執行につきまとうこうした残余を「幽霊」のようなものと呼んでいる．「決定不能性は，少なくとも幽霊として——しかし，これは本質的な幽

---

10) 『法の力』仏語版51頁．英語版23頁．

霊である——あらゆる決定，あらゆる決定の出来事性のうちに憑きつづけ，住まいつづける．決定不能性の幽霊的な性格が現前性の一切の保証をその内部から脱構築するのである．」[11]

また逆に，この幽霊のように執拗な決定不能性がなければ，その決定は単なるプログラムの適用にすぎず，決して自由な決定と呼べないとも言える．そうした決定や判断は，たとえ「合法的(légal)」であったとしても「正義に適っている(juste)」とは呼べない．そして，このことのうちに「正義の理念」という表現が持つ無限の性格が存する．というのも，無限というのは，それがいかなる計算，ルール，理性，合理性にも先立って，単独なものとしての他者に負う還元不能なものだからである．この無限な正義の理念はカント的な規制的理念でもなければ，ユダヤ＝キリスト教やイスラム教のようなメシアイズム，新ヘーゲル主義，マルクス主義やポスト・マルクス主義のような終末論でもない．ただこうした「正義の理念」は，決定や判断における決定不能性の残余をつねに含み持つがために，「来るべきもの(à-venir)」の地平として，われわれを絶えずさらなる正義へと駆り立てつづけるのである[12]．

第三のアポリア：正義の緊急性．すでに述べたように，正義は現前する充実した「存在(être)」ではない．つねに未完成の状態にある終わりなき実践として，「来るべきもの」への期待，あるいはそれへの待機とかかわっているのである．だが同時に，正義が正義たる所以はその緊急性にある．あらゆる決定の瞬間は，つねに，理論的知識や歴史的考察が介入する余地のない一種の緊急事態である．キルケゴールが言うように，決定＝決断の瞬間は一種の狂気にほか

---

11)　『法の力』仏語版 54 頁．英語版 24-25 頁．
12)　『法の力』仏語版 56-57 頁．英語版 25-26 頁．
13)　遂行的な言明と事実確認的な言明については，第 2 章 2 節の J.L. オースティンの日常言語の哲学にかんする説明を参照．ちなみに，デリダは論文「署名　出来事　コンテクスト」(高橋允昭訳，『現代思想』1988 年 5 月臨時増刊号「デリダ：言語行為とコミュニケーション」所収)において，オースティンの言語行為論について批判的観点から取りあげており，これがやがて J. サールとの論争を呼ぶこととなる．サールのデリダ批判(「差異再び——デリダへの反論」土屋俊訳，同上)に対するデリダの再批判「有限責任会社 abc(Limited Inc. abc…)」(高橋哲哉・増田一夫訳，同上)も参照のこと．

ならないのである．こうした緊急性はおそらく，知識が，日常言語学派が言うところの事実確認的(constative)言明からなるのに対し，正義は行為遂行的(performative)な言明によって実現されることと関連している[13]．むしろ，正義をめぐっては，事実確認的言明が遂行的言明に寄生しているとさえ言うべきなのであり，その意味で，実践知が理論知の前提となっている——エマニュエル・レヴィナスの言葉を借りれば，「真理は正義を前提とする」——のである．こうした遂行的性格が正義概念の構造的緊急性を形づくるのであり，さらに，このことこそが，正義がつねに「来るべきもの(à-venir)」であることの理由となる．また，正義はつねに「来るべきもの」であるがゆえに，確定的で完全な正義といったものもありえない．逆にいえば，完全な正義を僭称する者はすでに正義からほど遠いところにいるのである．正義をめぐってはつねに「おそらくは＝存在可能性(peut-être)」しかないのである[14]．

　このように，デリダの脱構築の試みは，法と正義のアポリアを問いただすことを通じて，さらなる正義の実践へとわれわれを突き動かす一種の力が，正義の理念それ自体のうちにあるということを明らかにする．そして，こうした力の源泉となっているものこそ，単独かつ個別的な他者への責任にほかならない．デリダは古典的な解放の理念は決して時代遅れではないと語る[15]．一見すると些細な問題であるかのように感じられる事柄であっても，それを絶えず正義の問いへと開いていかなければならない——デリダはそうした問題の実例として，多文化社会における言語教育と言語使用の問題，科学研究の軍事利用，中絶，安楽死，臓器移植，体外受精，生命工学，医療実験，エイズの社会的取り扱い，薬物汚染，ホームレス，動物の権利などをあげている．このように，法と正義をめぐる理論的問題をあくまでも実践的課題のなかで捉えようとする姿勢からも明らかであるように，デリダの脱構築は一部の人が誤解しているようなペダンティックな饒舌や知的遊技などでは決してなく，きわめて具体的でストレー

---

14)　『法の力』仏語版 57-61 頁．英語版 26-28 頁．
15)　『法の力』仏語版 63 頁．英語版 29 頁．

トな法と正義への介入である．批判法学，フェミニズム法理論，批判的人種理論といった様々な試みがこぞってデリダの脱構築から学ぼうとしているのは，決して理由のないことではないのである．

## コラム6
## マルクス主義と法理論

　20世紀の法思想をふりかえるとき，マルクス主義が残した大きな足跡を無視するわけにはいかない．それどころか，ソヴィエト連邦の解体によって，国家の建設理念としては破産したと言われる今日にあっても，それは法理論構築の様々な試みに少なからぬインスピレーションをあたえ続けている．おそらく，マルクス主義が法学研究に残した最大の遺産は，法の働きを内在的な論理のみにしたがって発展する，孤立した閉域として捉えるのではなく，経済や社会との絡み合いのなかで分析していく，そうした観点である．

　だが最初に，次のような問題を問う必要がないだろうか．そもそも，マルクスその人やその盟友であるエンゲルスが残したテクストのなかに，法理論なるものが存在するだろうか．たしかに，彼らが法や権利をめぐって一定の考え方を持っていたことは事実である．法制度にかんする彼らの考察は，様々な文献——具体的には，マルクスがヘーゲル批判を軸とする初期の立場(たとえば，『ヘーゲル法哲学批判序説』)から離れ，真に「唯物論」思想家となったとされる『ドイツ・イデオロギー』(1845-46)をはじめ，『共産主義者宣言』(1848)，『経済学批判』(1859)，『資本論』(1867-1894)，『ゴータ綱領批判』(1875)などの諸テクストや，エンゲルスの『家族，私有財産，および国家の起源』(1884)のなかに，断片的な形で散らばっている．そして，それらを無理矢理つなぎあわせて要約すれば，次のようになる．

　(1) 法や国家は宗教，芸術，哲学などとならんで上部構造を形づくるものの一つであり，最終的審級においては，これらは下部構造たる物質的な生産諸関係によって制約され，決定される．

　(2) 法や国家はつねに各時代の支配階級による支配・抑圧・搾取の道具とし

て働いてきた．そして，現在のブルジョワ社会にあっては，法や国家は支配階層たる資本家たちの道具である．

(3) ブルジョワ社会から労働者社会へと移行し，階級的支配・抑圧・搾取が根絶された共産主義社会が実現されるならば，法と国家は消滅する．

しかし，こうした断片の再構成は，たしかに，マルクスたちが法にかんしていだいていたであろう考えを想像させてくれるものの，それはあくまでも経済的下部構造との関連で触れられた言及にとどまり，法それ自体のメカニズムに主眼を置くものでないということも事実である．本当のことを言えば，マルクス主義法理論を構築したのは，マルクスその人でも，エンゲルスでも——あるいはレーニンや毛沢東でも——なかった．「マルクス主義法理論」という項目を20世紀法思想の歴史のなかに書き加えたのは，むしろ，オーストリアのK. レンナー(Karl Renner, 1870-1950)やソヴィエト＝ロシアのE. パシュカーニス(Evgenii Pashukanis, 1891-1937)といったマルクス主義者たちにほかならない．最近ではマルクス自身の思考の可能性をその後のマルクス主義から区別し，前者を後者から救い出そうとする試みがいろいろな形でなされているが，こと法理論にかんして言えば，マルクス主義者たちもなかなか立派な働きをしている．よって，このコラムでは，20世紀の法理論に少なからぬ足跡を残したマルクス主義者たちのなかから，先ほど名前をあげたレンナーとパシュカーニス，さらにはフランクフルト学派とA. グラムシ(Antonio Gramsci, 1891-1937)をとりあげ，その主張内容と理論的射程を順を追って検討してみたいと思う．

**レンナーと法の歴史社会学**　　オーストリア社会民主労働党の党首として，オーストリア＝ハンガリー二重帝国崩壊後の第一次共和制初代首相も務めたレンナーは，法学者としては，マルクス主義法理論の嚆矢とでも言うべき『私法制度とその社会的機能』(1904, 改訂版 1929)を残している[1]．レンナーをはじめアドラー，バウアー，ヒルファディングといった人々は一般に「オーストリア・

---

1) カール・レンナー『私法学の社会的機能』(加藤正男訳，法律文化社，新訳版 1988年)．ちなみに，レンナーは，1904年版を「カルナー」という偽名で出版した．

マルクス主義者」と呼ばれ，それはマルクス主義とベルンシュタインのような修正社会主義に代わる第三の選択肢を求める動きであったとされる．しかし，各人の主張内容はそれぞれに大きく異なっており，それらのあいだに確固とした共通項を見いだすことはそんなに簡単でない．とりわけレンナーは，オーストリア共和国憲法起草に際しケルゼンと協力関係にあったことにも表れているように(第1章第1節参照)，プロレタリアート独裁や「法と国家の死滅」テーゼなどまったく信じておらず，各階級の協力と妥協のためにむしろ積極的に国家を利用すべきであると考えていた．政治的見通しにかんして言えば，レンナーは，マルクスよりもラサールに近い社会民主主義者だったのである(ちなみに，一時期のケルゼンも社会民主主義に接近しており，「ラサールへ帰れ」という論文を残している)．レンナーがマルクスから学ぼうとしたのは政治的プログラムではなく，その歴史社会学的側面であった．

　レンナーはとりわけマルクスの『経済学批判』を参照しながら，その歴史社会学的な視角を——憲法や刑事法ではなく——私法制度に適用し，そこから法の社会的・経済的機能とその変化を分析する．すなわち，中世封建社会において私法は物に対する絶対的な所有権を保障するものであったが，近代資本主義の成立によって，法形式は変えないままで事実上の人的搾取の機能を担うようになる．そして，資本主義がさらに進展すると，所有権は一種の資本となり，産業資本や金融資本，大規模な土地所有といった剰余価値の源泉に変化する(レンナーは，この段階において所有と経営の分離が起こるということについて，早くも指摘している)．こうした考察を通じて明らかとなるのは，社会的・経済的な変化は法の機能を変化させるものの，必ずしも法形式を変化させる訳ではない，ましてや法の変更が経済的・物質的な社会変化を引き起こす訳でもないということである．こうしてレンナーは，法規範を単なる下部構造の反映とするような見方も，新カント派の法学者シュタムラーが説いたような「法が経済を規定する」といった見方も，ともに批判する．レンナーの分析は，下部構造の劇的変革を認めず，その漸進的な進化を説くものであったため，「革命」の教義をマルクス主義の核心と見なす人々から「修正主義」のレッテ

ルを貼られることにもなったが，法の「相対的自立性」についての先駆的分析として，それは決して無視できない意義を持つものであった(ちなみに，レンナーは青年期の兵役経験をもとに執筆された「多民族を抱え込んだハプスブルク帝国は，社会主義国家への変革を経た後に，世界共同体のモデルとなり得る」といった趣旨の論文も残している．大規模な国家統合と民族主義の台頭による国家解体とが同時に進行する現在の視点から見ても，こうしたレンナーの着想はなかなか興味深いものがある)．

**パシュカーニスにおける法と商品交換**　パシュカーニスの主著『マルクス主義と法の一般理論』は，1917年のロシア革命が一段落し，動乱期の戦時共産主義からネップ(新経済政策)への移行とともに種々の法律が矢継ぎ早に施行されつつあった1924年に刊行されている[2]．パシュカーニスが目指していたのは，法を経済的下部構造の単なる反映ではなく，あくまでも客観的現象と捉えた上で，そうした法的上部構造の固有の仕組みを唯物論的に解明することであった．パシュカーニスの法理論の特徴は，何といっても，あらゆる法制度をその物質的基盤たる商品交換によって説明しようとする点にある．パシュカーニスは，『経済学批判』や『資本論』においてマルクスが行った商品形態の分析方法論に依拠しながら，次のように論じている．まず，法は規範やルールの体系などではなく，とりもなおさず，具体的な「社会的諸関係の織物」にほかならない．法が規範やルールの形で現象するのは，社会のなかに存在する法的諸関係が，国家の強制秩序によって事後的に，そのようなものとして定式化され「保障」されるからである．法的諸関係は独立かつ平等な主体それぞれの意思の関係であり，通常それは権利義務関係の形をとって現れる．しかし，その物質的基礎となっているのは商品交換である．別の言い方をすれば，「権利」という抽象物は法的主体間の意思関係が物象化したものにほかならず，これは，下部構造において労働生産物が商品へと転化する際に「価値」という抽象物が

---

[2]　パシュカーニス『法と国家の一般理論』(稲子恒夫訳，日本評論社，1958年).

物象化される過程とパラレルである．このようにパシュカーニスは，様々な法的カテゴリーの出自を市場交換という物質的基盤に求め，ひいては，家族法や刑法などについても，最終的には，商品交換過程にその基盤を求めるのである．

こうして，「法＝社会的諸関係」と捉え，それを商品交換のメカニズムと結びつけるパシュカーニス理論は，その出版と同時に，革命前後は有力だった「法＝心理的反映」説や，ケルゼン理論に似ていなくもない「法＝規範の体系」説を完全に駆逐し，1920年代を通じて，ソヴィエト連邦における法をめぐる議論をリードすることとなった（ちなみに，パシュカーニスの僚友ストゥーチカの法思想も「法＝社会的諸関係」説を共有するものであったが，彼にあっては「社会的諸関係」の具体的内容が法も政治も経済も含む不明瞭なものであったため，パシュカーニス理論の出現によってその影が薄れることになった）．

しかし，1930年以降，富農からの財産没取をともなう農業の全面的集団化をはじめ，民法典の執行と経済計算制への移行など，政治＝行政主導の改革が矢継ぎ早に行われるようになると，パシュカーニスは，商品交換論に基づくこれまでの自分の法理論に修正を加えざるを得なくなる．かつてパシュカーニスは，次のように考えていた．法というのはとりもなおさずブルジョワ法であり，社会主義法はブルジョワ法の残存形態に過ぎない（だからこそ，両者は商品交換で説明できるのである）．だとすれば「ブルジョワ法のカテゴリーの死滅は，それがプロレタリア法のあたらしいカテゴリーと交代することを決して意味しない．……ブルジョワ法のカテゴリーの死滅は法一般の死滅を意味する」．当初はこうした考えを決して手放そうとはしなかったパシュカーニスであるが，まず，法には様々な形態があり得ることを認め，やがては，ソヴィエト法なるものが固有の分析対象として存在するということまで認めるようになる．さらにパシュカーニスは，法の社会的事実性の側面に着目するあまり「国家」の役割を過小に見積もっていたといった自己批判まで行う．しかし，彼のこうした努力も結局は無駄に終わる．というのも，1936年のスターリン憲法採択の後，1937年から1938年をその頂点に吹き荒れることになった「大粛正」の嵐のなかで，彼もまた死に追いやられてしまうからである．

その後，パシュカーニスに代わってソヴィエト法理論の指導者となるのは，一連の粛正裁判で検事として立ちまわった，A. ヴィシンスキー（Anndrei Vyshinskii, 1883-1954）である．ヴィシンスキーは1938年の報告「ソヴィエト社会主義法学の基本的任務」において，パシュカーニスを「軽蔑すべきトロツキスト＝ブハーリン一派」「反逆者」と決めつけ，その著書を悪質な破壊工作と非難した上で，法を次のように定義した．「法とは，支配階級の意思を表現し，立法手続によって制定された行為諸規則，ならびに，その適用が，支配階級に有利で好都合な社会関係の保護・強化・発展のために国家の強制力によって保障されるところの，国家権力によってサンクションをうけた慣習および共同生活諸規則の総体である」[3]．しかし，こうした定義は，かつてパシュカーニスらによって批判された「法＝規範の体系」説と何ら変わらないものであり，ヴィシンスキー支配の下でソヴィエト法理論は，事実上，マルクス的な分析視座から離れ，公権力に対する「下から」のコントロールを欠いた，一種の硬直した法実証主義となっていく．

　パシュカーニスの仕事は1950年代半ば，フルシチョフのイニシアティブによってはじまるいわゆる「雪解け」によってようやく名誉回復を果たした．そして，奇妙なことに，パシュカーニスの「法＝商品交換」理論は，政治的信条はまったく正反対であるはずの，1970年代以降のアメリカの「法と経済学」派の論客たちにも，好評をもって受け入れられる．しかし，そうした興味深いエピソードもあったとはいえ，パシュカーニス以降のソヴィエト＝ロシアからは1990年の連邦崩壊にいたるまで，非共産圏の研究者たちにも知的衝撃をあたえるような新たな法理論はもはや出てこなかった．こうして，1960年代ともなると，マルクス主義に関心を持つ多くの研究者や学生たちは，別の場所へと眼を向けはじめるようになる．そして彼らは，もはやソヴィエト＝ロシアの「正統」マルクス主義には求められなくなったマルクス理論の批判的潜勢力を，フランクフルト学派の批判理論や，A. グラムシのヘゲモニー論のなかに求め

---

　[3]　藤田勇『ソヴィエト法理論史研究　1917-1938』(岩波書店, 1968年), 430頁を参照.

はじめるのである.

**フランクフルト学派とナチス法体制の分析** ロシア革命の成功によって,社会主義運動の聖地がマルクスやエンゲルスを生んだドイツからモスクワへと移り変わったため,ワイマール期ドイツの左派知識人たちの多くは,ソヴィエト＝ロシア指導下の共産党に忠誠を誓うか,よりいっそう修正主義的な方向に進むかという二者択一を迫られることになった.それと同時に,そうした政治的動向と一線を画す形で,理論と実践をめぐるマルクスの視角を現代資本主義社会の分析に生かそうとするアカデミックな動向も,わずかながら存在した.1923年にフランクフルトに設立され,その後,ナチスの迫害を逃れてニューヨークに亡命した「社会研究所」を拠点に,肥大化する官僚制,都市労働者の変質,勃興する文化産業,権威主義的パーソナリティなどの分析を行ったいわゆる「フランクフルト学派」は,まさしくそうした動きの代表格である[4].

フランクフルト学派は,1931年の所長就任以来「研究所」を教導したM.ホルクハイマー(Max Horkheimer, 1895-1973)を中心とする左派研究者たちの集まりであり,その目指すところは,ホルクハイマーによる論文「伝統的理論と批判的理論」(1937)に示されるように[5],「自然科学やそれをモデルにする実証主義も,実は社会的な利害関心によって規定されている」といった反省的＝批判的な視座に立脚して,学際的な共同研究を行うことにあった(しかし,実際には,各メンバーがそれぞれの問題関心と方法にしたがってそれぞれ研究を行うといった,かなり緩やかな研究者共同体であったのだが).中心的なメンバーとしては,ホルクハイマーの他に,哲学と音楽社会学のT.アドルノ(Theodor Adorno, 1903-1969),社会心理学のE.フロム(Erich Fromm, 1900-1980),哲学と社会理論のH.マルクーゼ(Herbert Marcuse, 1898-1979),そして,正式メンバーでないが,アドルノの友人として研究所と関係を持った文芸批評家のW.ベン

---

4) マーティン・ジェイ『弁証法的想像力』(荒川幾男訳,みすず書房,1975年).

5) マックス・ホルクハイマー『哲学の社会的機能』(久野収訳,晶文社,1974年),36-102頁,所収.

ヤミン (Walter Benjamin, 1892-1940) などがあげられるが，そのほとんどがマルクスのみならずマックス・ウェーバーの「近代」理論やフロイトの無意識理論などからも学びながら，それぞれに個性ある研究を残している．彼らの活動はあくまでもアカデミックなものであり，戦前のフランクフルトにおいても，亡命先のニューヨークでも，どちらかといえば地味な存在であったが，1960年代の学生反乱やニュー・レフト運動によって一躍その脚光を浴びるようになる (第4章2節参照). とりわけ，ある日突然，学生運動の聖典に祭り上げられたマルクーゼの『一次元的人間』(1964) をはじめ，フロムの『自由からの逃走』(1941), ホルクハイマー=アドルノの共著『啓蒙の弁証法』(1947), アドルノの『否定弁証法』(1966), ベンヤミンの『複製技術時代の芸術作品』(1935-1936) といった一連の代表作も，一時期はそうした文脈で読まれていたふしがある．また，第二次世界大戦が終了し，ドイツに戻ったホルクハイマーとアドルノは——マルクーゼやフロムは引き続きアメリカに残った——フランクフルトに「社会研究所」を再建し，ここからはフランクフルト学派の第二世代として，ユルゲン・ハーバーマス (Jürgen Habermas, 1929-) が育つことになる (コラム5, 第4章6節も参照).

だが，このような後世への影響といった見方を離れて，あくまでも法理論との関連で見るならば，フランクフルト学派の研究者たちが残したもののなかで最も大きな貢献と呼べるのは，F. ノイマン (Franz Neumann, 1900-1954) と O. キルヒハイマー (Otto Kirchheimer, 1905-1965) によるナチス法体制の分析であるだろう．ノイマンは，ドイツ労働法の定礎者フーゴ・ジンツハイマー (Hugo Sinzheimer, 1875-1945) の下で学んだ根っからの法律家であり，ベルリンで労働組合への助言をはじめとする法実務に長らくたずさわっていた．だが，同時に彼は社会民主党の活動家として積極的に政治活動も行っていたため，1933年のナチスによる政権掌握の後，さっそく投獄されることになる．翌年，運よくイギリスへの脱出に成功したノイマンは，ドイツ法の知識がコモン・ローの世界ではまったく役に立たないことを知り，ロンドン・スクール・オブ・エコノミクス (LSE) で政治学を学び直す．彼はそこで，同じくフランクフルトからの亡命

組であり,『イデオロギーとユートピア』の著者として有名な知識社会学者, K. マンハイム (Karl Manheim, 1893-1947) や, 現代政治における中間団体の意義を国家と同列に置く多元的国家論を提唱したことで有名な——また, 法学者にとってはアメリカの哲人裁判官, ホームズ判事との往復書簡で有名な——政治学者 H. ラスキ (Harold Laski, 1893-1950) に師事している. そして, 興味深いことに, ノイマンは, そのときのラスキの推薦でニューヨークの「社会研究所」に合流することになった. こうしたことが起こった背景には, それまでにホルクハイマーたちが「社会研究所」のロンドン移転を打診するといったことがあり, 当時の LSE 学長, W. ベヴァリッジ (William Beveridge, 1879-1963) ——彼のいわゆる『ベヴァリッジ報告』がイギリスの福祉国家政策の青写真になったことはあまりに有名である——がその交渉に当たったという経緯があったからである (ちなみに, LSE 亡命組のドイツ, オーストリア出身の法学者としては, E. エールリッヒとならぶ自由法論の代表的論客, ヘルマン・カントロヴィッチ (Hermann Kantorowicz, 1877-1942) や, ノイマンと同じくジンツハイマーの弟子であり, 著名な比較法学者であったカーン-フロイント (Otto Kahn-Freund, 1900-1979) などがいる. また, 正確には亡命組とは呼べないが, 経済学者 F. ハイエク (Friedrich von Hayek, 1899-1992) と科学哲学者 K. ポパー (Karl Popper, 1902-1994) の名前もここにあげておきたい. 前者は著書『隷従への道』(1944),『自由の条件』(1960),『法・立法・自由』(1973-1979) などによって, 後者は『開かれた社会とその敵』(1950) を通じて, その後の法思想の展開に大きな足跡を残している[6]).

このような背景を持つノイマンのアプローチは, フランクフルト学派の他のメンバーよりもフロイト的・ヘーゲル的色彩の少ない, まさに「法学的」なものであった. 彼は「法の支配」や「法の下の平等」といった自由主義的法観念の形式性をとりあげ, 次のように論じる. 法のこうした形式性は, 現代社会においては独占的企業の円滑な運営に肩入れをすることになっているにもかかわらず, あくまでも中立を装う点で, イデオロギー的な隠蔽工作を担うものとなっている. だが, 法のこうした形式性を単純に否定することは間違いである.

というのも，実質的正義の名の下に行われる暴力から人々の生命を守ってくれるのは，「法は誰にも等しく適用される」という形式性・一般性においてほかはないからだ．重要なことはむしろ，このような積極的な働きを本来持つはずの「法の支配」や「法の下の平等」といった観念が否定的な働きを演じるようになった背景は何なのか，それを分析することである．ワイマール期の自由主義とそれと両輪をなすこうした形式的法観念が，結果的に様々な逆機能をもたらしたからといって，ナチス法学のように実質的正義の実現という名目で，恣意的で非平等主義的な「決断主義」に走るのは誤りである．また，ナチスの法理論は同時に，個人主義に代えて集団や法人を主体とする「制度主義」——M. オーリューのナチス版である——も標榜するが，本来は権力関係を抜きに理解されるはずのない「制度」を，あたかもそれ自体が出発点であるかのよう

---

6) ハイエクの思想については，1980年代以来の正義論復権の動きにおいて自由至上主義の論客として再評価されたとかサッチャー政権に影響をあたえたとかいった文脈で語られることが多いが，20世紀法思想の流れのなかで見ると，自生的秩序論とも密接にかかわる彼の「法の支配」論にはエールリッヒの「生ける法」の理念やカール・シュミットの制度理論とも通じる一面があり，より複雑な位置づけが必要となってくる．ちなみに，ハイエクは，フランクフルト社会研究所のLSE移転問題について意見を求められた際，次のように答えている．「LSEは事実上，共産党の施設となっていたことでしょう．……彼らのうちにはとんでもない連中もいます．アドルノには信頼がおけませんでした．他の名前はみんな忘れてしまいましたね．マルクーゼ氏……あれは私が一番嫌いなタイプのマルクス主義です．マルクス主義とフロイト主義をくっつけたものですよ．私はマルクス主義とフロイト主義のどちらにも等しく反対の立場ですが，それを結びつけた形は特にひどいものです．」(Ralf Darendolf, *LSE: A History of London School of Economics and Political Science 1885-1995*, Oxford University Press, 1995, p. 291)．ハイエクの仕事のほとんどは『ハイエク全集』(西山千明・矢島鈞次監修，春秋社，1986-1990年)に収められている．また，法哲学的な見地からするハイエク理論の検討としては，嶋津格『自生的秩序』(木鐸社，1985年)を参照．

一方，ポパー哲学の法思想への影響について言うと，「プラトン-ルソー-ヘーゲル-マルクス」ラインの法=正義論とそのユートピア的思考様式に対する徹底的な批判と，試行錯誤を通じて漸進的に真理に近づこうという「反証」主義的な学問方法論が，とりわけ1960年代から1970年代前半にかけてのわが国の「科学としての法学」を指向する諸動向や，1980年代末の法的議論モデル構築の試みに影響をあたえている．カール・ポパー『開かれた社会とその敵』(内田詔夫・小河原誠訳，未来社，1980年)，碧海純一『合理主義の復権』(木鐸社，1973年)，平井宜雄『法律学基礎論覚書』(有斐閣，1989年)，同『続・法律学基礎論覚書』(有斐閣，1991年)などを参照．

に論じる「制度主義」は，実際は非合理な決断主義の隠れ蓑に過ぎない．

　ノイマンはこのように，カール・シュミットたちが標榜した「決断主義」や「制度主義」を念頭に置きながら，ナチスの法体制と法思想を告発する．そして，こうしたナチス体制の解剖学は，やがて，浩瀚なナチス体制分析の書『ビヒモス』(1942)に結実する[7]．しかし，ここで興味深く思われるのは，次のようなノイマンの主張である——すなわち，法制度もまた，他の社会制度がそうであるのと同様に，何らかの「合理性」に依拠していなければならない．しかも，その合理性は，実証主義や相対主義が前提とする技術的合理性でなく，理性の潜勢力に信を置く規範的合理性であらなければならない．ノイマンが自然法論や理性法論といったものに批判的検討を加えるのは，こうした伝統こそが規範的合理性への信頼をつなぎとめてきたものであると考えるからである．ちなみに，法理論への傾斜をますます強めつつある近年のハーバーマスの問題関心が，啓蒙的理性と技術的合理性の相剋を前に立ち止まるホルクハイマー＝アドルノではなく，規範的合理性というもう一つの可能性を探るこうしたノイマンの立場にむしろ近いものであるということも，ここで言い添えておくべきだろう（コラム5参照）．

　さて，キルヒハイマーもまた，ノイマンと同じく，フランクフルト学派のなかでは珍しく法学教育を受けた人である．彼は学生時代，ドイツのいくつかの大学を転々とし，哲学者のM. シェーラー(Max Scheler, 1874-1928)，国法学者のR. スメント(Rudolf Smend, 1882-1975)，H. ヘラー(Hermann Heller, 1891-1933)，C. シュミットといったそうそうたる顔ぶれから教えを受けている．キルヒハイマーが亡命先のニューヨークで行ったのは，刑罰と社会制度の関連にかんする研究であり，それは労働市場や流通資本といった経済的下部構造の変化と投獄，罰金，強制労働，流刑といった刑罰の形態のあいだの相関関係を明らかにしようとするものであった．次いで，彼はナチスドイツの法制度分析を試み，それはすでに，「法と道徳」の分離が全く意味を持たなくなったような

---

7) F. ノイマン『ビヒモス』(加藤栄一・小野英裕他訳，みすず書房，1963年)．

状況にあると指摘する．合法性の尊重が完全に形骸化してしまった結果，裁判官たちは自己の権威主義的判断と人種主義的偏見にすぎないものを，社会道徳の「本質直観」などと称して，判決のなかに苦もなく紛れ込ませることができるようになったのである（ちなみに，「本質直観」なる言葉はそもそもフッサール現象学の根本概念であるが，当のフッサールはユダヤ人として，ナチスによる様々な迫害を受けている）．キルヒハイマーによれば，ナチスの法はある意味で古典的自由主義の公的領域と私的領域の区分を解消したが，それは見方を変えれば，あらゆる領域を「行政」の手に委ねるということを意味していた．公法と私法の融合，あるいはあらゆる法領域の「行政」化プロセスは，独占資本主義段階の開始とともにすでにはじまっているが，ナチス法はそれを独特のやり方で完成させた．言いかえれば，これは技術的合理性を前にしての法の完全屈服以外の何ものでもなかったのである．

複数の独占企業と官僚組織の林立と，各々の利害追求による競合，そして，それらを統合する唯一の原理としての「総統」——ノイマンやキルヒハイマーは，マルクス主義の分析手法をかなり忠実に用いながら，ナチス体制をこのような姿として描きだした．彼らの法制度研究はナチス体制というきわめて特異な状況を主たる対象とするものであったが，そこから学ぶべきことは今日の法理論にとっても決して少なくはない．たとえば，ハーバーマスが現在行いつつある法制度の普遍主義的根拠づけといった方向もその一つであるだろうし，ワイマール期からナチス期にかけての法制度の変容の精密な分析は，「公私分離論」批判や福祉国家論と，その落とし穴である行政的介入の強化との関連について考えるさいに，いまもなお貴重なヒントをあたえ続けているように思われる．

**グラムシとイデオロギー概念**　マルクス主義との関連で最後に取りあげるのは，「イデオロギー」の問題である．第1章で見たように，ケルゼンの「純粋法学」——あるいは，K. ポパーや H. アルバート (Hans Albert, 1921–) といった後の「批判的合理主義」の思想家たち——においては，イデオロギーという表

現が「虚偽意識」とほとんど同じ意味で，単なる否定されるべき対象として用いられていた．もしイデオロギーがそうしたものにすぎないのであれば，「頭脳明晰な人間がそれが偽りであることを暴露することで，そうしたイデオロギーは除去される」といった「イデオロギー暴露」という方法論にも，それなりの根拠があるだろう．しかし，マルクス主義の伝統から生まれたイデオロギー概念でおそらく最も影響力を持っているのは，むしろ別のものである．すなわち，この意味におけるイデオロギーとは，一定の社会集団があれば必ずそこに生まれてくるような，かなり粘着的で，長い持続力を持つ諸観念の複合体であり，しかも，それはその集団の各成員の行動に影響をあたえ，集団の全体的統合を促し，他の社会集団との区分や力関係を維持する——こうしたものを指している．「法律家の職業イデオロギー」といった言いまわしが意味をもってくるのも，イデオロギーという言葉をこのような仕方で用いるからにほかならない．そして，こうした方向におけるイデオロギー概念の深化に最も力があったのが，20世紀前半のイタリアの思想家，アントニオ・グラムシである．

　グラムシはイタリア南部サルディニア島に生まれ，北部のトリノ大学で学んだ．大学ではとりわけ B. クローチェ（Benedetto Croce, 1866-1952）の哲学に影響を受けるが，それと同時に，南部の貧しい農業地帯と北部の工業都市という異なる文化体験が，階層固有の文化の働きが政治意識の形成においていかなる働きをするかといった彼の終生にわたる問題関心を規定することになった．在学中に触れた労働運動の経験からイタリア社会党に入党したグラムシは，農民と労働者の協同による民衆的な視点に立った革命が必要であると考えるようになり，「革命は先進工業国から起こるはずだ」とするマルクスの予言を完全に覆すロシア革命の成功を歓呼をもって迎える．また，グラムシは，「工場評議会」こそが労働者が互いに結びつき，自分たちの社会的地位を確認する場となり得るとして，これを，国家や大銀行による投資の増大により失われた企業家精神と，危機的状況にあるリベラル・デモクラシーに代わる新秩序の母胎へと育てようと試みる．しかし，この同じ時代には，ムッソリーニ率いるファシスト党も，グラムシのそれとは別の新秩序を求めて台頭しはじめていた．グラムシは

「ファシスト党の大衆的基盤は，大資本や国家官僚制の道具となった中産階級にある」と分析し，クーデターの可能性を予言するが，その求心力については甘く見積もっていた．1921年，イタリア共産党創設にかかわり，翌年にはコミンテルン執行委員としてモスクワとウィーンに滞在，1924年には国会議員に選ばれて凱旋帰国，その後は共産党書記長としてファシスト党に対峙するも，1926年にはファシスト政権によって制定された国家防衛法により逮捕，20年以上にわたる懲役刑を宣告され，牢獄のなかでその短い生涯を終えることとなった．彼の思想のほとんどは，当時ケンブリッジのケインズ(John M. Keynes, 1883-1946)の下で研究を続けていたトリノ大学時代からの親友，P. スラッファ (Piero Sraffa, 1898-1983)――ちなみに，古典派経済学を現代的に再定式化した名著『商品による商品の生産』(1960)を残したことと，『リカード全集』の編纂で有名なスラッファは，同時に，ウィトゲンシュタインに後期哲学への転回のきっかけをあたえた人物でもある――が送り続けた書物などをもとに，獄舎のなかで書き続けられた『獄中ノート』という形で残されている．そして，彼の独創的なイデオロギー論もそこに書き記されている[8]．

グラムシによれば，イデオロギーはまず二つの側面に分けられなければならない．一つは「恣意的イデオロギー」であるが，これは例の「虚偽意識」とほぼ同じものと考えてよい．重要なのはその第二の側面たる「有機的＝構成的イデオロギー」であり，これは「芸術，法，経済活動，そして，個人的・集団的生活のあらゆる場面に暗黙に含まれる世界観」として社会集団を構成する．この意味におけるイデオロギーは，人々を一定の行動へと回路づけるものとして社会にあまねく浸透しており，いわば「人がその上に立って行動し，その上で自らの立場を意識するようになり，その上で戦うような場」となる．ある社会階層が広く大衆の合意や支持を取りつけることを通じて，政治的・文化的・規範的に優越的な地位――すなわち「ヘゲモニー」を維持できるのは，まさに，

---

[8] アントニオ・グラムシ『新編・現代の君主』(上村忠男訳，青木書店，1994年)，同『知識人と権力』(上村忠男訳，みすず書房，1999年)，同『グラムシ＝獄中からの手紙』(上杉聰彦訳，合同出版，1978年)などを参照．

こうしたイデオロギーの内側においてであり，また，このイデオロギーを通じてなのである．グラムシによれば，こうした意味におけるイデオロギーは，哲学のみならず，宗教，常識，民俗＝慣習にまでおよんでいる．

グラムシのこうしたイデオロギー理解において特に注目すべき点は，そこでは「合意」の契機がとりわけ重視されていることである．すなわち，グラムシが言わんとしているのは，ある社会集団や階級が別の社会集団に対する優越的地位を獲得するためには，単なる実力による「強制」よりも，むしろイデオロギー的次元における「合意」の調達の方が重要な意味を持つということにほかならない．ある社会集団の他の諸階層に対する政治的ヘゲモニーを理解するためには，「国家＝政府(Stato-governo)」による「強制」という側面だけでなく，「市民社会(società civile)」的な「合意」の契機にも眼を向ける必要がある．しかも，現代社会においては，「合法的な暴力装置」を用いた国家による露骨な「強制」よりも，学校，教会，組合，マスメディアなどを通じた市民社会における「合意」の調達の方がむしろ重要な役割を演じはじめている——グラムシは，このように分析するのである．

既存の体制の安定を図るためには単なる強制装置による威嚇のみならず，広く大衆の支持と合意を得ることが必要である——これは裏を返せば，既存の体制に代わる別の体制を目指す試みは，単なる暴力革命によってではなく，文化や習慣の次元にも分け入って，イデオロギーの次元で一般大衆の広い支持を獲得しなければならないということでもある．グラムシによれば，「知識人」の役割もまさにこの点にある．すなわち，「有機的な知識人」の使命は，支配的イデオロギーにぶつけていくことができるような大衆的イデオロギーを，労働者や農民といった人々が暗黙に共有する諸観念・信念・習慣・風俗のなかから掘り起こし，意識化し，批判的に彫琢する作業を，介添え役として手助けすることなのである．このようにグラムシは「イデオロギー」概念を，よりニュートラルかつ（単なる理念的なものではなく）感性的，習慣的，身体的な次元にまで深化させることを通じて，大衆文化の政治的機能の分析から市民社会論，ひいては知識人論にまでつなげていくのである．

もっとも，グラムシ自身が法を直接の対象とする分析を残している訳ではないが，彼のイデオロギー概念がその後の法理論にあたえた影響は必ずしも小さいとは言えない．特に，1980年代に頂点に達したアメリカの批判法学運動のなかからは，こうしたグラムシのイデオロギー概念をストレートに参照しながら，法的思考様式，労働関係，契約法の背景にある合意の観念，刑事事件における免責事由，法曹養成機関の社会的機能，法制度における家父長制の残滓，等々を対象とする具体的な分析が，数多く産みだされている(第4章参照)．また，意外に聞こえるかもしれないが，彼のイデオロギー概念は間接的な影響の連鎖を通じて，より穏健かつ中立的に見える法理論とも関連してくる(最初に触れた「法律家のイデオロギー」といった考え方がそうであるし，法における「強制」と「合意」の位置づけ作業もこれと全く無関係とは言い切れない)．さらに，理論史的側面から見れば，グラムシのイデオロギー概念やヘゲモニー論は，戦後フランスの構造主義的マルクス主義者，L. アルチュセール(Louis Althusser, 1918-1990)の「国家イデオロギー装置」論や，同じく現代フランスの社会学者，P. ブルデュー(Pierre Bourdieu, 1930-2002)の「ハビトゥス」論にも流れ込んでおり，それらを法制度や法的思考の分析に応用していく余地は，これからもまだまだ残っていると言わなければならない[9]．

---

9) アルチュセール『国家とイデオロギー』(西川長夫訳，福村出版，1975年)に収められた論文「イデオロギーと国家イデオロギー装置」を参照．ここでアルチュセールは，グラムシと似たかたちで，合法的な暴力によって機能する抑圧的な「国家装置」と，政治，法制度，学校，宗教，家庭，マスメディア，スポーツ，娯楽，等々を通じて機能する「イデオロギー装置」を区別し，その上で，後者は支配的階級のイデオロギーを浸透させると同時に，各個人への呼びかけを通じてそれらを「主体」へと構成すると論じている．

一方，ブルデューの「ハビトゥス」概念は，生活環境や教育などを通じて引き継がれる慣習的で無意識な知覚や行動パターンを指すものであり，具体的には，話し方・要領のよさ・学歴・職業選択・パートナー選び・娯楽・趣味・嗜好といった日常生活のあらゆる局面に表れてくるとされる．ブルデューによれば，ハビトゥスは「文化資本」の一部を形成し，それを持たないものはこれをめぐって，負い目や恥の意識といった「象徴的暴力」を経験する．ハビトゥスは各人の戦略的行動を無意識のうちに規定し，そのことを通じ既存の階層構造の「再生産」に貢献する．このように，ブルデューのハビトゥス概念はグラムシ的なイデオロギー理解をさらに日常化=身体化=ミクロ化したものと理解することもでき，法曹の再生産メカニズムや人々の法意識の分析に対しても，示唆するところが少なくない(実際，ブルデュー自身，様々な機会をとらえてフランスの法制度や法律家について論じている)．

## コラム 7
# フェミニズムと法理論

　20世紀において社会的現実に最も大きなインパクトをおよぼした運動は，実はフェミニズムであったのかもしれない．というのも，この運動は世界人口の半数を占める女性たちが置かれている現在の状況をその根底から変え，そのことを通じて残りの半分である男性の在り方も変えていく潜在的起爆力を持っているからだ．だが，そのフェミニズムがいったい何であるかということになると，けっこう難しい．とりあえず，ここでは便宜上，「男性の視点から一方的につくり上げられてきた〈女性であること〉をめぐるイメージを女性自身の手で描き直し，それと同時に，男女間でのこれまでの不平等な関係性を，家族関係や友人関係などの私的な領域においても，職業生活や政治をめぐる公的な領域においても変化させていくことを目指す運動」としておくが，実際には互いに激しく衝突しあう多様な見解が存在するということも忘れてはならない．

　さて，現在のフェミニズムの直接の端緒となったのは，1960年代から70年代にかけて世界各国に広がりを見せた女性解放運動であった．そして，その背景には，家事労働の合理化，様々な職業への女性の進出，経口避妊薬の発明による性と生殖の分離といった実際的な変化や，公民権運動，学生反乱，ベトナム反戦運動といった動きに象徴されるような社会的公正を求める大きなうねりが存在していた．もっとも，フェミニストたちは自分たちの遠い祖先をフランス革命以来の女性解放の思想のなかに見いだしている．古くはイギリスのウルストンクラフト (Mary Wollstonecraft) の『女性の権利の擁護』(1792) やフランスのグージュ (Olympe de Gouge) の『女性および女性市民の権利宣言』(1791) が存在しているし，19世紀に入ると，アメリカのセネカ・フォールズ会議 (1848) において「全て男女は等しいものとして創造された．全て男女は神から不可譲の

権利を授けられている．そして，これらのなかには，生命，自由，幸福の追求が含まれる」といった内容の宣言がなされている．また，イギリスの功利主義哲学者，J. S. ミルが『女性の隷従』(1869) のなかで行った男女同権の提唱などもこうした文脈に位置づけられる．同時に，女性参政権運動に直結するこれら自由主義思想と並行して，サン・シモンやフーリエが女性の隷属状況の是正を訴え，エンゲルスが『家族，私有財産，および国家の起源』(1884) を著すなど，社会主義思想家たちのなかにも，女性の隷属的状況を緊急の解決を要する不公正と見る人々が存在した．フェミニストたちは，自由主義思想や社会主義思想に立脚するこうした様々な動向をひとまとめにして，第一次フェミニズムと呼んでいる．そして1960年代以降の女性解放の動きにかんしては，第二次フェミニズムという言葉が用いられている．

　ところで，フェミニズムは特定の国だけに起こった運動ではない．たとえば，わが国のフェミニズムが，雑誌『青鞜』に結集した大正時代の女性解放論者たち以来，固有の社会文化的背景や論争史を踏まえた豊かな理論的蓄積を有しているように，各国のフェミニストたちは互いに参照しあいながらも，それぞれの文化や歴史を背景とした独自のフェミニズムを産みだしてきた．だが，フェ・・・・・・・・・・・・・・・・・・・・・・ミニズムの視点や思想が法理論という形で実を結び，しかもそれが無視することのできない一大勢力にまで成長していったのは，そうしたなかでもアメリカだけで見られる現象である．アメリカでは1970年代終わり以降，「フェミニズム法理論(Feminist Legal Theory)」や「フェミニズム法理学(Feminist Jurisprudence)」と銘打った論文や著書が大量に産みだされ，多くのロー・ジャーナルを飾るようになっていく．こうした現象の背景には，アメリカのフェミニストたちが，職業や家族をめぐるライフスタイルの実験性において他の国々よりもさらに一歩先を行く現代アメリカ社会の現実と対峙しなければならなかったことに加え，裁判の結果がすぐさま政治的・社会的変革となって現われてくるようなアメリカ司法の強大な権限や，司法，政治，行政，ビジネスといったあらゆる分野の指導的人員を再生産するロー・スクールの社会的機能といった，アメリカ社会特有の制度的，知識社会学的事情もあるに違いない．ともあれ，

## コラム7 フェミニズムと法理論

　当初こそ批判法学の一部局——それゆえ,彼女たちは「フェム・クリッツ(Fem-Crits)」と呼ばれていた——という感じで捉えられていたフェミニズム法理論は,いまや押しも押されぬ一大勢力である.ただ,批判法学がそうであったのと同様に,フェミニズム法理論も決して一枚岩ではない.フェミニズム法理論の様々な傾向をあえて大まかに分類すれば,だいたい次の四つとなる.(a)かつての第一次フェミニズムを引き継ぎ,女性の自由や平等の権利確立を目指すリベラル・フェミニズム,(b)社会,文化,そして,法のなかに構造化されている男女間の隷属的関係を徹底的に批判するラディカル・フェミニズム,(c)女性であることをめぐる経験,ひいては「女性原理」そのものを男性中心文化に対抗させるカルチュラル・フェミニズム,そして,(d)「女性であること」をめぐる経験それ自体の多様性を強調するポストモダン・フェミニズム——この四つである.

　(a) まず,フェミニズム法理論の最初の潮流として現れたリベラル・フェミニズムはこれまで,男女の平等な取り扱いという観点から,女性にも,男性同様の自律的人格と基本的諸権利の保障を要求してきた.かつての女性参政権獲得を目指す闘いからこのかた,女性の権利は少しずつではあるが着実に伸張し,20世紀中盤までにはアメリカの女性たちは参政権,同等賃金,就労機会,教育,陪審員を務める権利,妊娠中絶をめぐる一定の権利など,様々な法的自由や基本的権利を獲得している.そして,そうした背景にあるのがこのリベラル・フェミニズムの考え方であった.たとえば,有名な例として,R.ギンスバーグ判事(Ruth Bader Ginsburg)がラトガース大学法学部教員だった当時,アメリカ自由人権協会(American Civil Liberties Union, ACLU)と共同して行った一連の訴訟があげられる.これらの訴訟を通じて,遺産管財人の選任に際して男性を優先させる法律や,家族手当の支給に際し男性公務員と女性公務員との間でその扱いに格差を設ける法律,配偶者を失った女性のみに育児給付を行い,同じく配偶者を失った男性にはその給付を認めない社会保障法などに次々と違憲判決が下され,それによって女性の法的地位は男性と同等なものへとますます接近していった.

しかし，男女間に違いを設けず同様の扱いを求めるアプローチに対しては，同じリベラリズムを信奉するフェミニストたちの内部からも批判が生じてくる．というのも，こうしたアプローチは，男性が自分たちに合わせて設定した基準を女性に押しつけるものにほかならないからである．男女間には生物学的にも生理的にもいろいろな「差異」が存在する．このことは否定できない．だとすれば，妊娠中の女性を夜間業務から外すといったことは，男性の側からなされるパターナリズム的な保護というよりも，むしろ実質的な意味での女性の「平等な取り扱い」に貢献するものではないか．形式的に「同一」の取り扱いと「差異」に配慮した取り扱いのどちらが男女の「平等な取り扱い」につながるのか——これをめぐる論争は「同一性／差異論争(Sameness/Difference-Debate)」と名付けられ，1970年代から80年代にかけて様々な角度から議論された．たしかに，この論争に対する最終的な解答はいまだ得られていないが，興味深いのは，M. ミノウ(Martha Minow)のような「差異」派が，差異に配慮した取り扱いの方が「平等」の有意義な解釈であると主張する際に「マイノリティとしての女性」という視点を強く打ちだしていることである[1]．このような視点は積極的差別是正措置(アファーマティブ・アクション)を女性全般について広く適用することと結びついてくるものであり，それは，J. ロールズの「格差原理」を家族や職場におけるジェンダー，すなわち社会的・文化的性差に当てはめるという発想にもつながってくる(コラム4参照)．ロールズの「無知のヴェール」をジェンダーの区別にも当てはめ，それによって女性優遇の積極的差別是正措置を基礎づけるS. オーキン(Susan Moller Okin)の『正義・ジェンダー・家族(Justice, Gender and the Family)』は，実際にこのような発想から書かれた非常に優れた仕事である[2]．

　(b)　しかし，リベラル・フェミニズムの一連の勝利に対する最も強力な批判者となったのは，こういった「差異」派と言うよりも，キャサリン・マッキ

---

1) Martha Minow, *Making All the Difference: Inclusion, Exclusion, and American Law*, Cornell University Press, 1990.

2) Susan Moller Okin, *Justice, Gender, and the Family*, Basic Books, 1989.

ノン(Catherine MacKinnon)をその代表的論客とするラディカル・フェミニズムであった．マッキノンたちは，男女間に存在するあらゆる文化的・社会的・経済的・法的差異は男女の隷属支配関係の産物にほかならないと主張する．かつてのマルクス主義が「生産」を軸とする資本家と労働者の支配＝従属関係として社会を思い描いたように(コラム6参照)，マッキノンらラディカル・フェミニストたちは，世界を「性(sexuality)」を軸とした男性と女性の支配＝従属関係として描きだす．すなわち，女性の「性」は男性の視線によって規定され，定義づけられ，法，経済，芸術，教育，サブカルチャーといったあらゆる制度のなかに構造化されている．そして，このことが，社会におけるジェンダー構造を決定づける．したがって，一見すると「中立」で「不偏不党」であるように思われる現行のリベラルな法制度も，実際のところは，男性支配を構造化し，永続させる装置の一つに過ぎない．1970年代のリベラル・フェミニズムの勝利は，自分が男の土俵で勝負させられていることに気づかない「男になりたい女たち」の数を増やすことによって，むしろフェミニズムの潜在的な起爆力を減衰させてしまっているのである．そして，マッキノンらは，男性による女性の「性」の収奪という現実がリベラリズムによって隠蔽されている領域として，とりわけ，ポルノグラフィにかんする諸問題や，人工妊娠中絶などリプロダクションをめぐる問題を取りあげる．

　ミシガン大学ロー・スクール教授であるマッキノンはそのセクシュアル・ハラスメントの定義づけによってもすでに有名であるが，彼女の名を全米に轟きわたらせることになったのは，インディアナポリス市の反ポルノ条例を起草したこと，そして，それが表現の自由をめぐる憲法裁判を引き起こしたことである[3]．マッキノンによれば，ポルノグラフィは男女間の関係を支配と従属のそれとして描きだし，それによって女性を男性の性的満足の道具にまで貶めるものである．その影響は性犯罪を誘発するばかりか，結果的に，男女間の社会経済的不平等や女性の政治的自由の抑圧にも荷担する．ポルノグラフィは男性支

---

　　3)　キャサリン・マッキノン『フェミニズムと表現の自由』(奥田暁子他訳，明石書店，1993年)．

配を文化のなかに構造化していく巧妙な装置であり，女性の「ノー！」と言う声を「沈黙させる」ような社会文化的な環境を醸成する[4]．だが，このような考えから制定された反ポルノ条例は，「表現の自由に反する」というアメリカ書店協会の訴えによって違憲判決を受ける[5]．その際にイースターブルック判事が示した論拠の背景には，基本的にリベラリズムに立脚する次のような考え方があった．「ポルノのような有害な言論を排除するのはその他の言論の役割であって，国家の役割ではない．たとえ有害な言論であっても，その法による検閲は国家権限の無制限な拡大につながり，やがては個人の自由の足場を掘り崩すことになってしまう．合州国憲法が表現の自由に他の諸権利にも増して強い地位を与えているのは，有害な言論が相互批判のなかで自ずと駆逐されていくような言論の自由市場を保障するとともに，国家権力の肥大から個人の自由を守るためにほかならない」[6]．しかし，マッキノンたちの主張の骨子が「ポルノグラフィが「沈黙を強いる」文化装置として，まさしくその女性の「自由な言論」を封殺している」というものであるとすれば，当該判決がこの問題に対する最終的解答となっているか否かということにかんしては若干の疑問も残る．

次にリプロダクションの問題であるが，マッキノンはこれについてもリベラルな観点を徹底的に批判する．「ロー対ウェイド(Roe v. Wade)」事件判決は，アメリカではじめて女性の人工妊娠中絶の権利を承認した画期的な判決であり，その論拠は，個人の自己決定や自律性の擁護というきわめてリベラルなものであった[7]．しかし，マッキノンはこうした判決は結果的に，女性がいかに自由を奪われた状態で妊娠を強いられ，その結果として中絶を選ばざるを得ないかという複雑な現実を覆い隠してしまうと主張する．中絶を選ぶか出産を選ぶか

---

[4] C. A. マッキノン『ポルノグラフィ』(柿木和代訳，明石書店，1995年)——ちなみに原題は『ただの言葉(Only Words)』で1993年の出版．

[5] American Booksellers Association, Inc. et al. v. William H. Hudnit, Mayor, City of Indianapolis, et al., 598 F. Supp. 1316 (S. D. ind. 1984).

[6] ドゥオーキン『自由の法』(石山文彦訳，木鐸社，1999年)，9章と10章も参照．

[7] Roe v. Wade, 410 U. S. 184, 197 (1973).

という問題は，個人の自己決定といった中立性を装った形式原理の問題というよりも，むしろ，女性と胎児との具体的な歴史の問題である．女性の体内にいる胎児が男女間の対等な恋愛によって授けられたものか，強姦や暴行，あるいは家庭内レイプや売春といった愛のない性交渉によって生じたものか，そうした歴史によって女性と胎児との関係性はまったく異なってくる．性的搾取がなくなり，男女がお互いにより平等で非従属的な関係を生みだしていくことさえできれば，中絶のような悲しい出来事もきっと少なくなるに違いない——マッキノンの強硬な主張の背後には，このような希望が存在しているのである．

(c) しかし，マッキノンには，「産む性」という女性の生物学的条件を隷属の原因の一つと見なし，そこから女性同士の友情や同性愛を顕揚するといった，女性否定に由来する屈折した「男性嫌い」の側面も，たしかに存在する．男女間の関係を抗争や対立，隷属や権力の関係として捉えるマッキノンらのラディカル・フェミニズムに対し，カルチュラル・フェミニズムは，むしろ，女性特有の規範的「文化(カルチャー)」があるということを，あるいは「産む性」であることの積極的な意義や「歓び」を，従来の男性中心の法理解に対してぶつけていく．そして，こうした方向に最も大きな影響をあたえたのが，発達心理学者キャロル・ギリガン (Carol Gilligan) の著書『もう一つの声 (In a Different Voice)』であった[8]．

そもそもギリガンの出発点となったのは，発達心理学者ローレンス・コールバーグが提唱する「道徳性の発達段階」理論に対する違和感だった[9]．コールバーグは個人の道徳性の発達を測定するためのテストを考案したが，そこでは普遍的な権利概念や価値中立的な法理解の獲得が，個人の道徳性が最も発達した段階として設定されていた．しかし，このテストを実際に使ってみると，女性は男性よりも道徳的に未発達という結果ばかりが生じてくる．ギリガンはこ

---

8) Carol Gilligan, *In a Different Voice: Psychological Theory and Women's Development*, Harvard University Press, 1982.

9) コールバーグ理論については，L. コールバーグ他『道徳性の発達段階』(片瀬一男・高橋征仁訳，新曜社，1992年)，永野重史編『道徳性の発達と教育』(新曜社，1985年)を参照．

こで，コールバーグの測定尺度そのものに一定のジェンダー・バイアスがかかっているのではないかと考えた．

たとえば，コールバーグの道徳性テストの最も顕著な設問である「ハインツのジレンマ」に対する男女の解答の仕方の違いは，発達段階の優劣というよりも規範的なものに対する両者の違いと捉えるべきではないか——ギリガンはそう考えた．「ハインツのジレンマ」とは次のような設問である．「ハインツという男性の妻が病のために死に瀕している．ある薬を手に入れれば妻は助かるかもしれないが，ハインツにはお金がない．ハインツは盗みを働いてでも，この薬を手に入れるべきか」．コールバーグによれば，最も発達した答え方は，イエスと答えるにせよノーと答えるにせよ，それを当事者間の対等な権利や普遍的な道徳原理と関連づけながら答えるような解答である．ところがギリガンは，同様の設問を11歳の男女に行った際，両者の典型的な答え方が本質的に異なるものであることに気づく．男の子はこの状況を財物に対する権利と生命に対する権利の衝突として「まるで数学の問題のように」演繹的な仕方で説明する．これに対し，女の子の方は「盗むのもだめだし，奥さんを見殺しにする訳にもいかないから，薬局の人に事情を説明するとか，どこかでお金を借りるとかしたらどうかしら」といった具合に，二者択一を避けて，より時間的な広がりをもった「物語(narrative)」を語るような仕方で説明する．そして，最終的には「ハインツと奥さんと薬屋さんはじっくり話し合って，どうすればお金ができるか，よく考えないといけないと思う」と結論を下す．コールバーグの理論を真に受ければ，この場合，男子のほうが女子よりも高度な発達段階にあるということになる．しかし，ギリガンは，むしろここには世界に対する二つの異なった捉え方があると考える——すなわち，同じ世界を眺めるにあたって，男の子の方は「法」と演繹的「論理」が支配する諸個人の集合として，女の子の方は「コミュニケーション」と「関係性」で形づくられた親密性の網の目として，それぞれ異なった仕方で認識しているのである．そして，ギリガンは後者のようなあり方に，法や正義といった男性の論理とは異なる，女性特有の「配慮の倫理(Ethics of Care)」を見いだすのである．

だが，ギリガンのこうした主張は「法」と「配慮の倫理」をあまりに対立させるものであり，もしこの女性の「もう一つの声」を現実の法的実践のなかに取り込もうとすれば，少なからぬ手直しが必要となってくる．おそらく，カルチュラル・フェミニズムの論客のなかで，この点で最も成功しているのが，ロビン・ウェスト(Robin West)の仕事である[10]．ウェストは次のように考える．個人の自由と自律を重視するドゥオーキンのような法的リベラリズムにしても，個人の自由や自律を認めながらも，それがもたらす非人間的状況への恐れから共同体的なものも同時に希求する批判法学者たちにしても，男性の法理論は基本的に切り離され，独立した個体から出発している．それに対しフェミニズムの法理論は，「つながっていること(connectedness)」の経験から出発することができる．この「つながっている」という経験は，「産む性」であることをめぐる様々な身体的な感覚とそれをめぐる「歓び」として女性が本来的に有してきたものである(この点で，ウェストのカルチュラル・フェミニズムは，「母性」を女性の不利な状況の条件と捉えるマッキノンの立場と対立する)．そして，ウェストはこの「つながっている」という女性の身体的かつ実存的な経験を，人間の普遍的な経験にまで高めなければならないと主張する．「親密性は女性だけにかかわる事柄ではなく，人間なら誰もがかかわるべき事柄なのである．親密性は私的な楽しみなどではなく，価値の源泉である．それは習慣ではなく道徳なのである」[11]．

(d) しかし，ギリガンにもウェストにも共通する落とし穴があるとすれば，それは，「女性とは本質的にこれこれこういうものである」とし，女性の価値や関心を実体化する一種の本質主義だろう．女性特有の道徳や母性の快楽を説くことには，そうしたものも実は社会のジェンダー構造のなかで決定され，再生産されてきたということを忘れさせてしまう危険がつねに伴っている．また，そもそも女性特有の道徳や母性の快楽といったものがあるとしても，それはた

---

10) Robin West, 'Jurisprudence and Gender', *University of Chicago Law Review*, vol. 55, 1988, pp. 1–72.

11) *Ibid.*, p. 18.

った「一つ」しかないものだろうか．むしろ，異なる社会経済的状況，異なるエスニック・マイノリティとしての経験は，多様な「配慮の倫理」，多様な「つながりの感覚」を生みだすのではなかろうか．ポストモダン・フェミニズムの法理論は，まさにこういった点を突く．

　リベラル・フェミニズム，ラディカル・フェミニズム，カルチュラル・フェミニズムがともに陥りかねない，こうした本質主義から逃れるために，メアリー・フラッグ (Mary Joe Frug) のようなポストモダン・フェミニストがとった戦略は，「性差をめぐる政治的闘争の場として法的言説を捉える」というものであった[12]．法理論は法の現実を映し出す鏡などではなく，法的言説をめぐるこうした戦略を実践するための道具に過ぎない．不平等な形で構造化されたジェンダー関係は，一つの視点から捉えられる統一的な体系というよりも，多様な女性の多様な視点によって様々な姿で把握されるような複雑な力の網の目である．フーコーの仕事や法の言説分析を想起させるこうした戦略は，さらには「批判的人種理論 (Critical Race Theory)」ともつながってくる (156頁【用語解説】参照)．というのも，黒人やヒスパニックといったマイノリティ女性の視座から語られる法の「物語」の視点によって，結局は「中産階級白人」女性の視点しか取り込んでいなかった従来のフェミニズムの視点は，脱中心化され，流動化され，多様化されていくからである．そうした試みの一つに，パトリシア・ウィリアムズ (Patricia Williams) による一連の仕事がある．ウィリアムズは，個人的経験，法解釈学的知見，判例批評，アレゴリーやメタファーの断片を並べることによって，自らの主体性がジェンダーや人種やマイノリティ文化をめぐる様々な力によって引き裂かれている様をありのままに提示する[13]．一見すると，ある種のポストモダン小説にも似ていなくもない彼女の法学研究は，決して「インテグリティ」を得ることを許されない「自己」の物語でもあ

---

12) Mary Joe Frug, 'Postmodern Feminist Legal Manifesto', *Harvard Law Review*, vol. 105, 1992, pp. 1045–1075 (cit. p. 1046).

13) Patricia Williams, *Alchemy of Race and Rights: diary of a law professor*, Harvard University Press, 1991.

る．そして，おそらく，それを読む経験は，コーネルらデリダ派フェミニストが示そうと試みた脱構築の倫理とも結びついている．というのも，それらがともに要求しているのは，他者の痛みを経験することの可能性と不可能性の狭間にありながら，にもかかわらず，それを真剣に試み続けることにほかならないからである(第4章5節，および，その補論を参照)．

　このように，リベラル・フェミニズム，ラディカル・フェミニズム，カルチュラル・フェミニズム，ポストモダン・フェミニズムは多くの問題関心を共有しながらも，その実現をめぐってはお互いに異なった戦略を採用する．しかし，強調しておかなければならないのは，こうした様々な試みが皆，判例や学説を変えることを通じて，現実の男女関係に実際的なインパクトを与えることを目指しているという点である．その意味で，法制度を通じた社会的公正の実現に対する信頼がいまだ弱いわが国の法文化にあって，日本のフェミニストたちがそこから何を学び，それをどのように自分たちの実践とつなげていくのか，注目し続けなければならない．

# 第5章
# むすび

　冒頭で述べたように，本書のねらいは，20世紀の法思想の流れを，いわば二つの観点を軸にふりかえるというものであった．まず，最初にあるのが「法の自立性」，すなわち，法的実践と政治や道徳といった他の諸実践との関係をどのように捉えるかという観点である．20世紀に現れたほとんどの法思想が，このことにかんして何らかの答えを見いだそうとしてきており，その意味で，こうした問題関心こそが20世紀法思想を貫く一本の糸となる．筆者の見るところでは，本論で検討したケルゼンの純粋法学から現在のポストモダン法学にいたる流れも，さらにはコラムでふれた自然法論，リアリズム法学，法学的ヘルメノイティク，法的議論の理論，マルクス主義法理論，フェミニズム法理論についても，すべて「法の自立性」という問題設定から把握し直すことが可能である．

　しかし，20世紀法思想の流れを，「法の自立性」の理解をめぐる直線的な発展と捉えるとすれば，それはあまりに単純な見方であるだろう．そこで問題となってくるのが二つ目の観点である．こうした法内在的な問題設定をめぐる定式化の歴史に対して横の力が加わり，それ以前の議論様式とそれ以降の議論様式のあいだに決定的な変化が生じているように思われるからだ．すなわち，いまでは「言語論的転回」と呼ばれる認識枠組の変化，一種のパラダイム転換がそうした横の力として働き，その結果，20世紀法思想に一つの認識論的切断が生じたのである．筆者の見るところでは，そうした言語論的転回の徴候を最もはっきりと見てとることができるのは，ハートの一連の仕事である．そして，ハート以降，法をめぐる議論のスタイルに決定的に違いが現れるようになった

ということも，ほぼ間違いない．

　同時に，ハート理論は，それがはらむ両義的な性格によって，その後の20世紀法思想が歩んでいく道のりの分岐点ともなる．というのも，法と道徳の峻別，ルール体系モデル，法律専門家のみに限定された法の最終根拠の認識可能性といった様々な仕掛けからなるハートの法理論は，突き放した場所から法的実践を「記述」する試みという触れ込みにもかかわらず，法的実践の自立性を規範的に擁護しようとする傾向も同時にはらんでいるように思われるからである．こうして，20世紀法思想はハート以降，二つの異なる方向へ向かっていく．その一方を代表するものが，法的実践の「参加者の視点」を強調し，法に内在する価値的次元の自立性を強調するドゥオーキンの解釈的アプローチであり，そして他方が，批判法学やシステム理論といった，いわゆるポストモダン法学である．ドゥオーキンが法の自立性の規範的次元における正当化にその精力を傾けるのに対し，ポストモダン法学は，「距離を置いた」視点から，法的実践と他の諸実践との関係性，および，「法の自立性」の形成過程やその機能の批判的分析に力を注ぐ．さらには，「法の自立性」というものをどう評価するかということにかんしても，両者はしばしば正反対の結論を導きだしており，まさに際だった対照を見せている．

　ところで，眼を20世紀日本の法思想に向けてみれば，それは戦前から現在にいたるまで一貫して西洋法思想の圧倒的な影響を受けながらも，この社会特有の法的諸課題に答えようとする形で進展してきたと言うことができる[1]．たしかに，輸入・修正・適用といった明治以来の，否，中国文化の輸入以来の外来思想の受け入れ方には，かつて丸山真男が日本の思想の特質として指摘した「無構造の構造」――すなわち，諸外国の様々な思想がわが国に輸入された途端，それらが本来はらみ持っていたはずの抜き差しならない対立が消去され，各々の思想が適当な場所を得て，曖昧な妥協的構図のなかに収まってしまうと

---

[1] とりわけ，日本法哲学会編『法哲学年報1998　知的資源としての戦後法哲学』所収の諸論考を参照．

いう落とし穴もない訳ではない[2]．たとえば，ここ数年ほどのあいだに顕著になってきたポストモダン法学に対する過剰な防衛反応のなかには，ポストモダン法学が顕揚する多元主義的な法把握がそうした「無構造の構造」のなし崩し的な肯定につながるのではないかといった警戒心から出てきたようなところも見受けられなくはない．しかし，法という営みがつねに具体的な生活諸連関に根を持ち，そこで生起する諸問題の解決にかかわるものである以上，法文化や国民国家的な法管轄を超えた横断的な影響関係といったものこそが，むしろ法思想というものの常態なのではなかろうか．だとすれば，今日のように世界中の法が緊密に結びつくようになり，ある国で生じた法的課題が次の日には別の国の法的課題として浮上してくるといった状況にあって，他の様々な諸国の法思想から積極的に学ぶ姿勢は，今後ますます重要になってくると考えるべきではないか．そして，ポストモダン法学と呼ばれる諸動向にしても，それがマックス・ウェーバーが指摘して以来，加速する一方である価値領域の分化と解体に正面から取り組もうとするものである限り，わが国の法思想がそこから学ぶべきことがらは決して少なくないはずである．

では，法思想はこれからどのような方向に向かっていくのだろうか．20世紀初頭の人々が20世紀末の現実をほとんど予想できなかったように，安直な未来予測はつつしまなければならない．ただ，20世紀法思想の端緒となったケルゼンの『純粋法学』が実は19世紀末のドイツ実証主義法学を引き継ぐものであったように，これからの法思想も，本書に描きだされたような20世紀法思想の様々な遺産を出発点に据えるより他にないということだけは確かであり，その意味において，本書がつねに導きの糸としてきた「法の自立性」をめぐる問題関心もまた，決して失われることはないと筆者は考えている（いや，それどころか，様々な場所で民族主義や原理主義の動きが再び頭をもたげ始めたかに見える今日にあっては，「法の自立性」というものが持つ意義はあらためて真剣に問い直される必要があるのではなかろうか）．しかし，それと同時

---

2) 丸山真男『日本の思想』(岩波新書，1961年)，参照．

に次のことも銘記しておかなければならない．「法の自立性」というものが様々な社会的変化に直面した際の，法律家集団の自己理解の押しつけとなってしまったり，専門的知識や特殊な語彙に依拠した防衛的弁明になってしまうとするならば，やがて法は，自らの問題解決能力も，学問的活力も，ともに失ってしまうだろうということである．臓器移植，人胚を用いた実験や医薬品生産，クローン，出生前診断と選択的人工妊娠中絶，安楽死といった生と死の取り扱いをめぐる妥協を許さない対立，人口流動の加速による多文化状況の加速とそれにともなって頻発するであろう移民排斥運動や民族間対立，世界市場の形成にともなう紛争解決手続の抵触と調整，インターネットをはじめとした情報技術の爆発的普及による旧来の知的所有権概念や国民国家的な法管轄の解体，「リスク社会」という時代診断に定式化されるようなテクノロジーの驚異的発展とそれを法によって制御することの不可能性——法が今現在直面するこうした課題のほとんどは，お互いに共約不可能な複数の議論領域，複数の言語ゲームを横断する争いであると言うことができる．だとすれば，法をめぐる思考は今後ますます，安易なマニュアル的知識に安住したり，専門知の閉域に閉じこもってしまうことなく，世界の多様性への感受性をはぐくみ，異質な複数の声に耳を傾けていかなければならないはずである．

# 読書案内

　参照文献については脚注のなかで細かい指示を行っているので，ここでは，20世紀法思想の流れをさらに詳しく学んでみようという人たちのために，日本語で書かれた比較的読みやすい文献を紹介してみたい．

## ケルゼン（第1章）

　まず，ケルゼンの『純粋法学』第一版（横田喜三郎訳，岩波書店，1935年初版）ということになるのだろうが，入手のしやすさや説明の親切さといった点から，最初に読むケルゼンとしては『法と国家の一般理論』（尾吹善人訳，木鐸社，1991年）をおすすめしたい．アメリカ亡命後に書かれたこの本は，法典中心の大陸法とはまったく異なるコモン・ロー圏の聴衆を念頭に執筆されたこともあって，『純粋法学』のアイデアが懇切丁寧に説明されている．また，イギリス分析法理学の創始者ジョン・オースティンやアメリカ・リアリズム法学者カードーゾらの法理論との対決が試みられていたり，『純粋法学』第一版から第二版への移行期ということもあって，第一版では見られない新たな考え——たとえば，「一次的規範／二次的規範」——がいくつか出てきたりと，何かと得をする本である．翻訳も立派で，この種の本としてはたいへん読みやすい．

　その他，ケルゼンの主要論文の多くは『ハンス・ケルゼン選集』（木鐸社，1973-1979年）に収められており，なかでも，第1巻『自然法論と法実証主義』（黒田覚・長尾龍一訳，1977年），第5巻『法学論』（森田寛二・長尾龍一訳，1971年）におさめられた諸論文が，純粋法学の当初の構想をより深く知ろうとする際には重要となる．ちなみに，この選集第3巻には，コラム4で言及したケルゼンの論文「正義とは何か」も入っているが，ケルゼンは「民主主義」を，自ら信奉する価値相対主義を体現する政治制度であると捉えていた．これについては，ケルゼン『デモクラシーの本質と価値』（西島芳二訳，岩波文庫）を読んでみて欲

しい.しかし,こうした民主主義観に対しては,カール・シュミットがその著書『現代議会主義の精神史的地位』(服部平治・宮本盛太郎訳,社会思想社,1972年)において徹底的な批判を加えている.シュミットは,選挙と代議制による今日の民主主義は,あくまでも自由主義と結びついた民主主義の一特殊形態に過ぎず,歴史的に見れば,古代ローマのカエサル支配のように様々な形の民主主義＝集団的意思決定の方式が存在するとした上で,満場一致の拍手喝采を通じて行われる国民的現存在への「決断」,あるいは「一般意志」(ルソー)の形成の方が民主主義の本質に近いと論じており,両者の理論的対決には抜き差しならないものがある.

『法と国家の一般理論』のなかでも少し触れられているが,ケルゼンは法社会学の創始者の一人であるE.エールリッヒ(Eugen Ehrlich, 1862-1922)とも論争している.ケルゼンのそうした側面をさらに研究しようという人には,その前提として,エールリッヒの『法社会学の基礎理論』(M.フーブリヒト・河上倫逸訳,みすず書房,1984年)を読んでおくことをすすめる.

以上がケルゼン自身の著作やその論争相手として重要な法学者の著作であるが,日本人のケルゼン研究として是非ともあげておかなければならないのが,長尾龍一氏の一連の仕事である.わが国におけるケルゼン研究の第一人者として,長尾教授はケルゼンにおけるイデオロギー批判の意義に新たな光をあてると同時に,当時のウィーンの文化状況をしっかりと踏まえた,読み応えのあるエッセイを数多く執筆しており,その多くが長尾龍一『ケルゼンの周辺』(木鐸社,1980年)や同『ケルゼン研究Ⅰ』(信山社,1999年)に収められている.鵜飼信成・長尾龍一編『ハンス・ケルゼン』(東京大学出版会,1974年)に収められた諸論稿も,ケルゼン理論が戦前から戦後にかけてわが国の法学者たちのあいだでどれほど熱心に読まれていたかを教えてくれる.

ところで,長尾教授のケルゼン研究のように,特定の法思想が実際には何を意図して構想されたのかということを知るためには,時代状況や知の布置を把握しておくことがたいへん重要となる.上山安敏『憲法社会史』(日本評論社,1976年)は,ケルゼン理論の前史とでも言うべき19世紀から20世紀初頭にか

けてのドイツ国家学——グナイスト，ゲルバー，ラーバント，イェリネック——の動向を社会史の手法で鮮やかに描きだす．さらに広く19世紀末からワイマール期にかけてのヨーロッパ知識社会の深層をさぐる同『神話と科学』(岩波書店，1984年)も重要である．また，同じ社会史的視点から，歴史法学の生成からワイマール期のラートブルフの時代まで，近代ドイツ法学の知的背景を丹念に追う西村稔『知の社会史』(木鐸社，1987年)も必読である．

### ラートブルフ(コラム1)

ラートブルフの主要論文のほとんどは「ラートブルフ著作集」(山田晟・久保正幡・野田良之・碧海純一編，東京大学出版会，1961-1967年)として翻訳されており，その第4巻『実定法と自然法』には，ナチスドイツ崩壊後に執筆され，法実証主義から自然法論への転向として話題を呼んだ「制定法の形をした不法と制定法を超える法」も収録されている．だが，ラートブルフで最初に何か一冊ということであれば，第3巻『法学入門』(碧海純一訳)を推薦したい．翻訳の底本は，第二次世界大戦後のドイツ法の変更やラートブルフ自身の理論的変化を受けて弟子のツヴァイゲルトが加筆したものであり，また，あくまでも「法学入門」であることから方法二元論や価値相対主義といったラートブルフの法哲学が正面切って論じられる訳でもなく，むしろ自由闊達に書かれているといった印象を受けるが，ここに示されるラートブルフの学識と人間洞察の深さには，それだけにいっそう圧倒される．

なお，ラートブルフやケルゼンを苦しめたナチス期の法理論の包括的研究としては，H. ロットロイトナー編『法，法哲学とナチズム』(ナチス法理論研究会訳，みすず書房，1987年)がある．

### 再生自然法論(コラム1)

戦後の自然法論者の著作では，入手しやすいものもそうでないものも含め，次のような翻訳がある．A. P. ダントレーブ『自然法』(久保正幡訳，岩波書店，1952年)，A. フェルドロース『自然法』(原秀雄・栗田陸雄訳，成文堂，1974年)，

ヨハネス・メスナー『自然法』(水波朗・栗城壽夫・野尻武敏訳, 九州大学出版会, 1995年), H. ロンメン『自然法の歴史と理論』(阿南成一訳, 有斐閣, 1971年), J. ダバン『法の一般理論』(水波朗訳, 創文社, 1976年), ジャック・マリタン『人間と国家』(久保正幡・稲垣良典訳, 創文社, 1962年). 日本で活躍している自然法論者の著書としては, ホセ・ヨンパルト『法の歴史性』(成文堂, 1977年), 水波朗『トマス主義の法哲学』(九州大学出版会, 1987年)をひとまずあげておく. また, ロールズ以降のリベラリズム論や共同体主義との論争なども踏まえた上で, 実践知としての自然法論を復興させようとする葛生栄二郎『自由社会の自然法論』(法律文化社, 1998年)は現代自然法論の最も新しい動向を反映している.

### ハート(第2章)

ハートの翻訳は, 主著『法の概念』(矢崎光圀監訳, みすず書房, 1976年)をはじめ, 教授就任講義「法理学における定義と理論」を収める論文集『法学・哲学論集』(矢崎光圀・松浦好治他訳, みすず書房, 1990年), ベンサム論やロールズ論など政治哲学的な仕事を編集した『権利・功利・自由』(小林公・森村進訳, 木鐸社, 1987年), 不法行為法・契約法・刑法上の判例と関連させながら因果関係概念の哲学的分析を行う, トニー・オノレとの共著『法における因果性』(井上祐司・真鍋毅・植田博訳, 九州大学出版会, 1991年)などがあり, ハート理論の重要部分を理解するための道具は十分にそろっている. しかし, ハート理論というのは一見したところ取っつきやすそうだが, 読みすすめていくうちに段々わからなくなってくるようなところがあって, 案外, 難物である. 弟子の一人, N. マコーミックによる定評あるハート論も翻訳されたので, それとつきあわせながら読んでみるというのも, ハート理論の骨格をつかむ一つの手だてであると思う. N. マコーミック『ハート法理学の全体像』(角田猛之編訳, 晃洋書房, 1996年). 英語を読む人なら, ハートのパートナー, ジェニファーさんの自伝(第2章注3参照)も面白いだろう. 戦争中のMI5勤務の話や, 弁護士をやめて学問の道へ進むべきか否か思い悩んだあげく, 終生にわたる親友であった政治哲学者のアイザイア・バーリンに助けを求めるエピソードなど, ハートの人間

的側面を知ることで，彼の『法の概念』もずいぶん身近に感じられる．

　ハート理論の言語哲学的側面に影響をあたえた J. L. オースティンや G. ライルの仕事にも翻訳がある．J. L. オースティン『オースティン哲学論文集』(坂本百大監訳，勁草書房，1991 年)，同『言語と行為』(坂本百大訳，大修館書店，1978 年)，G. ライル『心の概念』(坂本百大・宮下治子・服部裕幸訳，みすず書房，1987 年)など．ウィトゲンシュタインにかんしては「ウィトゲンシュタイン全集」(大修館書店，1975-1978 年，1985-1988 年)にその著作のほとんどが収められており，主著とされる『論理哲学論考』と『哲学探究』もここで読むことができる．水準の高い解説書もたくさん出るようになったが，是非とも読んでほしいのが次の伝記である．レイ・モンク『ウィトゲンシュタイン 1，2』(岡田雅勝訳，1994 年，みすず書房)．未発表資料やインタビューをふんだんに使ったこの伝記については，近年の思想史研究における最良の収穫の一つという評価がすでに定着している．ウィトゲンシュタインの講義に出席者していた St. トゥールミンらによる次の本は，爛熟期ウィーン文化のなかでウィトゲンシュタイン哲学を捉える試みであり，第 1 章のケルゼンとの関連からしても興味深い読み物である．St. トゥールミン／A. ジャニク『ウィトゲンシュタインのウィーン』(藤村龍雄訳，TBS ブリタニカ，1978 年)．デレク・ジャーマン監督の映画『ウィトゲンシュタイン』(1993)も，締めくくりに見て欲しい作品である．

　ハート＝フラー論争の相手方，ロン・L. フラーの著作も二つほど翻訳されているが，残念なことに，どちらも現在では入手困難である．実際に手にとって読んでみると，フラーの法理論も案外面白いということがわかってもらえると思うので，興味のある人は図書館などをあたって探してみて欲しい．L. L. フラー『法と道徳』(稲垣良典訳，有斐閣，1968 年)，同『法と人間生活』(藤倉皓一郎訳，ブリタニカ，1968 年)．また，司法裁量論を軸として，ハート＝フラー論争からドゥオーキンやラズにいたる流れを丹念に追った，深田三徳『法実証主義論争』(法律文化社，1983 年)も重要である．ラズにかんしては本文では第 4 章でとりあげたが，彼についても法理学関連の論文集『権威としての法』(深田三徳編訳，勁草書房，1994 年)，ならびに，政治哲学関連の論文集『自由と権利』

(森際康友編訳, 勁草書房, 1994年)があるので, ここにあげておく.

### リアリズム法学(コラム2)

　ヨーロッパでケルゼンやラートブルフが活躍していた頃のアメリカはまさにニューディール期に当たり, そこでは社会学的法学やリアリズム法学の提唱者たちが活躍していた. この時代のアメリカ法および法思想にかんしては, 何はともあれ, M. ホーウィッツ『現代アメリカ法の歴史』(樋口範雄訳, 弘文堂, 1996年)を手にとってみるべきだろう. 本書はいわば, 第4章でふれた『アメリカ法の変質　1870-1860』(未邦訳, 原著は1977年)の続編とでもいうべきもので, 19世紀末のアメリカ古典的法思想の成立からホームズ判事の出現, リアリズム法学の隆盛と退場を経て, 1950年代半ばのリーガル・プロセス学派の台頭までのアメリカ法思想の変遷を, 当時の社会状況, 判例や解釈学説の変化と絡ませながら浮き彫りにした第一級の知識社会史である. カードーゾ『司法過程の性質』(守屋善輝訳, 中央大学出版部, 1966年), パウンド『社会学的法学』(細野武男訳, 法律文化社, 1957年), フランク『法と現代精神』(棚瀬孝雄・棚瀬一代訳, 弘文堂, 1974年)などの翻訳があるが, いまでは入手が難しいものもある. 社会学的法学とリアリズム法学の共通の生みの親でもあるホームズ判事の関連では, イギリスの政治学者ラスキとの往復書簡の一部が翻訳されており, これもまた20世紀法思想の一つの証言となっている. M. D. ハウ編『ホームズ-ラスキ往復書簡』(鵜飼信成訳, 岩波書店, 1981年).

### ドゥオーキン(第3章)

　ドゥオーキンの著書はその多くが翻訳されているが, 最初の一冊ということになると, やはり『法の帝国』(小林公訳, 未来社, 1995年)になるだろう. ドゥオーキン独特の理論枠組や議論の進め方に慣れるという意味で, まず先にこれを読み, 次にデビュー作『権利論』(木下毅・小林公・野坂泰司訳, 木鐸社, 1986年)に進むというのがよいかもしれない. また, 本文でもふれたように, ドゥオーキンはその時々の社会的事件や重要判決にかんする論説を新聞や書評誌に

定期的に発表しており，人によっては，そこからドゥオーキン理論に入っていくのも一つの手である．『ライフス・ドミニオン』(水谷英夫・小島妙子訳，信山社，1998年)では中絶や安楽死など生命をめぐる倫理的課題と法とのかかわりが，『自由の法』(石山文彦訳，木鐸社，1999年)では同じく生命と法の問題，積極的差別是正措置，ポルノグラフィ，言論の自由などをめぐる最高裁判決，ボーク裁判官の連邦最高裁就任人事やクラレンス・トマス判事のセクハラ事件等々が論じられており，これらを読んでいると，どんな法解釈も何らかの哲学と結びつくものであらねばならないこと，あるいは逆に，法哲学的省察という次元をまったく欠いた法解釈など空虚以外の何ものでもないこと，それを痛感する．

## ロールズとその周辺(コラム 4)

　法理論の変遷に的を絞った本書のなかでは，正義論は最も手薄となってしまった分野である．しかし，いまや社会哲学で一番の人気分野として翻訳も数多くあるし，井上達夫『共生の作法』(創文社，1986年)，川本隆史『現代倫理学の冒険』(創文社，1995年)，平井亮輔編『正義——現代社会の公共哲学』(嵯峨野書院，2004年)といった読みやすく，また水準の高い研究書がいくつかあるので，それらをあわせて読んでほしい．まずロールズであるが，川本隆史『ロールズ』(講談社，1997年)が，盛りだくさんの新情報と熱い記述で一気に読ませる．主著『正義論』の翻訳もあるが(矢島鈞次監訳，紀伊国屋書店，1979年)，ロールズ自身の著作としては，1950年代から1960年代にかけての論文を編集した『公正としての正義』(田中成明編訳，木鐸社，1979年)に先に取り組んだほうがよいだろう．残念なことに，ドゥオーキンの連作論文「平等とは何か」には翻訳がないが，田中成明『法理学講義』(有斐閣，1994年)のなかで，ロールズ論とならんで明解な解説がなされている．ノージックについては，その独特の議論の展開や卓抜なたとえ話を楽しむためにも，最初から『アナーキー・国家・ユートピア』(嶋津格訳，木鐸社，1992年)に取り組むことを勧める．もっとも，ジョナサン・ウルフ『ノージック』(森村進・森村たまき訳，勁草書房，1994年)のような優れた解説書もあり，これはこれでたいへん役に立つ．共同体主義者の著作

では，A. マッキンタイア『美徳なき時代』(篠崎栄訳，みすず書房，1993 年)，M. サンデル『自由主義と正義の限界』(菊池理夫訳，三嶺書房，1992 年)，M. ウォルツァー『正義の領分』(山口晃訳，而立書房，1998 年)などが翻訳されている．

### 現代大陸法思想(コラム3と5)

戦後ドイツ法哲学の流れについては，カウフマンの『法・人格・正義』(上田健二・竹下賢・永尾孝雄・西野基継編訳，昭和堂，1996 年)を読み，それに続けて，ウルフリット・ノイマン『法的議論の理論』(亀本洋・山本顕治・服部高宏・平井亮輔訳，法律文化社，1997 年)を読めば，その大まかな見取り図をつかむことができるだろう．また，竹下賢『法実証主義の功罪』(ナカニシヤ出版，1995 年)も，ラートブルフの時代からヘルメノイティクにいたるドイツ法思想の流れを知る上でたいへん参考になる．個別的には，トピク法学やレトリック論にかんして，フィーヴェク『トピクと法律学』(植松秀雄訳，木鐸社，1980 年)，ペレルマン『説得の論理学――新しいレトリック』(三輪正訳，理想社，1980 年)，同『法律家の論理』(江口三角訳，木鐸社，1986 年)，フリチョフ・ハフト『法律家のレトリック』(植松秀雄訳，木鐸社，1992 年)，同『レトリック流法律学習法』(平野敏彦訳，木鐸社，1992 年)などが翻訳されており，これらは，法律家を目指して勉強中の人にもずいぶん役立ちそうな感じである．

### 批判法学(第4章)

不思議というべきか当然というべきか，批判法学関連の翻訳や研究書はほんの少ししか見あたらない．本文でもふれたように，批判法学はあらゆる種類の現代思想を吸収＝同化した結果，法学なのか現代思想なのかわからない面白い論文を多数生みだしているが，そうした批判法学の特質それ自体が，こうした不人気の原因の一つとなっているのかもしれない．というのも，わが国では法学を学ぶ人たちと哲学や現代思想に関心を持つ人たちとのあいだで断絶とタコツボ化が年々進行しており，その結果，こうした学科横断的な試みに理解と関心を示すような土壌が，法学陣営においても哲学陣営においても，次第になく

なりつつあるように感じられるからだ(そうした意味では，哲学の学位所持者が後に裁判官になったり，巨大弁護士事務所で渉外業務をつかさどる実務家が休日には法哲学や法理論のコロキウムに参加するといったことが決して珍しいことではない，彼の国の法文化が若干うらやましくもある). 数少ない例外としては，ケネディ，クレア，タシュネット，ゴードンなどの論文を読むことができる論文集，デヴィッド・ケアリズ編『政治としての法——批判的法学入門』(松浦好治・松井茂記編訳，風行社，1991年)と，リアリズム法学の項であげたホーウィッツの『現代アメリカ法の歴史』が翻訳されていることと，民法学を専門とする内田貴教授の『契約の再生』(弘文堂，1990年)がその関係的契約理論との関連でケネディのブラックストン論を検討していること，そして，法社会学者の和田仁孝教授による『法社会学の解体と再生』(弘文堂，1996年)において，「法と社会」パラダイムや批判法学がその解釈法社会学構築の足掛かりとされていることなどが特筆される．

補論でとりあげたデリダにかんしては，いまでは高橋哲哉氏の『デリダ』(講談社，1998年)が最良の入門書であると言うことができる．批判法学とデリダの関係についても言及されてることや，何にもまして，わかりやすい日本語で書かれているという点で，これまでフランス哲学や現代思想を敬遠してきた人にとっても，格好のフランス哲学・現代思想入門となるだろう．これを読んだ後で，デリダ『法の力』(堅田研一訳，法政大学出版局，1999年)に取り組めば，ずいぶんと理解しやすくなっているはずである．

### システム理論(第4章)

法のシステム理論といえばまずルーマンということになるが，法理論にかかわるものとしては本文でもあげた『法社会学』(村上淳一・六本佳平訳，岩波書店，1977年)，『手続を通じての正統化』(今井弘道訳，風行社，1990年)の他に，『法システムと法解釈学』(土方透訳，日本評論社，1988年)なども翻訳されている．しかし，ルーマンの書くものはドイツ人研究者のあいだでも難解といわれるくらいだから，それらを読む前の準備運動として，ルーマン理論の全体像をたいへ

ん明解に解説した好著，G. クニール／A. ナセヒ『ルーマン　社会システム理論』(舘野受男・池田貞夫・野崎和義訳，新泉社，1995年)から入っていくのがいいと思う．また，難解なシステム理論を深く理解するためには，ルーマン理論の前史ともいうべき T. エックホフ／N. K. ズンドビー『法システム』(都築廣巳・野崎和義・服部高宏訳，ミネルヴァ書房，1997年)に取り組んでみるのもよいだろう．ルーマンの影響下にある私法学者，トイプナーの仕事もすでに翻訳されている．『オートポイエーシス・システムとしての法』(土方透・野崎和義訳，未来社，1994年)．邦語の研究書としては，ウェーバーの価値領域分化論とルーマンをつなぐ，中野敏男『近代法システムと批判』(弘文堂，1993年)，ドイツ系のポストモダン法理論の紹介を最初におこなった，村上淳一『ドイツ現代法の基層』(東京大学出版会，1990年)や同『現代法の透視図』(東京大学出版会，1996年)に取り組んでみるとよいだろう．

### マルクス主義法理論(コラム6)

マルクス主義法理論では，最初からパシュカーニス『法と国家の一般理論』(稲子恒夫訳，日本評論社，1958年)を読むのがいいと思う．筆者には学部学生時代のゼミで，ウェーバーの『法社会学』(世良晃志郎訳，創文社，1974年)やエールリッヒ『法社会学の基礎理論』といっしょにパシュカーニスを読んだことがあるが，当時「正統」なマルクス主義と言われていたものよりもここに書かれてあることのほうがマルクス自体の思考に近いのではないかと感じて，驚いた経験がある．パシュカーニスたちのおかれていた政治的＝理論史的脈絡にかんしては，藤田勇『ソヴィエト法理論史研究　1917-1938』(岩波書店，1968年)，松下輝雄『マルクス主義法理論の展開』(有斐閣，1981年)などを読むとよいだろう．レンナーをはじめとするオーストリア・マルクス主義については，カール・レンナー『私法学の社会的機能』(加藤正男訳，法律文化社，新訳版1988年)があるほか，彼らとケルゼンとの絡み合いに焦点をあわせる，兼子義人『純粋法学とイデオロギー・政治』(法律文化社，1993年)がある．フランクフルト学派の法理論については，F. ノイマン『ビヒモス』(加藤栄一・小野英裕他訳，みすず書

房, 1963年)があることと, ワイマールから第二次世界大戦後にかけてのドイツ亡命知識人の社会史とでも言うべき, マーティン・ジェイ『弁証法的想像力』(荒川幾男訳, みすず書房, 1975年)をあげておきたい. グラムシについてもいろいろな本が出ているが, とりあえずここでは, 最も新しい編集本である『知識人と権力』(上村忠男訳, みすず書房, 1999年)だけをあげておく.

### フェミニズム法理論(コラム7)

フェミニズムの視点から書かれた法律の本はいくつかあるが, 家族関係, 職場でのセクハラ, ドメスティック・バイオレンスをめぐる現実的課題を論じるものが多く, フェミニズム法理論, あるいは, フェミニズム法哲学にかんする研究はまだこれからといった感じである. 例外的に, キャサリン・マッキノンの著書二冊が翻訳されている. キャサリン・マッキノン『フェミニズムと表現の自由』(奥田暁子他訳, 明石書店, 1993年), 同『ポルノグラフィ』(柿木和代訳, 明石書店, 1995年). ミシガン大学ロー・スクール教授, マッキノンはラディカル・フェミニズムの急先鋒としてインディアナポリス市の反ポルノ条例の起草にかかわり, それはやがて表現の自由をめぐるアメリカ書店協会との憲法裁判に発展するが, それについての彼女の見解を, すでにあげたドゥオーキン『自由の法』におけるリベラルな憲法哲学と比較してみるのは, たいへん興味深いことである. なお, それ自身は法にかんする研究ではないが, カルチュラル・フェミニズムに大きな影響をあたえているキャロル・ギリガンの『もう一つの声』(岩尾寿美子訳, 川島書店, 1986年)も翻訳されている.

### 法哲学, 思想史一般

本書がとりあげた20世紀の法思想家たちと深くかかわってくる法哲学教科書としては, まず, 現代法哲学の主要論点を深く掘り下げながら, それらをバランスよく論じた, 田中成明『法理学講義』(有斐閣, 1994年)をあげておかなければならない. こまかい指示は省略したが, 本書の執筆にあたっても, 様々な箇所でこの本を参照させていただいた. また, 若干以前のものになると, 加藤

新平『法哲学概論』(有斐閣, 1976 年)が「健全な思弁」を擁護する立場から, 自然法論や価値相対主義といった 20 世紀半ばまでよく議論された問題に真正面から取り組んでいる. また, 碧海純一『法哲学概論』(弘文堂, 1973 年)は, 第 1 章や第 2 章で少しだけふれた論理実証主義や批判的合理主義に依拠しながら, 川島武宜『科学としての法律学』などと同じ方向で, 法の合理的・科学的解明を目指す試みであり, 20 世紀の思想史的文脈のなかで再び読み返してみても, たいへん興味深いものがある.

法思想史の教科書としては, とりわけ, 田中成明・竹下賢・深田三徳・亀本洋・平野仁彦著『法思想史(第 2 版)』(有斐閣, 1997 年)が 20 世紀の記述に厚いほか, レトリック法学の論客としても有名なフリチョフ・ハフトの『正義の女神の秤から』(平田公夫訳, 木鐸社, 1995 年)が読みやすく, また面白い. 最後に, これは法思想史の本ではないが, 本書が一貫して導きの糸としてきた「言語論的転回」という思想史的な観念がどのようなものであるかということにかんしては, 次の二冊が明解なイメージをあたえてくれるように思われる. イアン・ハッキング『言語はなぜ哲学の問題になるのか』(伊藤邦武訳, 勁草書房, 1989 年), R. J. バーンスタイン『科学・解釈学・実践 I, II』(丸山高司・木岡伸夫・品川哲彦・水谷雅彦訳, 岩波書店, 1990 年).

# 人名索引

## ア 行

アヴェナリウス　8
アクィナス　2, 73, 74, 124
アデナウアー　9
アドラー　7, 180
アドルノ　121, 152, 185, 188, 186, 189
アーノルド　63
アムズレク　124
アームソン　36
アリストテレス　2, 36, 73, 102, 103, 116, 119, 120, 124
アルチュセール　152, 194
アールニオ　123
アルバート　190
アレクシー　119, 121-123
アンガー　135, 142, 144-147, 150, 159
アンスコム　42, 129, 130
イェーリング　10
イェリネック　4, 11, 12, 26
ヴァイスマン　36, 41, 42.49
ヴァイニンガー　4, 25
ヴァインベルガー　123, 133
ヴァッティモ　166
ヴァレラ　162, 163
ヴィアッカー　145
ウィグモア　156
ヴィーコ　116, 119
ヴィシンスキー　184
ウィズダム　42, 43
ウィトゲンシュタイン　31, 36, 39-44, 49 -51, 80, 113, 116, 127, 128, 130, 152, 159, 192
ウィリアムズ, グランヴィル　50
ウィリアムズ, パトリシア　204
ウィリアムズ, バーナード　79
ヴィレー　29, 124
ウィンチ　128, 129
ヴィンデルバント　5, 26
ウェスト　203
ウェーバー　5, 26, 72, 103, 128, 140, 145, 186, 209
ヴェルツェル　72, 74
ウォーノック夫妻　36
ウォルツァー　110
ウォーレン　95, 96, 104
ウーズレイ　36
ウリクト　42
ウルストンクラフト　195
エイヤー　37, 41, 50
エヴァルド　125
エッサー　114, 117-119, 123
エールリッヒ　5, 187, 188
エンギッシュ　114, 116, 117, 120, 167
エンゲルス　179, 180, 185, 196
オーキン　198
オースティン, ジョン　11, 33, 43, 47, 53, 57, 61, 78, 83
オースティン, J. L.　34, 36-39, 42, 121, 128, 130, 176
オッカム　5, 13, 29
オノレ　36
オリヴェクローナ　68
オリファント　63
オーリュー　9, 188

## カ 行

カウフマン　72-74, 112, 113
ガダマー　31, 89, 96, 114-116, 118
カッシーラー　5
カードーゾ　10, 65
カラブレイジ　95
カリノウスキ　124
カルナップ　8, 41

カルボニエ　124
カント　2, 4, 11, 17, 19, 72, 102, 106, 116
カントロヴィッチ，ヘルマン　187
カーン-フロイント　187
キケロ　119, 120
ギャランター　140
ギリガン　201-203
ギールケ　12
キルケゴール　176
キルヒハイマー　186, 189, 190
ギンスバーグ　197
グージュ　195
グッドリッチ　157-159
グムプロヴィッツ　6
グライス　36
クラウス　4
グラネ　145
グラムシ　152, 180, 184, 190-194
クリーレ　114-119, 123
グリーン　63
グリム，ヤーコプ　32
クレア　135, 151
クローチェ　191
グロティウス　2
クワイン　79
クーン　152
ゲイブル　135, 143, 144
ケインズ　192
ケネディ　135, 139, 142, 147-150, 152
ケルゼン　1-25, 26, 27, 31-33, 41, 47, 72, 78, 83, 102-104, 132, 181, 183, 207, 209
ゲルバー　11
ケルマン　135, 149, 154
コーイング　71, 72, 74
コーエン，ゲリー　79
コーエン，フェリクス　63, 64
コース　95
ゴードン　135, 151
コーネル　155, 204
コーヘン　5, 6, 8, 13, 21
コールバーグ　201, 202

## サ 行

サックス　79, 80, 147
サール　121, 129, 130, 176
サルトル　152
サン・シモン　196
サンデル　110
ジェームズ，ウィリアム　157
シェーラー　189
シェルスキー　160
シュクラー　48
シュタムラー　5, 26, 69, 181
シュミット　9, 188, 189
シュラーク　155
シュライエルマッハー　31, 113
シュリック　8, 41
シュンペーター　7
ショーペンハウアー　3
ジンツハイマー　186, 187
ストゥーチカ　183
ストローソン　36
スメント　189
スラッファ　192
セン　79
ソクラテス　28
ソシュール　31, 134

## タ 行

タシュネット　135, 142
ダバン　29
ダルトン　154
ダーレンドルフ　160, 188
ダンテ　4
ダントレーブ　29
チューリング　35
ディキンソン　79
テイラー　110
ディルタイ　113
デヴリン　53-57
デカルト　22, 35
デューイ　157

デュルケーム　128, 145
デリダ　152–156, 166, 168, 169–178
トイプナー　160, 165–168
トゥールミン　42, 122
ドゥオーキン　77–100, 108, 109, 119,
　　123, 124, 127–133, 136, 143, 157, 168,
　　174, 200, 203, 208
トゥルーベック　135, 139–142, 167
ド・マン　154
トムソン　151
ドライヤー　74
トロペール　124

## ナ 行

ナトルプ　5
ニーチェ　134
ネーゲル　79
ノイマン，フランツ　186–189, 190
ノイマン，ウルフリット　119
ノイラート　41
ノージック　109, 110

## ハ 行

ハイエク　187, 188
ハイデガー　39, 72, 73, 89, 113–115
バウアー　7, 180
パウンド　10, 65
バークリー　37
パシュカーニス　152, 180, 182–184
パスカル　169
ハースト　141
パーソンズ　121, 160, 161
ハッキング　32
ハート，H. L. A.　31–62, 74, 77, 78, 83,
　　84, 87–89, 96, 97, 100, 123, 127–133, 148,
　　165, 207, 208
ハート，ヘンリー　79, 80, 147
ハーバーマス　119, 121–124, 152, 162,
　　167, 186, 189, 190
パーフィット　79
バフチン　157

ハフト　69
バルキン　154
バーンスタイン　32
ハンド　78
ハンプシャー　35, 36
ヒューム　33, 37
ヒルファディング　180
ヒンツェ　145
ファイグル　41
ファイヒンガー　5, 8, 12, 17, 21, 22
フィーヴェク　119–121
フィス　174
フィッシュ　174
フィニス　79
フェアドロース　29
フェリー　125
フーコー　125, 152, 157, 158, 204
フッサール　190
フット　36
プーフェンドルフ　2
フラー　53, 57–62, 77, 78, 79, 85, 93, 145
フラッグ，メアリー　204
ブラックストン　149
ブラックバーン　98
プラトン　102, 153
フランク　63, 66, 67
プーランツァス　124
フーリエ　196
フリードマン，ローレンス　141
ブルデュー　194
ブルンナー　145
フレーゲ　36, 41, 120
フロイト　7, 8, 21, 66, 121, 134, 186
ブロック　145
フロム　185, 186
フンボルト　32
ヘア　36
ベヴァリッジ　187
ヘーガーシュトレーム　68
ヘーゲル　116, 121, 149, 152
ペチュニック　123

ヘラー，ヘルマン　189
ペラー　155
ベルクマン　31
ベルンシュタイン　181
ペレルマン　119-121
ベンサム　11, 53, 57, 61, 84, 105, 106
ベンヤミン　169, 185
ボイル　154
ホーウィッツ　135, 142, 151
ポズナー　95, 157
ホッブズ　2
ポパー　187, 188, 190
ホーベル　66
ホームズ　10, 65, 157, 187
ポリンスキー　95
ポール　36, 42
ホルクハイマー　121, 152, 185-187, 189
ボルツ　166
ホワイト　156, 157

## マ行

マイホーファー　72-74
マコーミック　53, 123, 127-134
マコーレー　140
マサリク　10
マッキー　98
マッキノン　198-201
マッキンタイア　110
マッハ　4, 6, 8, 12, 13, 22
マトゥラーナ　162, 163
マリタン　29
マリノウスキー　145
マルクーゼ　137, 149, 152, 185, 186, 188
マルクス　121, 134, 179, 180, 182, 185, 191
マンハイム　187
ミーゼス　7
ミッタイス　145
ミノウ　198
ミル　55, 57, 196

メスナー　29
モンテスキュー　70
モンテーニュ　169

## ラ行

ライト，クリスピン　98
ライル　34, 35, 36, 37, 39, 42
ラカン　125, 158
ラサール　181
ラズ　79, 127-134
ラスキ　187
ラスク　5, 26
ラッセル　37, 41
ラッツェンホーファー　6
ラディンスキー　141
ラデーア　160, 166, 168
ラドクリフ＝ブラウン　145
ラートブルフ　5, 26-29, 31, 57-59, 69, 70-71, 73
ラビン　141
ラーレンツ　117, 120
ラーバント　11
リオタール　159, 166
リッケルト　5, 26
リッター　116
リーデル　116
ルウェリン　49, 63, 65-67
ルジャンドル　125, 158
ルソー　106
ルノー　125
ルーマン　121, 124, 160-165, 167, 168
レヴィ＝ストロース　145
レヴィナス　177
レンナー　7, 180-182
ロス　68
ロック　2, 106
ローティ　31, 98, 152, 157
ロールズ　78, 79, 85, 104-111, 124, 198
ロンメン　29

中山竜一

1964年大阪府生まれ
1987年京都大学法学部卒業
1989年京都大学大学院法学研究科修士課程修了
ロンドン大学経済政治学院(London School of Economics and Political Science)修士課程修了(LL. M.)
現在―大阪大学大学院法学研究科教授
専攻―法理学・法思想史
主要著作・論文
『現代理論法学入門』(共著,法律文化社,1994年)
「法理論における言語論的転回」(法学論叢第129巻5号・第130巻2号,1991年)
「標準と正義」(人文學報第76号,京都大学人文科学研究所,1995年)
「戦後「近代化」論と法理論」(日本法哲学会編『法哲学年報1998』有斐閣,1999年)など
「リスク社会における法と自己決定」(田中成明編『現代法の展望――自己決定の諸相』有斐閣,2003年,所収)
『正義――現代社会の公共哲学』(共著,嵯峨野書院,2004年)


二十世紀の法思想　　　岩波テキストブックス

|     | 2000年3月24日　第1刷発行 |
|     | 2021年7月15日　第10刷発行 |

著　者　　中山竜一
　　　　　なかやまりゅういち

発行者　　坂本政謙

発行所　　株式会社　岩波書店
　　　　　〒101-8002 東京都千代田区一ツ橋2-5-5
　　　　　電話案内 03-5210-4000
　　　　　https://www.iwanami.co.jp/

印刷・理想社　カバー・半七印刷　製本・中永製本

© Ryuichi Nakayama 2000
ISBN 4-00-026026-X　　Printed in Japan

―――― 岩波テキストブックス（法律・政治）――――

| 刑法原論 | 内藤 謙 | 定価 2420 円 |
| --- | --- | --- |
| 西洋政治思想史<br>視座と論点 | 川出良枝<br>山岡龍一 | 定価 3300 円 |
| 国際平和論 | 福富満久 | 定価 2640 円 |
| 二十世紀の政治思想 | 小野紀明 | 定価 3190 円 |
| 比較政治学 | 岩崎美紀子 | 定価 2750 円 |
| 権利のための闘争 | イェーリング<br>村上淳一訳 | 【岩波文庫】<br>定価 638 円 |

―――― 岩波書店刊 ――――

定価は消費税 10% 込みです
2021 年 7 月現在